MINFADIAN
SHIYONG JIAOCHENG

民法典
实用教程

唐树源 ◎ 编著

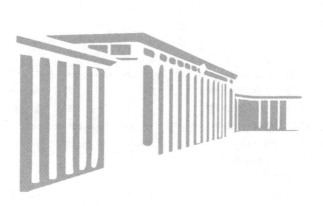

清华大学出版社
北 京

内容简介

本书全面梳理《中华人民共和国民法典》各章节中的重要知识点，共7编、24章、115个小节，500余个核心问题解读，附加300余个交流思考题。通过典型案例解析等方式，由点带面，不断往外辐射延伸，力求将相关重要知识点讲清楚，并通过揭示法律风险点、提出思考问题等形式引导读者更好地学习，真正让《中华人民共和国民法典》在生活中落地，在具体案件中获得应用。提升全社会的法治思维能力需要大家共同努力，也希望通过本书促进全社会持续学习法律知识，造就更多新时代复合应用型法治人才。

本书可作为高校本科、高职类院校、成人教育民法相关课程的教材及用于各机关团体、企事业单位培训学习。

本书封面贴有清华大学出版社防伪标签，无标签者不得销售。
版权所有，侵权必究。侵权举报电话：010-62782989 beiqinquan@tup.tsinghua.edu.cn。

图书在版编目(CIP)数据

民法典实用教程/唐树源编著. — 北京：清华大学出版社，2023.6
ISBN 978-7-302-63750-9

Ⅰ.①民⋯ Ⅱ.①唐⋯ Ⅲ.①民法—法典—中国—教材 Ⅳ.①D923

中国国家版本馆CIP数据核字(2023)第104031号

责任编辑：张尚国　杜春杰
封面设计：长沙鑫途文化传媒
版式设计：楠竹文化
责任校对：马军令
责任印制：宋　林

出版发行：清华大学出版社
　　　网　　址：http://www.tup.com.cn, http://www.wqbook.com
　　　地　　址：北京清华大学学研大厦A座　　邮　编：100084
　　　社 总 机：010-83470000　　　　　　　邮　购：010-62786544
　　　投稿与读者服务：010-62776969, c-service@tup.tsinghua.edu.cn
　　　质量反馈：010-62772015, zhiliang@tup.tsinghua.edu.cn

印 装 者：三河市人民印务有限公司
经　　销：全国新华书店
开　　本：170mm×240mm　　　印　张：23.5　　　字　数：465千字
版　　次：2023年6月第1版　　　　　　　　　印　次：2023年6月第1次印刷
定　　价：68.00元

产品编号：093471-01

序

《中华人民共和国民法典》（以下简称《民法典》）作为新中国第一部以"法典"命名的法律，正如习近平总书记所说，它"固根本、稳预期、利长远"。它巩固国家基本经济制度，维护社会秩序；稳定民众的行为预期，助力人生规划。它是国家、社会、家庭与个人持续和稳定发展的重要法律基础。正因如此，在其颁行后，举国掀起学习热潮。

很高兴看到唐树源老师的《民法典实用教程》出版。本书是《民法典》普法作品中的上乘之作，它体系性强，内容实用，语言流畅。

《民法典》编纂的重要目的是整合现行民事单行法和司法解释，为民事主体从事民事活动提供明晰的、共同的规则，使民事主体可以依据《民法典》准确判断自己从事一定行为或不从事一定行为的法律效果，从而决定是否从事民事活动。《民法典》作为"社会生活的百科全书""市场经济的基本法"，是与民众关系最为密切的法律。脱离社会实践学习《民法典》，无疑是缘木求鱼。本书最大的特色和优点在于，通过解读法条的文义、结合社会生活中鲜活的案例，阐释《民法典》在社会生活中运用的场景及其效果。在内容的遴选上，它坚持《民法典》的实践导向，按照《民法典》的编章顺序，选择民事生活中最重要、最普遍的社会事实予以分析。此外，它还提炼了在每个主题学习后需要重点思考的问题，供读者强化学习效果。这种体例设计和内容安排既重点解读了《民法典》原则、制度、规则背后的法理,也使《民法典》在具体的社会活动中得以直观地呈现。读者通过精研本书,可以运用《民法典》规划自己的生活和工作。

唐树源老师多年从事民法和互联网法治的研究与教学,在这些领域取得了突出的成绩。在其新书付梓之际,遵嘱作序,是以为贺。

谢鸿飞

中国社会科学院民法典编撰项目工作组秘书长

中国社会科学院法学研究所民法研究室主任、研究员、博士生导师

中国法学会民法学研究会副会长

2023 年 5 月于北京

前 言

《民法典》已于2021年1月1日正式实施了,这是新中国成立以来第一部以"法典"命名的法律,是新时代我国社会主义法治建设的重大成果。出版本书的主要原因如下:

其一,习近平法治思想是全面依法治国的指导思想。2035年我国将基本建成法治国家、法治政府、法治社会。在建设法治中国的背景下,广泛开展《民法典》的宣传教育是当前普法工作的重点。本书助力高校、社会各群体的《民法典》普法教育,致力于成为解决《民法典》相关理论和实务问题的典型教材。

其二,《民法典》被称为"社会生活百科全书",经过一年多的实施,积累了大量经典案例作为研究支撑。最高人民法院也发布多轮《民法典》相关典型案例和司法解释。本书充分研读最新理论研究成果和典型案例,并在此基础上力求将最新内容和发展趋势融入本书。

其三,法治思维的提升是学习《民法典》的根本目标,也就是引导群众养成自觉守法的意识,形成遇事找法的习惯,培养解决问题靠法的意识和能力。本书力求通过基础知识、案例导入和解析等方式把民法典内容串联起来,揭示法律风险,提升人们的法治思维能力。

其四,法学的学习需要带着问题并最终解决问题。"法与时转则治",随着经济社会的发展，各种新问题、前沿问题不断涌现，此时就需要有解决问题的能力和素养。本书区别于传统的教材体系，突出问题导向，优先导入基础知识或典型案例，解析问题并把周边问题弄明白，做到真学真懂。

其五，笔者在高校中开设"民法典与大学生活"线上、线下混合式课程，得到了全国几十所高校的选课与支持，在课程教学方面积累了一定的经验。外加笔者多年来从事企事业单位培训或咨询等各类社会服务工作，关注法律风险防范，积累了丰富的工作经验。基于如上两方面的因素，出版本教材能够为学生和社会学员提供专业的学习资料，与授课教师形成更多的互动和交流，提升教学品质和教学成效。

本书共7编、24章、115个小节，共500余个问题点，附加300余个思考题。其内容涵盖《民法典》中的主要章节，覆盖各章节中的重要知识点，通过典型案例解析等方式进行分析，由点带面，不断往外辐射延伸，力求将相关重要知识点讲清楚，并通过揭示法律风险点、提出思考问题等方式启发学员更好地学习本课程，真正让《民法典》在生活中落地，在具体案件中应用起来。

本书获批2021年度上海杉达学院教材建设项目立项和资助，在此表示特别感谢！也感谢在日常工作和生活中帮助和支持本人的领导、同事、朋友、学生和家人，本人也会继续完善教学内容，改进工作方法，为更多有需求的学员服务。

限于本人知识水平，本书难免有不足之处，恳请大家多多批评指正！

唐树源
2023年5月于上海

目 录

第一编 《民法典》基础知识 … 1

第一章 总则编基本规定 … 3
第一节 《民法典》调整适用的范围 … 3
第二节 《民法典》的基本原则 … 4
第三节 违背守法与公序良俗的民事活动 … 7
第四节 法律没有规定时的习惯法适用 … 9

第二章 自然人相关基础 … 12
第一节 民事权利能力和民事行为能力 … 12
第二节 父母对未成年子女的监护职责 … 15
第三节 监护人的确定与争议解决 … 17
第四节 "意定监护"的热议问题 … 21
第五节 申请宣告失踪和宣告死亡的条件和程序 … 24
第六节 被宣告失踪或死亡的人重新出现引发的问题处理 … 27
第七节 个体工商户被注销后的责任承担 … 30

第三章 法人相关基础 … 32
第一节 法人的基本知识 … 32
第二节 法人的分类与特点 … 35

第四章 民事权利相关基础 … 37
第一节 自然人的民事权利 … 37
第二节 员工在职期间注册自媒体账号的权利归属 … 39

第五章　民事法律行为相关基础　45
第一节　有效的民事法律行为　45
第二节　找别人恶意"刷单"的行为效力　48
第三节　"拉面哥"后悔签约的合同效力问题　50
第四节　附条件和附期限的民事法律行为　53

第六章　代理相关基础　56
第一节　代理的概念及分类　56
第二节　代签行为的法律效力　58
第三节　腾讯与"老干妈"合同纠纷案的表见代理问题分析　61

第七章　民事责任相关基础　64
第一节　民事责任的概念及分类　64
第二节　不承担民事责任的情形　66
第三节　承担民事责任的几个重要问题　73

第八章　诉讼时效相关基础　76
第一节　没约定还款期限借条的诉讼时效问题　76
第二节　诉讼时效期间的届满、中止、中断等情形　78

第二编　《民法典》物权相关知识　83

第九章　物权相关基础　85
第一节　物权的概念及保护　85
第二节　房子登记后的法律效力　88

第十章　所有权相关基础　92
第一节　动产所有权转移的时间点　92
第二节　房屋被征收的所有权转移问题　94
第三节　国家所有和集体所有、私人所有的财产　98
第四节　业主权利、车位归属、广告费收入、业主委员会等小区问题　100
第五节　邻里之间的相邻权纠纷　109
第六节　相邻关系纠纷的处理　112

第七节　共有的概念及基础知识	120
第八节　共有财产处分和分割的限制	124
第九节　共有房屋买卖时共有人的优先购买权	129
第十节　善意取得制度	132
第十一节　遗失物的处理规则	136
第十二节　房屋未过户之前产生租金的归属问题	138

第十一章　用益物权相关基础　　142

第一节　用益物权的概念及分类	142
第二节　土地承包经营权的若干重要问题	144
第三节　住宅建设用地使用权期限届满的续期	149
第四节　建设用地使用权的设立与处分问题	151
第五节　宅基地使用权的取得、转让等若干问题	154
第六节　居住权的重要作用	157
第七节　地役权的相关重要问题	159

第十二章　担保物权相关基础　　162

第一节　担保物权的基础概念	162
第二节　抵押权的若干重要问题	164
第三节　质权的若干重要问题	168
第四节　留置权的若干重要问题	171

第三编　《民法典》合同相关知识　　173

第十三章　合同相关基础　　175

第一节　合同的基础概念	175
第二节　订立合同的关键要点	176
第三节　霸王条款的法律效力	183
第四节　合同效力的若干问题	186
第五节　合同中条款约定不明确的补救措施	188
第六节　合同履行时可选择多项标的的选择	190
第七节　按份之债和连带之债的注意要点	192
第八节　具有合法利益的第三人代为履行规则的适用	195

第九节　同时履行抗辩权、先履行抗辩权、不安抗辩权的行使要点　197
第十节　因"双减"政策不能继续培训的合同履行问题　199
第十一节　为逃避债务恶意转移财产的债权人保障措施　201
第十二节　新规定的"债务加入"　203
第十三节　债权、债务终止与合同的解除　205
第十四节　违约金、定金等违约责任　209

第十四章　典型合同的要点问题　211
第一节　买卖合同相关要点分析　211
第二节　赠与合同相关要点分析　214
第三节　借款合同相关要点分析　216
第四节　保证合同相关要点分析　218
第五节　租赁合同相关要点分析　221
第六节　保管合同相关要点分析　224
第七节　物业服务合同相关要点分析　226

第十五章　准合同相关基础　229
第一节　无因管理相关要点分析　229
第二节　不当得利相关要点分析　230

第四编　《民法典》人格权相关知识　233

第十六章　人格权相关基础　235
第一节　人格权的概念与立法保护　235
第二节　人格权被侵害后的救济措施　237

第十七章　人格权保护的要点问题　239
第一节　生命权、身体权和健康权相关要点分析　239
第二节　姓名权和名称权相关要点分析　240
第三节　肖像权相关要点分析　242
第四节　名誉权和荣誉权相关要点分析　243
第五节　隐私权和个人信息保护相关要点分析　246

第五编 《民法典》婚姻家庭相关知识 　　251

第十八章　结婚的要点问题 　　253
　第一节　结婚登记前不如实告知重大疾病的婚姻撤销 　　253
　第二节　有关彩礼的争议问题 　　255
　第三节　没领结婚证就以夫妻名义共同生活的问题处理 　　258
　第四节　受胁迫结婚的婚姻撤销 　　261
　第五节　婚姻无效的情形与后果 　　264

第十九章　家庭关系的要点问题 　　267
　第一节　父母出资，婚前买房、婚后买房等问题 　　267
　第二节　孩子姓名的起名规则 　　273
　第三节　对亲子关系有异议的处理 　　277
　第四节　夫妻有相互扶养义务的扶养费计算 　　280
　第五节　夫妻共同财产的认定 　　282
　第六节　夫妻个人财产的认定 　　285
　第七节　夫妻共同债务和个人债务的认定 　　288
　第八节　婚内财产协议中"净身出户"约定的效力 　　291

第二十章　离婚的要点问题 　　294
　第一节　诉讼离婚的情形 　　294
　第二节　离婚后孩子的抚养与探望问题 　　301
　第三节　全职太太离婚时的家务劳动补偿 　　306

第六编 《民法典》继承相关知识 　　309

第二十一章　继承相关基础 　　311
　第一节　继承相关的基础性知识 　　311
　第二节　法定继承的顺序和注意要点 　　313
　第三节　新规中的打印、录音录像遗嘱 　　315

第二十二章 遗产的处理要点 321
第一节 遗产管理人制度 321
第二节 遗产的析产继承问题处理 323
第三节 遗产分割的原则和方法 326

第七编 《民法典》侵权责任相关知识 329

第二十三章 侵权相关基础 331
第一节 承担侵权责任的归责原则 331
第二节 参加文体活动受伤的赔偿问题 333
第三节 合法权益受损时的紧急自助行为 336
第四节 损害赔偿的范围和数额确定 338

第二十四章 侵权责任的特殊规定及典型场景 343
第一节 侵权责任主体的特殊规定 343
第二节 电动车室内充电引发火灾的责任承担 347
第三节 好意同乘期间致同乘人损害的侵权责任承担 349
第四节 医疗损害责任的相关要点分析 352
第五节 环境污染、生态破坏侵权的惩罚性赔偿 354
第六节 在高度危险活动区域发生事故的责任承担 357
第七节 养犬致人伤害的侵权责任 359
第八节 高空抛物的侵权责任 361

第一编

《民法典》基础知识

第一章 总则编基本规定

第一节 《民法典》调整适用的范围

关键词索引：调整范围　财产关系　人身关系

基础导入

为了让大家更好地学习《民法典》，了解《民法典》的调整对象是非常重要的，不同的主体、不同的社会关系等都可能适用不同的法律法规。

民法、刑法、行政法是构成我国整体法律体系的三大组成部分。民法调整平等主体之间的财产关系和人身关系；刑法规定犯罪和刑罚；行政法调整行政主体在行使行政职权和接受行政法制监督过程中而与行政相对人、行政法制监督主体之间发生的各种关系，以及行政主体内部发生的各种关系。这里需要注意"刑民交叉"、不同主体地位交叉的问题，比如行政机关在对某公司做出行政处罚的时候，就是行政法调整的对象；而当行政主体跟公司签订买卖合同的时候，又是平等主体之间的民事法律关系。

《民法典》被称为"万法之母"，其他法律大多是从不同角度对民事法律关系进行保护、充实和发展，刑事、行政法律也不例外。

详细解析

《民法典》第二条规定了调整范围，即民法调整平等主体的自然人、法人和非法人组织之间的人身关系和财产关系。《民法典》的调整对象有两个特征：一是平等主体，包括自然人、法人和非法人组织。相比原《民法通则》中只规定了公民（自然人）和法人两类，《民法典》规定的民事主体增加了非法人组织。"非法人组织"是指不具有法人资格，但是能够依法以自己的名义从事民事活动的组织，包括个人独资企业、合伙企业、不具有法人资格的专业服务机构等。二是人身关系和财产关系。平等主体之间的社会关系有很多，但《民法典》只调整这两类社会关系。且相比原《民法通则》的规定，这次《民法典》把人身关系调整到第一个顺序，突出了《民法典》的人文主义色彩。

哪些民事权益受到《民法典》的保护呢？根据第三条的规定，主要包含三部分：人身权利（人格权和身份权）、财产权利（物权、债权、知识产权、继承权和股权以及其他投资性权利）以及其他合法权益。

问题思考

（1）请举出一个案例既是刑事案件又是民事案件。
（2）除了人身关系和财产关系，还有什么社会关系？
（3）《民法典》保护的"其他合法权益"有哪些？

第二节 《民法典》的基本原则

关键词索引：基本原则

基础导入

《民法典》涵盖了我们生活的方方面面，虽然条款众多，但仍存在法律上的空白，且需要有总的原则性规定来指引具体条款的制定，这时候就需要基本原则了。

基本原则的主用作用有四点：第一，它是民事立法的基本准则；第二，它是民事活动的基本准则；第三，它是解释民法的基本依据；第四，在没有具体规定时，它是裁决民事案件的准绳。

基本原则弘扬社会主义核心价值观、体现立法目标，《民法典》的基本原则有六个，分别是平等原则、自愿原则、公平原则、诚信原则、守法与公序良俗原则和绿色原则。

详细解析

1 平等原则的体现是什么？

《民法典》第四条规定：民事主体在民事活动中的法律地位一律平等。平等原则是指民事主体在从事民事活动的时候，相互之间的法律地位都是平等的，这是民法区别于其他部门法的首要原则。在民事活动中，任何一方都不得将自己的意志强加给对方，每个人的合法权益都应当得到法律的平等保护。

平等原则在《民法典》中主要体现在：自然人的民事权利能力是一律平等的、民事主体的财产权利受到法律平等保护、夫妻地位平等、男女继承权平等等。

2 自愿原则的体现是什么？

《民法典》第五条规定：民事主体从事民事活动，应当遵循自愿原则，按照自己的意思设立、变更、终止民事法律关系。自愿原则是指民事主体有权根据自己的意愿，自愿从事民事活动，按照自己的意思自主决定民事法律关系中的内容及其设立、变更和终止，自觉承受相应的法律后果。也就是任何人不能受到强迫，遵从自己内心的真实意愿。

平等原则在《民法典》中主要体现在：订立合同中的意思自治、自愿结婚和离婚、收养中双方的自愿等。

3 公平原则的体现是什么？

《民法典》第六条规定：民事主体从事民事活动，应当遵循公平原则，合理确定各方的权利和义务。公平原则是指民事主体在从事民事活动时要秉持公平理念，公正、平允、合理地确定各方的权利和义务，并依法承担相应的民事责任。比如某商家错误地把1万元的商品标注成1元售卖，这种交易行为明显对商家是不公平的，因此针对该行为可以采取撤销等救济措施。

公平原则在《民法典》中主要体现在：参加民事活动的机会平等、合同中权利与义务对等、出现不可抗力和紧急避险等无法运用具体规则评判的情况时，可以根据公平原则处理双方的权利与义务。

4 诚信原则的体现是什么？

《民法典》第七条规定：民事主体从事民事活动，应当遵循诚信原则，秉持诚实，恪守承诺。诚信原则是指民事主体在从事任何民事活动的时候，都必须诚实、善意，不欺不诈，言行一致，信守诺言。诚信原则是市场活动的基本准则，是保障交易秩序的重要法律原则。诚信原则既是法律原则，又是道德规范。

诚信原则在《民法典》中主要体现在：订立合同中恶意磋商、故意隐瞒等不诚信行为，不履行合同行为，不承担合同义务行为，等等。

5 守法与公序良俗原则的体现是什么？

《民法典》第八条规定：民事主体从事民事活动，不得违反法律，不得违背公序良俗。守法与公序良俗原则是指民事主体在从事民事活动的时候，不得违反各种强制性法律规定，不得违反公共秩序和善良风俗。违背公序良俗的民事法律行为是无效的，具体查看下一小节内容。

6 绿色原则的体现是什么？

《民法典》第九条规定：民事主体从事民事活动，应当有利于节约资源、保护生态环境。绿色原则是新增的原则，是《民法典》的一大亮点，是指民事主体从事民事活动，应当有利于节约资源、保护生态环境。绿色原则体现了党的十八大以来的新发展理念，反映了人们对绿水青山和美好生态的追求。

绿色原则贯穿于《民法典》的各个部分，物权、合同、侵权责任等各分编中都有节约资源、保护环境相关的明文规定，同时绿色原则也对婚姻家庭、继承、人格权等其他分编提供了重要的价值指引。

问题思考

（1）在有法律规定的时候，我们是适用具体法律条文还是上述原则的规定？

（2）举例说明绿色原则对我们生活的影响体现在哪里。

第三节　违背守法与公序良俗的民事活动

关键词索引：公序良俗　民事活动

案例导入

甲在和乙的婚姻存续期间，与丙形成非正当关系，并向丙赠与财物 6 万余元。请问本案中甲的赠与行为有效吗？

（改编自内蒙古包头市九原区人民法院）

甲管理的一辆工程车因违章被交警队扣押。甲经人介绍认识乙，乙号称能够找关系帮甲取回工程车辆，并向甲收取了 2 万元的打点费，但之后乙没有如其承诺办事，而是提供虚假信息持续敷衍甲。请问本案中甲能要回这 2 万元吗？

（改编自江苏省滨海县人民法院）

甲私自上树采摘杨梅，不慎从树上跌落受伤。随后，有村民将甲送到村医务室，但当时医务室没人。有村民拨打 120 电话，但 120 救护车迟迟未到，甲后因抢救无效于当天死亡。甲的家属主张村民委员会未尽到安全保障义务，应该对甲的死亡承担赔偿责任。请问本案中甲家属的主张能得到支持吗？

经查，该村曾表决通过《村规民约》。该《村规民约》第二条规定：每位村民要自觉维护村集体的各项财产利益，每个村民要督促自己的子女自觉维护村内的各项公共设施和绿化树木，如有村民故意破坏或损坏公共设施，要负责赔偿。

（改编自广东省广州市中级人民法院）

法条链接

《民法典》第八条规定：【守法与公序良俗原则】民事主体从事民事活动，不得违反法律，不得违背公序良俗。

详细解析

守法与公序良俗原则体现在方方面面，本节列举了三个典型案例进行分析。

在赠与案件中，甲把 6 万余元赠给与其有非正当关系的丙，违背公序良俗，赠与行为无效，所以丙应当返还 6 万余元并支付利息。

在扣车后托关系取车的案例中，甲被扣车本应通过正当途径，依照有关程序办理相关手续。但其通过金钱来疏通关系以期达到目的，扰乱了正常的车辆管理机制。甲的民事行为，违反公序良俗、社会公德，有损社会公共利益，为无效民事行为。

在村民采摘杨梅的案例中，《村规民约》规定：每位村民要自觉维护村集体的各项财产利益，包括公共设施和绿化树木等。该《村规民约》是村民的行为准则和道德规范，形成当地的公序良俗。村民甲私自爬树采摘杨梅，违反了《村规民约》和公序良俗，导致了损害后果的发生，因此村委会不需要承担赔偿责任。

知识延伸

1. 民事活动不得违反各种法律的强制性规定

民事主体从事民事活动不得违反法律规定，这里的法律宜做广义理解，包括法律与行政法规。此原则在《民法典》有关违反强制性规定及违背公序良俗的民事法律行为的效力条款中也有规定。《民法典》第一百五十三条规定：【违反强制性规定及违背公序良俗的民事法律行为的效力】违反法律、行政法规的强制性规定的民事法律行为无效。但是，该强制性规定不导致该民事法律行为无效的除外。

违背公序良俗的民事法律行为无效。不违反法律规定体现在两方面：一是民事法律行为的内容必须合法，违反法律、行政法规的强制性规定无效；二是民事主体的法律行为的形式也要合法，法律、行政法规规定必须采用书面等要式的必须符合相关要求。

2. 公序良俗包括哪些具体内容？

公序良俗包括公共秩序（社会公共秩序和生活秩序）和善良风俗（社会公共道德，由全体社会成员所普遍认可、遵循的道德准则）。公序良俗所涵盖的范围较广，诸如上述案例中所列举的家庭伦理道德、社会公共秩序、社会道德准则等。这些都属于法官自由裁量的范畴，扩大了法官自由裁量的范围，能够弥补法律禁止性规定的不足，有助于建立稳定的社会秩序。

风险提示

民事主体的行为应当遵守公共秩序，符合善良风俗，不得违反国家的公共秩序和社会的一般道德准则。公序良俗原则在法律条文中有多处呈现，且在司法实践中应用非常广泛，这是一个基础性原则，即便其他法律关系的构成要件均满足了，只要违背法律和公序良俗原则，一律无效，大家都需要遵守这个前提性原则。

问题思考

（1）公序良俗与法律的关系是什么？
（2）公序良俗范围较大，如何确定和准确适用这一原则？
（3）违反法律和公序良俗的无效行为会产生什么后果？

第四节　法律没有规定时的习惯法适用

关键词索引：习惯法　法律适用

案例导入

甲与乙系同事，2011年9月，双方签订个人借款还款合同，约定乙向甲借人民币60万元，期限为1年，到期如数返还，利率标准未做约定。诉讼中，乙主张甲没有将60万元交给他，双方存在争议。

经查，甲、乙之间多次存在借款情形，且乙都没有书写收款凭证，仅有借款凭证。

请问法院如何判定这60万元是否已经实际履行了呢？

（改编自天津市第二中级人民法院）

法条链接

《民法典》第十条规定：【法律适用】处理民事纠纷，应当依照法律；法律没有规定的，可以适用习惯，但是不得违背公序良俗。

详细解析

本案中，有关于甲、乙双方借款合同中 60 万元的本金是否已经履行的问题，法院根据双方过往反复多次的经历，认定双方在借款中存在只写借据不写收据的交易习惯。根据《民法典》第十条的规定，适用双方的交易习惯，判定这 60 万元本金已实际履行。

知识延伸

1. 处理民事纠纷，应当依照法律，而非其他政策文件

这个条款里的法律，不仅包括国人大及其常委会制定的法律，也包括国务院制定的行政法规、地方性法规、地方性自治条例和地方性单行条例等。

比如在一些案件中，当事人会主张"地方政府行政性规定，不应作为法院裁判的依据"等理由，就是基于此条。在实务中法院援引这一部分较少，大多是习惯适用的规定。

2. 哪些习惯可以被适用处理民事纠纷？

习惯是民法的法律渊源之一，当法律规定的内容不能够涵盖纠纷解决的时候，也就是出现了立法空白的时候，这时候习惯就可以被适用了。

哪些习惯才可以被适用呢？习惯，是指在某区域范围内，基于长期的生产生活实践而为社会公众所知悉并普遍遵守的生活和交易习惯。只有长期得到社会公众的认可，长期约束人们行为的习惯，才是"活的法"。习惯根据其适用，可以分为区域性习惯、行业性习惯、生活习惯、交易习惯等。

我们重点讲交易习惯。交易习惯分为两类：第一类称为普遍交易习惯，即在交易行为当地或者某一领域、某一行业通常采用并为交易对方订立合同时所知道或者应当知道的做法。如在二手房买卖实践中，一般由卖方对自己尚未还清的银行贷款进行清偿（清贷），再由买方缴纳首付并办理贷款事宜，即属于此类情形；第二类称为个别交易习惯，即当事人双方经常使用的习惯做法。如沉默不被视为意思表示，但符合当事人之间交易习惯等情形的除外，即属于此类情形。

风险提示

（1）适用习惯的前提是法律没有规定，因此需要穷尽法律，且需要当事人主

动说明习惯，法院不能主动适用。

（2）当事人之间的个别交易习惯，一定是双方此前反复适用的，不能只是个人适用的做法。

❓ 问题思考

（1）为什么会规定适用习惯的情形？

（2）实务中为了主张并释明习惯，你需要提供什么证据？

第二章 自然人相关基础

第一节 民事权利能力和民事行为能力

关键词索引： 民事权利能力　民事行为能力

基础导入

民事权利能力和民事行为能力是自然人从事民事活动的基础性知识，特别是完全民事行为能力、限制行为能力、无民事行为能力等都是具体案件分析中的前提和重点，本部分详细总结和梳理相关内容，以便大家全面学习。

详细解析

1　民事权利能力是什么？起止时间是如何规定的？

自然人的民事权利能力是指自然人依法享有民事权利和承担民事义务的资格。通俗地讲，就是自然人参与民事活动的资格。这项权利能力自然人均有且一律平等。

关于民事权利能力的起止时间，根据《民法典》第十三条的规定：自然人从出生时起到死亡时止，具有民事权利能力，依法享有民事权利，承担民事义务。根据《民法典》第五十九条的规定：法人的民事权利能力和民事行为能力，从法人成立时产生，到法人终止时消灭。

2　胎儿可以继承遗产和接受赠与吗？

虽然胎儿还没有出生，按照民事权利能力起止时间的一般规定，胎儿是不具备民事权利能力的，但为了保障胎儿的权益，《民法典》第十六条规定：涉及遗产继承、接受赠与等胎儿利益保护的，胎儿视为具有民事权利能力。但是，胎儿娩出时为死体的，其民事权利能力自始不存在。

关于胎儿继承的问题，《民法典》第一千一百五十五条规定：遗产分割时，应当保留胎儿的继承份额。胎儿娩出时是死体的，保留的份额按照法定继承办理。

3 完全民事行为能力、限制行为能力、无民事行为能力的基础知识（见表2-1）

表2-1 完全民事行为能力、限制行为能力、无民事行为能力的基础知识

民事行为能力类型	年龄区间	行为效力的范围
完全民事行为能力	≥18周岁	独立实施民事法律行为
	16～18周岁（以自己的劳动收入为主要生活来源的）	视为完全民事行为能力人
限制行为能力	8～16周岁	由其法定代理人代理或者经其法定代理人同意、追认；但是可以独立实施纯获利益的民事法律行为或者与其年龄、智力相适应的民事法律行为
	不能完全辨认自己行为的成年人	由其法定代理人代理或者经其法定代理人同意、追认；但是可以独立实施纯获利益的民事法律行为或者与其智力、精神健康状况相适应的民事法律行为
无民事行为能力	＜8周岁	由其法定代理人代理实施民事法律行为
	不能辨认自己行为的成年人和未成年人	行为无效，由其法定代理人代理实施民事法律行为

通俗地讲，可以总结为如下几个要点。

（1）成年人可以独立实施民事法律行为，其行为要对自己的行为承担法律责任。

（2）16～18周岁的未成年人，如果有自己的劳动收入，比如17周岁的孩子打工有自己的收入，那他去买个1万元电脑的行为就是有效的，视为完全行为能力人。

（3）8～16周岁的孩子是限制行为能力人，可以实施跟他的年龄和智力相适应的行为，比如10周岁的孩子出门买个10元的文具用品，那就是有效的行为；再比如10周岁的孩子直播打赏5000元，监护人也追认不同意的，那就是无效的

法律行为。

（4）限制行为能力人纯获利益的行为是有效的，比如10周岁的孩子获赠10万元，那这种赠与行为是有效的。

（5）8周岁以下的孩子所实施的法律行为是无效的，均由其法定代理人代为实施。

（6）不能辨认自己行为的人，例如严重到不能辨认自己行为的精神病人所实施的行为是无效的，应由其法定代理人代理实施民事法律行为。

4 认定和恢复民事行为能力的法定程序是什么？

根据《民法典》第二十四条的规定，认定和恢复民事行为能力的主体只能是法院，申请认定的主体是不能辨认或者不能完全辨认自己行为的成年人，其利害关系人（本人的近亲属、债权债务人等有重大影响的个体）或者有关组织（居民委员会、村民委员会、学校、医疗机构、妇女联合会、残疾人联合会、依法设立的老年人组织、民政部门等）。

恢复民事行为能力方面，同样是经本人、利害关系人或者有关组织向法院申请，由法院根据其智力、精神健康恢复的状况，认定该成年人恢复为限制民事行为能力人或者完全民事行为能力人。

在民事行为能力的认定和恢复上，由于民事行为能力对自然人的各项权益都有着重要的作用，因此法院都有严格的程序和标准，其他主体是无权认定和恢复的。

问题思考

（1）法律为什么要区分不同的民事行为能力？

（2）间歇性的精神病人所实施的法律行为，效力如何？

（3）正常的成年人直播打赏，反悔后还能要回来吗？

第二节　父母对未成年子女的监护职责

关键词索引： 监护　未成年子女

基础导入

父母对未成年子女的监护职责不仅在《民法典》中有相应规定，还在《中华人民共和国未成年人保护法》《中华人民共和国妇女权益保障法》《中华人民共和国教育法》《中华人民共和国预防未成年人犯罪法》等法律中有体现。各地在未成年子女的监护问题上也做了很多新努力和新尝试，如"改进家庭教育督促令"的新提法、监护困境儿童安全保护等内容，构建起了以家庭监护为主，以监护支持、监督和干预为保障，由国家监护兜底的未成年人监护制度体系。

详细解析

1　父母对未成年子女的法定监护义务，不因离婚等原因而改变

《民法典》第二十六条规定，父母对未成年子女负有抚养、教育和保护的义务。《中华人民共和国未成年人保护法》第七条规定，未成年人的父母或者其他监护人依法对未成年人承担监护职责。国家采取措施指导、支持、帮助和监督未成年人的父母或者其他监护人履行监护职责。有关父母对未成年子女的法定监护义务，我们来看一个案例。

甲与乙系丙之父母，丁系甲之母。甲与乙生育后登记结婚，两年后协议离婚，双方约定丙由甲抚养。之后，甲因交通事故受伤经医院抢救无效死亡。请问，本案中谁是未成年子女丙的监护人？

（改编自湖北省武汉市蔡甸区人民法院）

在本案中，甲和乙是丙的父母，父母对未成年子女的监护是基于身份关系的专属的权利和义务，无须批准，自然取得，即便之后甲、乙离婚，也不会因此而消除，具有当然性、法定性和优先性。

那么本案中，丁作为祖母，如果申请成为丙的监护人，可以吗？这就是下一个问题要解决的内容。

2 谁可以成为未成年子女的监护人？

根据《民法典》第二十七条的规定，父母是未成年子女的监护人。只有在特定情形下才可以由其他人担任监护人。未成年人的父母已经死亡或者没有监护能力的，由下列有监护能力的人按顺序担任监护人：①祖父母、外祖父母；②兄、姐；③其他愿意担任监护人的个人或者组织，但是须经未成年人住所地的居民委员会、村民委员会或者民政部门同意。

所以在上述案件中，丁作为祖母申请成为丙的监护人是不行的，因为乙作为丙的母亲还在，且不存在丧失监护能力的情形，所以应当由乙来作为监护人。

另外，被监护人的父母担任监护人的，可以通过遗嘱指定监护人。

在实践中，还存在监护人变更的特殊情形，来看最高人民法院发布的《人民法院贯彻实施民法典典型案例（第一批）》中"广州市黄埔区民政局与陈某金申请变更监护人案"。

吴某，2010年10月28日出生，于2011年8月22日被收养。吴某为智力残疾三级，其养父母于2012年和2014年先后因病死亡，后由其养祖母陈某金作为监护人。除每月500余元农村养老保险及每年2000余元社区股份分红外，陈某金无其他经济收入来源，且陈某金年事已高并有疾病在身。吴某的外祖父母也年事已高亦无经济收入来源。自2018年起，陈某金多次向街道和区民政局申请将吴某送往儿童福利机构养育、照料。为妥善做好吴某的后期监护，广州市黄埔区民政局依照《民法典》相关规定向人民法院申请变更吴某的监护人为民政部门，广州市黄埔区人民检察院出庭支持民政部门的变更申请。

（改编自最高人民法院发布13件人民法院贯彻实施《民法典》典型案例）

生效裁判认为，被监护人吴某为未成年人，且智力残疾三级，养父母均已去世，陈某金作为吴某的养祖母，年事已高并有疾病在身，经济状况较差，已无能力抚养吴某。鉴于陈某金已不适宜继续承担吴某的监护职责，而吴某的外祖父母同样不具备监护能力，且陈某金同意将吴某的监护权变更给广州市黄埔区民政局，将吴某的监护人由陈某金变更为广州市黄埔区民政局不仅符合法律规定，还可以为吴某提供更好的生活、教育环境，更有利于吴某的健康成长。故判决自2021年7月23日起，吴某的监护人由陈某金变更为广州市黄埔区民政局。

问题思考

（1）父母不履行对子女的监护义务，怎么办呢？

（2）父母遗嘱指定的监护人对未成年子女非常不利，怎么办呢？

（3）父母不履行监护职责的，子女成年后是否可以对等不履行赡养义务呢？

第三节　监护人的确定与争议解决

关键词索引： 监护人　监护职责　撤销监护

基础导入

《民法典》出台后，我国监护制度体系如图 2-1 所示，读者可对比学习。

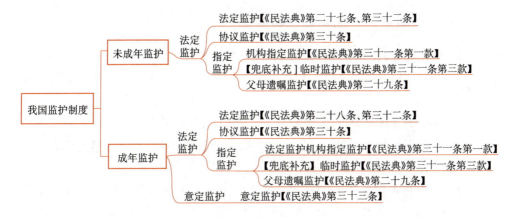

图 2-1　我国监护制度体系①

监护制度能够帮助未成年子女或无民事行为能力及限制民事行为能力的成年人实施民事法律行为，对其有保护未成年人身心健康、促进其健康成长，管理和保护被监护人财产的功能。但在确定监护人的过程中会遇到一系列问题，本部分将详细解释监护关系的确认和监护职责的相关问题。

---

① 参考自上海市高级人民法院"浦江天平"公众号。

详细解析

1 成年人的监护人如何确定？

正常的成年人是没有监护人这一说的，有监护人的是无民事行为能力或者限制民事行为能力的成年人。根据《民法典》第二十八条、第二十九条、第三十二条的相关规定，无民事行为能力或者限制民事行为能力的成年人的监护人按照下列原则指定。

（1）一般情况下按顺序担任监护人：①配偶；②父母、子女；③其他近亲属；④其他愿意担任监护人的个人或者组织，但是须经被监护人住所地的居民委员会、村民委员会或者民政部门同意。

（2）被监护人的父母担任监护人的，可以通过遗嘱指定信赖的人担任监护人。

（3）没有人可以担任监护人的，则由民政部门担任，也可以由具备履行监护职责条件的被监护人住所地的居民委员会、村民委员会担任。

2 协议确定监护人的基本要求有哪些？

协议确定监护人的制度是监护人确定中的重要内容，但要想适用协议确定监护人，需要有严格的前提条件，根据《民法典》第三十条的规定，主要有如下两项基本要求。

（1）协议的主体是具有监护资格的人，没有监护资格的人是不能签订此类协议的。有监护资格的人主要是《民法典》第二十七条和第二十八条规定的人，上述内容也有详述。

（2）应当尊重被监护人的真实意愿。对于无民事行为能力或者限制民事行为能力的成年人，应当尊重他们内心真实的愿望，听取他们的意见，即便是无民事行为能力人，也应当综合各方面因素，站在最有利于被监护人的角度确定监护人。

另外，还需要特别注意的是，未成年子女的父母有监护能力的，是不能跟其他人协议确定他人监护的。同时，当协议确定成为监护人之后，监护人就必须履行监护职责，不得擅自变更，否则承担法律责任。

3 对确定监护人有争议的，如何解决？

根据《民法典》第三十一条的规定，对监护人的确定有争议的，由被监护人住所地的居民委员会、村民委员会或者民政部门指定监护人,有关当事人对指定不服的,可以向人民法院申请指定监护人;有关当事人也可以直接向人民法院申请指定监护人。

居民委员会、村民委员会、民政部门或者人民法院应当尊重被监护人的真实意愿,按照最有利于被监护人的原则在依法具有监护资格的人中指定监护人。

指定监护人前,被监护人的人身权利、财产权利以及其他合法权益处于无人保护状态的,由被监护人住所地的居民委员会、村民委员会、法律规定的有关组织或者民政部门担任临时监护人。

监护人被指定后,不得擅自变更;擅自变更的,不免除被指定的监护人的责任。

4 监护人的监护职责是什么?不履行监护职责的后果是什么?

根据《民法典》第三十四条的规定,监护人的监护职责总结如下。

(1)代理被监护人实施民事法律行为。监护人代理未成年子女或无民事行为能力或者限制民事行为能力的成年人来实施民事法律行为,当然这种代理必须在必要的限度范围内实施。

(2)保护被监护人的人身权利、财产权利以及其他合法权益等。特别是父母对未成年子女的身心健康保护的作用,照顾被监护人的生活、管理被监护人的财产等各方面均是监护人的职责。

监护人不履行监护职责或者侵害被监护人的合法权益的,应当承担法律责任。

这在《民法典》第一千一百八十八条中同样有规定,无民事行为能力人、限制民事行为能力人造成他人损害的,由监护人承担侵权责任。监护人尽到监护职责的,可以减轻其侵权责任。

同时,监护人不履行其监护职责的,可以撤销其监护资格,具体是监护人有下列情形之一的,人民法院根据有关个人或者组织的申请,撤销其监护人资格,安排必要的临时监护措施,并按照最有利于被监护人的原则依法指定监护人:第一,实施严重损害被监护人身心健康的行为;第二,怠于履行监护职责,或者无法履行监护职责且拒绝将监护职责部分或者全部委托给他人,导致被监护人处于危困状态;第三,实施严重侵害被监护人合法权益的其他行为。

"有关个人、组织"包括:其他依法具有监护资格的人,居民委员会、村民委员会、学校、医疗机构、妇女联合会、残疾人联合会、未成年人保护组织、依法设立的老年人组织、民政部门等。

有关个人和民政部门以外的组织未及时向人民法院申请撤销监护人资格的，民政部门应当向人民法院申请。

被监护人的父母或者子女被人民法院撤销监护人资格后，除对被监护人实施故意犯罪的外，确有悔改表现的，经其申请，人民法院可以在尊重被监护人真实意愿的前提下，视情况恢复其监护人资格，人民法院指定的监护人与被监护人的监护关系同时终止。

这部分对应的典型案例如下。

2021年3月14日3时许，张某柔在吉林省梅河口市某烧烤店内诞下一女婴（非婚生，暂无法确认生父），随后将女婴遗弃在梅河口市某村露天垃圾箱内。当日9时30分许，女婴被群众发现并报案，梅河口市公安局民警将女婴送至医院抢救治疗。2021年3月21日，女婴出院并被梅河口市儿童福利院抚养至今，取名"党心"（化名）。张某柔因犯遗弃罪被判刑。目前，张某柔仍不履行抚养义务，其近亲属亦无抚养意愿。梅河口市儿童福利院申请撤销张某柔监护人资格，并申请由该福利院作为党心的监护人。梅河口市人民检察院出庭支持梅河口市儿童福利院的申请。

[改编自最高人民法院发布的13件人民法院贯彻实施《民法典》典型案例（第一批）]

生效裁判认为，父母是未成年子女的法定监护人，有保护被监护人的身体健康、照顾被监护人的生活、管理和保护被监护人的财产等义务。张某柔的遗弃行为严重损害了被监护人的身心健康和合法权益，依照《民法典》第三十六条的规定，其监护人资格应当予以撤销。梅河口市儿童福利院作为为全市孤儿和残疾儿童提供社会服务的机构，能够解决党心的教育、医疗、心理疏导等一系列问题。从对未成年人特殊、优先保护原则和未成年人最大利益原则出发，由梅河口市儿童福利院作为党心的监护人，更有利于保护其生活、受教育、医疗保障等权利，故指定梅河口市儿童福利院为党心的监护人。

问题思考

（1）确定监护人的协议在作为身份关系的协议时，其效力如何？
（2）最有利于被监护人的原则在适用中需要综合考虑的因素有哪些？
（3）监护关系终止的情形有哪些？

第四节 "意定监护"的热议问题

关键词索引： 意定监护

案例导入

上海宝山区 88 岁老人将价值 300 万元的房产送给水果摊主小游，引发媒体热议。一位 80 多岁的老人，老伴和儿子均已去世，只有一些远房亲戚，事实上就是无依无靠。但是老人与楼下水果摊老板却格外投缘，还得到了对方十年如一日的照顾，于是便邀请对方和家人住到自己家里，并决定在自己去世后把遗产留给他。为此，还去了上海市普陀公证处做意定监护公证。

（改编自律新社资讯报道）

法条链接

《民法典》第三十三条规定：【意定监护】具有完全民事行为能力的成年人，可以与其近亲属、其他愿意担任监护人的个人或者组织事先协商，以书面形式确定自己的监护人，在自己丧失或者部分丧失民事行为能力时，由该监护人履行监护职责。

详细解析

本案中，通过梳理各事件可以发现，老人的老伴在 2012 年去世，老人独居。2015 年，老人独子去世，水果摊主游先生帮忙处理了后事。2017 年 7 月，老人在家摔倒昏迷，水果摊主游先生发现后送医照顾，出院之后老人邀请水果摊主一家人与其共住。2019 年 3 月，老人和游先生办理了意定监护和遗赠抚养协议的公证手续，约定在其去世后将房产赠与游先生。

根据意定监护的规定，老人在意志清醒的情况下，也就是具有完全民事行为能力的时候，是可以跟其他人协商确定为自己的监护人，当自己丧失或者部分丧失民事行为能力时，由水果摊主小游履行监护职责。并且老人还将意定监护进行了公证，具有法律效力，符合法律规定，受到法律的保护和支持。

当然，本案件之所以引发如此大的关注，主要源于老人在做意定监护公证的时候是否神志清醒；这里面除了意定监护的公证，还有遗赠抚养协议的问题，也就是涉及高额财产赠与的问题。但意定监护和遗赠抚养协议是不能混同的，是两个不同的概念，后续它们会在"继承"相关章节详细讲解。

知识延伸

1. 意定监护优先于法定监护，具体的满足要件是什么？

意定监护体现了意思自治，更多地尊重了成年人选择监护人的选择权。在监护法律制度中，意定监护优先于法定监护，当成年人丧失或部分丧失行为能力后，由监护人对被监护人事务实施管理和辅助，从而弥补被监护人行为能力的欠缺，最终实现其民事权利。

意定监护的具体构成要件如下。

（1）只有具备完全民事行为能力的成年人才可以适用。意定监护来自《中华人民共和国老年人权益保障法》的下列规定。

第二十六条：具备完全民事行为能力的老年人，可以在近亲属或者其他与自己关系密切、愿意承担监护责任的个人、组织中协商确定自己的监护人。监护人在老年人丧失或者部分丧失民事行为能力时，依法承担监护责任。

老年人未事先确定监护人的，其丧失或者部分丧失民事行为能力时，依照有关法律的规定确定监护人。

在当前，孤寡和失孤老人更需要意定监护，因此立法从保障老年人权益角度规定了意定监护。而对于未成年人或是限制行为能力人和无民事行为能力人是不能设定意定监护的，这在实务中也是争议的焦点，即如何判断行为人是在完全行为能力状态下设定意定监护的，需要综合公证谈话、行为状态、证人证言等确定。

（2）选定合适的意定监护人。《民法典》规定的可以担任监护人的范围如下。第一，近亲属。根据《民法典》的最新规定，近亲属包括配偶、父母、子女、兄弟姐妹、祖父母、外祖父母、孙子女、外孙子女。第二，其他愿意担任监护人的个人或者组织。个人是指除了近亲属之外的其他人，但必须是具备监护能力、完全民事行为能力人；而组织既可以是法人组织，也可以是非法人组织，既可以是营利性组织，也可以是非营利性组织。

特别注意的是，选定的监护人必须是自愿同意担任监护人的人，是双方自愿协商确定下来的。

（3）签订书面协议确定自己的监护人。选定意定监护人必须通过书面方式确定,也就是说,意定监护协议必须采用书面形式。在协议中明确约定监护人的基本信息、监护权限及范围、将来监护事务的处理方案、委托人对自己事务的处置偏好等。

2. 设定意定监护的几个误区和注意事项

首先是意定监护的范围,意定监护属于监护的范畴,跟继承、赡养等内容无关。意定监护是被监护人丧失行为能力后,监护人来管理被监护人的人身及财产事务,依照被监护人在先或现在的意思来代理被监护人为特定法律行为。意定监护的内容由协议来确定,可以是全部行为的代理,也可以是部分个别行为的代理。

其次,设定意定监护的对象只能是成年人在意志清醒的情况下设定的,而法定监护可以是未成年人和成年人。关于如何确定成年人是在意志清醒的情况下签订意定监护的问题,一直是司法实务中的难点,如之前在"老人赠房给水果摊主事件"报道中提到,公证部门在实际意定监护的落地方面存在较大难度,公证员更多的是劝退前来设定的人,成功公证的比例也仅在 25% 左右。公证部门会综合被监护人在申请时谈话的神志、行为、家庭背景等信息然后综合判断,但有些意定监护设定中是没有公证的,对于这部分如果发生争议,那就更加难以判断。

风险提示

(1)在签订意定监护协议时,需要对监护权限及范围、将来监护事务的处理方案、委托人对自己事务的处置偏好等约定清楚,防止事后因不明确而产生争议。

(2)在设定意定监护过程中最好进行公证,防止将来就意定监护协议的效力产生争议。

问题思考

(1)在 88 岁老人将价值 300 万元的房产送给水果摊主案件中,老人的家人对意定监护提出异议,认为老人是在非清醒状态下设定的,如果你作为公证员,如何看待此主张?

(2)意定监护中找不到可以担任意定监护人的,怎么办?

(3)请草拟一份意定监护协议,大家一起交流学习。

第五节　申请宣告失踪和宣告死亡的条件和程序

关键词索引： 宣告失踪　宣告死亡

基础导入

如果一个公民长时间失去音信，会造成很多法律关系悬而未决，长时间得不到解决，这时候就有了宣告失踪和宣告死亡制度。

比如在外打工的李某十年未归，通过各种渠道都联系不上，这时候他老家的妻子是不能再嫁的，因为婚姻关系还在持续。他老家的房子无法办理过户手续、银行账户的钱不能取出、孩子没有监护人等，这些都给他的家人的日常生活造成很多不便，很多法律纠纷悬而未决。

详细解析

1. 宣告失踪的条件和程序是什么？

根据《民法典》第四十条的规定，自然人下落不明满二年的，利害关系人可以向人民法院申请宣告该自然人为失踪人。这里需要注意三个问题。

（1）下落不明的标准是什么？下落不明的意思是自然人离开自己的住所，长期处于音信全无状态，跟所有的关系人都断了联系。特别注意的是要求是跟所有关系人都断了联系，不能是跟特定的关系人断了联系。同时也要求是一切联系的中断，而不能是个别联系的中断。

自然人下落不明的时间是自其失去音讯之日起计算的。例外情况是：在战争期间下落不明的，下落不明的时间是自战争结束之日或者有关机关确定的下落不明之日起计算。

（2）谁可以申请宣告失踪？与下落不明的自然人存在相关利害关系的人才可以申请，其他主体是无权申请宣告失踪的。利害关系人的范围包括失踪人的配偶、父母、子女、兄弟姐妹、祖父母、外祖父母、孙子女、外孙子女以及其他与被申请人有民事权利、义务关系的人。

（3）宣告失踪的程序是什么？根据《中华人民共和国民事诉讼法》（以下简

称《民事诉讼法》)的相关规定，宣告失踪的程序主要包括如下几个。

①向基层人民法院申请。公民下落不明满二年，利害关系人申请宣告其失踪的，向下落不明人住所地基层人民法院提出。

申请书应当写明失踪的事实、时间和请求，并附有公安机关或者其他有关机关关于该公民下落不明的书面证明。

②法院受理并公告。人民法院受理宣告失踪案件后，应当发出寻找下落不明人的公告。宣告失踪的公告期间为三个月。公告期间届满，人民法院应当根据被宣告失踪的事实是否得到确认，做出宣告失踪的判决或者驳回申请的判决。

③财产代管。失踪人的财产由其配偶、成年子女、父母或者其他愿意担任财产代管人的人代管。

代管有争议，没有前款规定的人，或者前款规定的人无代管能力的，由人民法院指定的人代管。

财产代管人应当妥善管理失踪人的财产，维护其财产权益。失踪人所欠税款、债务和应付的其他费用，由财产代管人从失踪人的财产中支付。财产代管人因故意或者重大过失造成失踪人财产损失的，应当承担赔偿责任。

④重新出现后的撤销。被宣告失踪的公民重新出现，经本人或者利害关系人申请，人民法院应当做出新判决，撤销原判决。失踪人重新出现，有权请求财产代管人及时移交有关财产并报告财产代管情况。

2 宣告死亡的条件和程序是什么？

根据《民法典》第四十六条的规定，利害关系人可以向人民法院申请宣告该自然人死亡的情形有两个：第一，下落不明满四年；第二，因意外事件，下落不明满二年。

因意外事件下落不明，经有关机关证明该自然人不可能生存的，申请宣告死亡不受二年时间的限制。

可以申请的利害关系人同上述宣告失踪的利害关系人。

在程序上，宣告死亡和宣告失踪的基本程序一致，不同在于：宣告死亡的公告期间为一年。因意外事故下落不明，经有关机关证明该公民不可能生存的，宣告死亡的公告期间为三个月。在程序上还要注意的是，对同一自然人，有的利害关系人申请宣告死亡，有的利害关系人申请宣告失踪，符合宣告死亡条件的，人民法院会按照宣告死亡判令。

在死亡日期的认定标准上，被宣告死亡的人，人民法院宣告死亡的判决做出之日视为其死亡的日期；因意外事件下落不明宣告死亡的，意外事件发生之日视为其死亡的日期。

3 宣告失踪制度破解"事实孤儿"救助困局

宣告失踪或宣告死亡制度能够让长期下落不明自然人的法律关系得到落实，保障利益相关人的合法权益，特别是夫妻关系、父母关系、子女关系等。

小丽今年13岁。在她不满1周岁时，父亲自杀身亡，母亲离家出走。父母至今下落不明，她一直由爷爷奶奶抚养。爷爷奶奶年近70岁，除低保及社会救济外，无其他生活来源，而小丽又不符合申请国家孤儿救助的条件，生活非常困顿。江苏省泰兴市检察院在开展困境儿童帮扶救助活动时，通过妇联了解到该情况后，对小丽的困境非常关注，于2017年5月与民政局、司法局等单位沟通，研究解决办法。最后经研究确定由司法局指派法律援助律师，以小丽的名义向法院申请宣告小丽母亲为失踪人。宣告失踪公告期间届满后，泰兴市检察院又向法院提交了《支持申请书》，并出庭支持申请。泰兴市法院当庭判决宣告小丽母亲失踪。之后，民政部门按规定给小丽办理了"儿童福利证"，并落实了每月孤儿养育金。

（改编自最高人民检察院发布的10起未成年人全面综合司法保护典型案例）

宣告失踪或宣告死亡制度解决了"事实孤儿"的社会救济问题，是实现未成年人全面综合司法保护的重要体现，为"事实无人抚养儿童"认定提供了司法依据，解决了此类困境儿童无法获得救助的程序问题，有助于更好地扶助困境儿童健康成长。

问题思考

（1）妻子明知丈夫因躲债在外多年不归，这种情形下能申请宣告失踪吗？

（2）如果相关利害关系人都不申请宣告失踪，如何处理失踪人的各类法律关系？

第六节　被宣告失踪或死亡的人重新出现引发的问题处理

关键词索引：宣告失踪　宣告死亡

案例导入

赖某2和潘某是夫妻，生育一子赖某1，有一套房子是他们的共同财产。后潘某于2008年11月离家后未归，潘某之父潘某钦于2011年6月16日向派出所报案，经多方查找，潘某仍下落不明。2013年8月8日，潘某钦向一审法院申请宣告潘某失踪，一审法院判决宣告潘某失踪。宣告失踪后，潘某仍然杳无音讯，潘某之母张某蓉向一审法院申请宣告潘某死亡，一审法院审查后做出民事判决，宣告潘某死亡。2017年11月23日，张某蓉和赖某1向四川省成都市国力公证处申请房产继承权的公证，《公证书》载明：该房屋属于潘某和赖某2的夫妻共同财产，该房产中50%的产权份额属于潘某所有，为其遗产；潘某和赖某2于2005年8月11日离婚，离婚后直到死亡，潘某一直未再婚，潘某的父亲潘某钦于2015年5月11日死亡，母亲张某蓉书面表示放弃对潘某上述遗产的继承权，赖某1要求继承潘某的上述遗产。2017年12月20日，上述房产在不动产登记部门登记为赖某2、赖某1按份共有，各占50%份额。2018年5月26日，在房产中介公司的居间下，赖某2、赖某1与王某、陈某签订《房屋买卖合同书》，约定赖某2、赖某1将房屋出售给王某、陈某，房屋成交价格为1 635 000元。2019年1月8日，医院出具诊断证明，证明潘某患癌症，建议放化疗。后潘某起诉，并申请撤销宣告死亡判决。法院另查明，上述房屋登记为陈某单独所有。

（改编自四川省成都市中级人民法院）

法条链接

《民法典》第五十条：【死亡宣告的撤销】被宣告死亡的人重新出现，经本人或者利害关系人申请，人民法院应当撤销死亡宣告。

《民法典》第五十三条：【死亡宣告撤销后的财产返还】被撤销死亡宣告的人有权请求依照本法第六编取得其财产的民事主体返还财产；无法返还的，应当给予适当补偿。

利害关系人隐瞒真实情况，致使他人被宣告死亡而取得其财产的，除应当返还财产外，还应当对由此造成的损失承担赔偿责任。

详细解析

本案中的潘某因下落不明满两年，被宣告失踪，之后又因下落不明满四年，被宣告死亡，均由潘某的利害关系人申请，并按照法定程序由法院做出判决。关键是潘某之后突然出现而引发的各种法律关系的处理，本案是有关潘某被宣告死亡后遗产继承的返还相关问题。

根据《民法典》第五十三条的规定，被撤销死亡宣告的人有权请求依照《民法典》继承编的规定取得其财产的民事主体返还财产。本案中因案涉房屋已被出售，赖某1客观上无法返还其从潘某处继承的案涉房屋，应当给予潘某适当的补偿。案涉房屋实际出售所得为1 635 000元，其中50%属于赖某2，剩余的50%即817 500元均是赖某1基于继承潘某对案涉房屋所占份额所得。潘某的死亡宣告已经撤销，因其身患重病，治疗所需金额巨大，故法院判决赖某1全额返还从潘某处继承房屋份额所得的817 500元。

知识延伸

1. 失踪人重新出现带来什么法律后果？

首先，有关宣告失踪的撤销。根据《民法典》第四十五条的规定，失踪人重新出现，经本人或者利害关系人申请，人民法院应当撤销失踪宣告。这里的利害关系人应当与申请宣告失踪的利害关系人范围一致，同样也是向下落不明人住所地的基层人民法院申请。

其次，有关财产的问题。因为之前存在失踪人的财产代管人，当失踪人重新出现，其有权请求财产代管人及时移交有关财产并报告财产代管情况。

2. 被宣告死亡的人还在存活期间的民事法律行为效力如何？

自然人下落不明满四年，或是意外事件满两年，被宣告死亡，但并未死亡的，不影响该自然人在被宣告死亡期间实施的民事法律行为的效力。因为这并不是真实死亡，该自然人在此期间的民事活动依然跟正常自然人一样，并不受宣告死亡的影响。

3. 宣告死亡撤销对财产、婚姻和收养关系的影响有哪些？

对于财产关系，上述案例已经论述过，被撤销死亡宣告的人有权请求依照继承法律取得其财产的民事主体返还财产；无法返还的，应当给予适当补偿。利害关系人隐瞒真实情况，致使他人被宣告死亡而取得其财产的，除了应当返还财产，还应当对由此造成的损失承担赔偿责任。

对于婚姻关系，一旦法院宣告某自然人死亡，则该自然人的婚姻关系当然解除，也就是婚姻关系终止了。死亡宣告被撤销的，婚姻关系自撤销死亡宣告之日起自行恢复。但是，其配偶再婚或者向婚姻登记机关书面声明不愿意恢复的除外。这两种例外情形也是为了确保婚姻的稳定性，毕竟被宣告死亡过，还是要依法保障配偶的婚姻自由权益的。

对于收养关系，被宣告死亡的人在被宣告死亡期间，其子女被他人依法收养的，在死亡宣告被撤销后，不得以未经本人同意为由主张收养行为无效。这个规定同样也是为了保障收养关系的稳定性，被宣告死亡的人可以通过协商等方式予以解决。

风险提示

宣告失踪和宣告死亡制度会对自然人的人身权利和财产权利产生限制甚至终止的法律效果，当自然人突然出现会对既有法律关系产生较大影响时，需要尽量依法恢复既有法律关系，不能恢复的，需要尊重利害关系人的意见，协商处理好各种矛盾。

问题思考

（1）自然人宣告失踪期间，其配偶可以再婚吗？

（2）自然人宣告失踪后出现的，如果其失踪期间的财产代管人存在管理不当行为，如何维权？

（3）自然人宣告死亡期间其配偶再婚的，之后该自然人出现，如何复婚？

第七节　个体工商户被注销后的责任承担

关键词索引： 个体工商户

案例导入

某销售中心的企业类型为个体，经营者姓名为刘某。蒋某于2010年7月任职该中心司机，2012年在工作过程中发生人身伤害，因销售中心没有给其缴纳工伤保险，双方就劳动赔偿发生争议，此后销售中心被注销。

蒋某的人身伤害由谁赔偿呢？

（改编自北京市大兴区人民法院）

法条链接

《民法典》第五十六条：【债务承担规则】个体工商户的债务，个人经营的，以个人财产承担；家庭经营的，以家庭财产承担；无法区分的，以家庭财产承担。

农村承包经营户的债务，以从事农村土地承包经营的农户财产承担；事实上由农户部分成员经营的，以该部分成员的财产承担。

详细解析

本案相对较为简单，首先，该销售中心跟蒋某存在劳动法律关系，应依法作为用人单位承担相应责任。其次，销售中心作为个体工商户，虽然之后被注销，但根据《民法典》第五十六条的规定，该销售中心为刘某个人经营，应当以刘某的个人财产抵扣相应债务。虽然销售中心在蒋某主张相关劳动权益时被注销，但其权利、义务应由刘某承担。

知识延伸

1. 什么是个体工商户？

根据《民法典》第五十四条及《个体工商户条例》第二条的规定，个体工商户是指在法律允许的范围内，依法经工商行政管理部门核准登记，从事工商业经营的公民。个体工商户可以个人经营，也可以家庭经营。个体工商户的合法权益受法律保护，任何单位和个人不得侵害。

个体工商户可以使用自己的名称，也可以不使用，经营者的名字可以作为个体工商户名称中的字号使用。个体工商户的名称组织形式一般选用"厂""店""中心""行"等字样。

2. 个体工商户如何承担责任？

《民法典》第五十六条规定了债务承担规则，即个人经营的，以个人财产承担；家庭经营的，以家庭财产承担；无法区分的，以家庭财产承担。

实务中，到底用个人财产还是家庭财产来清偿债务经常发生争议，处理的具体规则是：如果家庭一方以个人名义申请登记的个体工商户是用家庭共有财产投资的，或是个体工商户的收益主要部分都是用于家庭成员享用的，那么个体工商户的债务由家庭财产清偿。当然，在以家庭共有财产清偿的时候，应当保留家庭成员的必要生活品和生产工具。除此之外，一方以个人名义申请登记个体工商户，没有跟家庭财产混同的，则个体工商户的债务由个人财产承担。

风险提示

个体工商户区别于企业，存在很多便利，经营起来相对更灵活，但也容易在个人财产和家庭财产方面存在混同，尤其是在夫妻共同财产的责任承担方面。

个体工商户在经营过程中，需要明晰责任承担的范围，此类"无限责任"的承担需要个体工商户的经营者更加谨慎。

问题思考

（1）个体工商户跟企业有什么区别？

（2）夫妻一方从事个体经营，收入归夫妻共同所有，则债务由谁承担？

第三章 法人相关基础

第一节 法人的基本知识

关键词索引：法人　法定代表人

基础导入

法人，通俗的理解就是"法律上的人"，区别于我们自然人，法人作为独立的民事主体在我们生活中无处不在。我们需要厘清与法人相关的各类法律关系，掌握这个基础知识。

详细解析

1 法人的民事权利能力和民事行为能力

《民法典》第五十七条规定了"法人"的概念，即法人是具有民事权利能力和民事行为能力，依法独立享有民事权利和承担民事义务的组织。与自然人一样，法人具有民事权利能力和民事行为能力，是独立的民事主体。法人的民事权利能力和民事行为能力，从法人成立时产生，到法人终止时消灭。

法人制度是世界各国规范经济秩序以及整个社会秩序的一项重要法律制度。法人的特征主要有四个。

（1）法人是具有独立名义的社会组织体，具有民事权利能力和民事行为能力。

（2）法人具有独立的财产。

（3）法人具有独立的意思，能够依自己的意思行使民事权利，承担民事义务。

（4）法人独立承担责任，法人的本质是法人能够与自然人同样具有民事权利能力，成为法人享有权利负担义务的民事主体的依据。

《民法典》把法人分为营利法人、非营利法人和特别法人，下面会详细对比分析。

2 法人的成立与解散

根据《民法典》第五十八条的规定，法人应当依法成立。法人应当有自己的名称、组织机构、住所、财产或者经费。法人成立的具体条件和程序，依照法律、行政法规的规定。设立法人，法律、行政法规规定须经有关机关批准的，依照其规定。

法人成立的具体条件和程序在《中华人民共和国公司法》《社会团体登记管理条例》等法律法规中均有规定。从事特种设备、食品、金融保险和医疗药品等特定领域经营的，需要经过对应主管部门的批准方可成立。

有关法人解散的情形，根据《民法典》第六十九条，主要有以下几种。
（1）法人章程规定的存续期间届满或者法人章程规定的其他解散事由出现。
（2）法人的权力机构决议解散。
（3）因法人合并或者分立需要解散。
（4）法人依法被吊销营业执照、登记证书，被责令关闭或者被撤销。
（5）法律规定的其他情形。

3 "法人"与"法定代表人"有什么区别？

根据《民法典》第六十一条的规定，依照法律或者法人章程的规定，代表法人从事民事活动的负责人，为法人的法定代表人。法定代表人以法人名义从事的民事活动，其法律后果由法人承受。

所以，法定代表人是一个自然人，法定代表人和法人之间是代表法律关系，法定代表人的职务行为就是法人的行为，这种代表是法律或法人章程中规定的。

4 法定代表人的越权行为是否有效？

根据《民法典》第六十一条的规定，法人章程或者法人权力机构对法定代表人代表权的限制，不得对抗善意相对人。根据《民法典》第六十二条的规定，法定代表人因执行职务造成他人损害的，由法人承担民事责任。法人承担民事责任后，依照法律或者法人章程的规定，可以向有过错的法定代表人追偿。

因此，法定代表人的职务行为给他人造成损害的，由法人承担民事责任，法定代表人越权对外做出行为，对善意第三人还是有效的，对应案例如下。

2019年10月12日，针对余某玉与高某涛、汤某英的民间借贷债务问题，中某集团、王某峰向余某玉出具《担保书》，载明："本人及公司愿意为汤某英的债务提供肆佰万元的担保额度，所有债权人须由高某涛认可后，至本公司签订担保细则，本担保为壹年期限，共十二个月，如果到期汤某英、高某涛夫妻未能偿还，则由本人及公司代偿。担保人：王某峰（签字）公司盖章：江苏中某集团有限公司（公章）。"高某涛在《担保书》上认可余某玉为汤某英的债权人，并在《担保书》上签名确认。之后就该担保涉及公司为他人提供担保是否合法有效的问题产生争议。

中某集团、王某峰出具的《担保书》有效吗？应当承担担保责任吗？

（改编自安徽省滁州市中级人民法院）

上面这个案例对应的就是法定代表人越权行为的效力问题，为防止法定代表人随意代表公司为他人提供担保给公司造成损失，损害中小股东利益，《中华人民共和国公司法》第十六条对法定代表人的代表权进行了限制。根据该条规定，担保行为不是法定代表人所能单独决定的事项，而必须以公司股东（大）会、董事会等公司机关的决议作为授权的基础和来源。法定代表人未经授权擅自为他人提供担保的，构成越权代表。若在订立合同时债权人是善意的，合同有效；反之，则合同无效。

法定代表人越权对外做出行为，对善意第三人还是有效的，对非善意第三人那就无效了。那何为"善意"呢？法院认为，这个需要债权人能够证明其在订立担保合同时对董事会决议或者股东（大）会决议进行了审查，同意决议的人数及签字人员符合公司章程的规定，就应当认定其构成善意。债权人对公司机关决议内容的审查一般限于形式审查，只要求尽到必要的注意义务即可，标准不宜太过严苛。

上述案件中，正是因为债权人余某玉没有提供证据证明中某集团为其提供的担保是经过了董事会、股东会决议，没有尽到审查义务，所以他就不是善意第三人，该担保也就是无效的。

5 员工的越权行为是否有效？

根据《民法典》第一百七十条的规定，执行法人或者非法人组织工作任务的人员，就其职权范围内的事项，以法人或者非法人组织的名义实施的民事法律行为，对法人或者非法人组织发生效力。法人或者非法人组织对执行其工作任务的人员职权范围的限制，不得对抗善意相对人。

员工对外的行为是要在法人授权委托的范围内做出的，这种职务行为对法人是发生效力的。比如员工在授权职责范围内对外签订合同，那这份合同对法人是有法律上的约束力的，法人是要遵守合同相关约定的。如果员工越权做出行为，那对于善意第三方来说是有效的，对于非善意第三方是无效的。特别是公司内部的限制规定是不能以此为由免除责任的。

问题思考

（1）法人的特征有哪些？
（2）法定代表人的越权行为有哪些？

第二节　法人的分类与特点

关键词索引：法人

基础导入

实践中各类市场主体发挥着重要作用，了解各类法人的分类和特点是当下大家必备的常识。很多人并不是很清楚各类法人的具体属性，本部分梳理《民法典》中有关法人的相关规定，同时，大家需要将此处的"法人"与"非法人"组织对照学习。

详细解析

营利法人和非营利法人有什么区别？

根据《民法典》第七十六条的规定，以取得利润并分配给股东等出资人为目的成立的法人，为营利法人。营利法人包括有限责任公司、股份有限公司和其他企业法人等。

根据《民法典》第八十七条的规定，为公益目的或者其他非营利目的成立，不向出资人、设立人或者会员分配所取得利润的法人，为非营利法人。非营利法人包括事业单位、社会团体、基金会、社会服务机构等。

根据以上法条的规定，营利法人和非营利法人的区别主要在于取得的利润是否分配给出资人。法人成立的目的是取得利润并分配给出资人的法人是营利法人。法人成立的目的是公益或其他非营利目的的法人是非营利法人。

上述法条也列举了营利法人和非营利法人的具体分类，营利法人包括有限责任公司、股份有限公司和其他企业法人等，这里的其他企业法人主要是外商投资企业。非营利法人包括事业单位、社会团体、基金会、社会服务机构等。

特别法人是什么？有哪些特点？

根据《民法典》第九十六条的规定，特别法人包括机关法人、农村集体经济组织法人、城镇农村的合作经济组织法人、基层群众性自治组织法人。

机关法人就是根据法律法规和行政决定成立的，有独立经费的机关和承担行政职能的法定机构，享有公权力的各类国家组织。

农村集体经济是指主要生产资料归农村社区成员共同所有，实行共同劳动，共同享有劳动果实的经济组织形式。农村集体经济组织法人是指依法取得法人资格的农村集体经济组织，如农民专业合作社以及股份制、股份合作制等多种形式的经济组织。

城镇农村的合作经济组织法人是指依法取得法人资格的城镇农村的合作经济组织，其表现形式近年来不断多样化、多元化。

基层群众性自治组织法人包括居民委员会、村民委员会，可以从事为履行职能所需要的民事活动。

非法人组织包括哪些？有什么特点？

根据《民法典》第一百零二条的规定，非法人组织是不具有法人资格，但是能够依法以自己的名义从事民事活动的组织。非法人组织包括个人独资企业、合伙企业、不具有法人资格的专业服务机构等。

非法人组织的特点是不具有法人资格，但可以以自己的名义从事民事活动，另外，其财产不足以清偿债务的，其出资人或者设立人承担无限责任。比如个人独资企业，其财产不够偿还债务，那个人独资企业的设立人须以自己的个人财产承担连带责任。需特别注意的是，法律另有规定的，依照其规定。比如特殊的普通合伙企业等都要看特别法是怎么规定的。

问题思考

（1）你身边的营利法人、非营利法人、特别法人和非法人组织有哪些？

（2）成立上述组织的利弊有哪些？

（3）法人与非法人组织有何区别？

第四章 民事权利相关基础

第一节 自然人的民事权利

关键词索引：民事权利

基础导入

民事权利是法律赋予我们的权利，不同于我国《宪法》规定的基本权利，民事权利主要是平等主体之间的人身权、财产权等。

民事权利和民事义务是《民法典》中的基础性内容，生活中遇到的纠纷案例一定是建立在民事权利受到侵害的基础上的，法律没有规定的权利自然就没法得到法律的保护。

详细解析

1 民事权利分类一览表

由于总则编规定的民事权利是概括性的，在后面几编中有详细规定，此处就按照法条的体系列举出来，具体如表 4-1 所示。

表 4-1 民事权利分类

大类	小类	具体权利内容	法条规定
人身权利	人格权	生命权、身体权、健康权、姓名权、肖像权、名誉权、荣誉权、隐私权、婚姻自主权等	第一百零九条至第一百一十一条，第九百八十九条至第一千零三十九条
	身份权	监护权、配偶权等亲属权	第一百一十二条，第一千零四十条至第一千一百一十八条

续表

大类	小类	具体权利内容	法条规定
财产权利	物权	所有权、用益物权、担保物权	第一百一十四条至第一百一十七条，第二百零五条至第四百六十二条
	债权	合同、侵权行为、无因管理、不当得利等	第一百一十八条至第一百二十二条
	知识产权	专利权、商标权、著作权	第一百二十三条
	继承权	法定继承、遗嘱继承等	第一百二十四条，第一千一百一十九条至第一千一百六十三条
	股权	股权及其他投资性权利	第一百二十五条
	虚拟财产权	数据、网络虚拟财产权利	第一百二十七条
	其他及特殊权利	其他及对未成年人、老年人、残疾人、妇女和消费者等特别权利	第一百二十六条，第一百二十八条

2 怎么取得民事权利？

民事权利依法受到法律的保护，怎么才能获得相应的民事权利呢？

民事权利的取得问题是实务中争议较大的问题，民事权利可以依据民事法律行为、事实行为、法律规定的事件或者法律规定的其他方式取得。法律规定的方式比较好理解，关键是对事实行为的认定问题缺乏统一的认识，案例如下。

案外人李某为系原告李某平、李某东、李某荷、李某鸣、李某和李某奇的父亲，已于1996年8月去世，去世前为水城特区粮食局退休干部。1981年，水城特区粮食局领导班子经研究决定，将案涉位于六盘水市钟山区的废弃面包房分配给李某为居住。1996年8月李某为去世后，六原告管理使用的案涉房屋被征用拆迁。该房屋于1999年由被上诉人办理了相应权属证书，载明的用途为"办公"。上诉人在管理使用期间，将案涉房屋44.93平方米改建为门面，使其使用用途改变，且在拆迁安置时，被确认为"住改商业门面房"，现案涉房屋拆迁后，六原告以其在居住期间对该房屋修缮改造，应当享有案涉房屋住改商的增值补偿款为由诉至法院。

（改编自贵州省六盘水市中级人民法院）

在上述案件中，原本的"办公"用房，因为上诉人等人共同出资出力修缮、改建、管理、居住，上诉人经营使用涉案房屋几十年后，涉案房屋在征用时才会变成"住改商业门面"。因此,法院认为上诉人在管理使用涉案房屋期间,对房屋的修缮、改建等管理行为导致房屋征收时获得增值。

该案例中上诉人的行为就是"事实行为",因此可以取得新的民事权利。

3 民事权利行使的时候需要注意什么?

首先,无论民事主体的各项民事权利是基于法律规定的财产权利和各项人身权利,还是基于双方当事人因订立合同而产生的各项权益,或是因一些特殊事由(无因管理、不当得利等)产生的特定权利,都平等受到法律保护。

当然,民事权利受到侵害的,被侵权人有权请求侵权人承担侵权责任,这部分会在侵权责任编中详细阐述。

其次,在行使民事权利的时候,民事主体还需要注意以下几点。

(1)按照自己的意愿依法行使民事权利,不受干涉。

(2)应当履行法律规定的和当事人约定的义务。

(3)不得滥用民事权利损害国家利益、社会公共利益或者他人合法权益。

问题思考

(1)当你的民事权益受到侵犯,你如何维权呢?

(2)国家法律和各地法律都可以规定新的民事权利吗?

(3)民事权利和民事义务之间有什么关系?

第二节 员工在职期间注册自媒体账号的权利归属

关键词索引: 民事权利 虚拟财产

案例导入

2017年2月9日,汤某某入职杭州某网络科技有限公司(以下简称"某网络公司")从事住宿部内容运营工作。2018年3月,汤某某以其个人信息以及手机号码注册小红书账号,并曾用该账号对某网络公司的工作内容进行宣传。2019年4月19日,某网络公司为汤某某出具《离职证明》,载明汤某某于该日办理完全部离职手续,与公司劳动关系就此解除。后双方因小红书账号的管理权限移交问题产生了纠纷，某网络公司起诉汤某某要求其办理工作交接，移交原工作使用的小红书账号的运营管理权限。

请问，本案中汤某某离职的时候，小红书账号是公司的还是他个人的？

（改编自浙江省杭州市中级人民法院）

法条链接

《民法典》第一百二十七条规定：【数据、网络虚拟财产的保护】法律对数据、网络虚拟财产的保护有规定的，依照其规定。

详细解析

本案中，汤某某在职期间用其个人信息注册的小红书账号，就是上述法条中规定的网络虚拟财产。争议点就是该账号虚拟财产的归属问题，因该账号是汤某某用其个人信息注册的，汤某某跟公司之间对离职后该账号运营管理权限的归属及是否需向公司移交无约定，且该账号上除了工作的内容，还有较多汤某某个人的信息，因此可以判定该账号归汤某某个人所有。

法院裁判认为，网络社交账号是网络虚拟财产。以劳动者个人信息注册的社交账号，其权利归属于劳动者。用人单位可与劳动者约定劳动关系解除后该账号的使用方式。在双方无约定时，用人单位要求劳动者移交该账号管理权限的，不应支持，但劳动者继续使用该账号时负有不作为义务和附随义务。

知识延伸

1. 什么是数据和网络虚拟财产？

"数据"一词大家应该不陌生，近年来，我国对于"数据"的重视程度逐渐攀升。2020年，中共中央、国务院发布的《关于构建更加完善的要素市场化配置体制机制的意见》中，将数据资产作为与土地、劳动力、资本、技术并列的生产要素，提出要加快培育数据要素市场。"数据"不同于"信息"，在网络世界里，信息是数据反映的内容，数据是信息的表现形式。我国专门出台了《中华人民共和国数据安全法》，让数据安全有法可依、有章可循，为数字化经济的安全健康发展提供了有力支撑。

网络虚拟财产，重点在"虚拟"二字，也就是说不具有具体物质形态的数字财产形式都可以纳入虚拟财产的范畴。例如我们常用的微信账号、微博、电子邮箱、数字媒体、信息流、网络 ID、博客、虚拟货币和虚拟物品等都是虚拟财产。法学家杨立新教授认为,"网络虚拟财产涵盖了虚拟互联网自身以及其环境中具有一定价值的电磁记录,这是一种新兴的财产类别,其经济价值可以用金钱来衡量。"和现实生活中存在的种种财产一样,网络虚拟财产的价值也是可以用金钱来衡量的,随着社会的不断发展,网络虚拟财产的定义范围也必然会继续扩大。

2. 网络虚拟财产的权属怎么评定?

网络虚拟财产的权属目前仍没有明确的规定,各地法院结合法理和通用原则进行评定。究其原因,网络虚拟财产存在一定的复杂性,不同平台、不同行为等均会导致不同的结果。如开通的某平台直播账号,该账号归属注册人还是实名认证人,还是实际使用人?后期新增加的粉丝及产生的收益,归哪一方所有?

我们来看一个最高人民法院发布的全国法院系统 2021 年度优秀案例,有关上述问题有详细的说明。

2016 年,王某雁以其个人身份证号在酷狗直播平台注册了涉案账号,但绑定的手机号码为王某的个人电话号码。后王某一直使用涉案账号并进行直播,直播收入均打入王某雁名下尾号为 1004 的银行卡账户。2020 年 1 月 31 日,王某向繁星公司申请变更涉案账号的实名认证信息为其本人。2020 年 2 月 2 日,繁星公司在未告知王某雁的情况下直接将涉案账号实名认证信息变更为王某。

涉案账号目前的实名认证人为王某,拥有 30.6 万粉丝,财富等级为"神皇",明星等级为"歌神 5",主播荣誉为"2019 年大奖季军、2019 年最佳才艺奖冠军"。2020 年 10 月,王某又注册了新的酷狗账号进行直播。与此同时,其仍在继续使用涉案账号。

王某雁认为,繁星公司与王某恶意串通严重侵犯其虚拟财产权益,遂诉至法院请求判令繁星公司将涉案直播账号的实名认证人重新更改为王某雁。

请问,涉案账号是否为虚拟财产?归属所有?产生的增值收益归谁所有?

(改编自广州互联网法院)

先来看关于涉案账号是否是虚拟财产的问题,虚拟财产是一种能够用现有的标准度量其价值的数字化新型财产,属于财产权保护的范畴。广义的网络虚拟财产包括存在于网络上的具有财产性的电磁记录。涉案账号是用户基于与繁星公司之间的服务协议注册获得,是以数据形式存在于特定空间的电子信息,其具有能够满足用户需求的使用价值,且能够为人所支配,在一定条件下具有交易价值,故属于网络虚拟财产的一种,应当受到法律保护。

接下来再看涉案账号的归属问题,这个问题是一个很普遍的有争议性的问题，比如：我们每个人的微信账号是腾讯公司的还是我们自己的？我们来看看法院的观点。

首先，在目前法律法规对虚拟财产的权属没有做出明确规定的情况下，应充分尊重民事主体的意思自治，依据当事人之间合法的约定认定相关权利的归属。涉案账号最初以王某雁的身份信息进行注册，在此过程中王某雁完成了实名认证并与繁星公司签订了《酷狗直播用户服务协议》和《酷狗用户账号规则》，上述协议内容未违反法律、行政法规的强制性规定，应为合法有效的。由于系列用户协议仅对用户享有账号使用权做出约定，未涉及所有权问题，因此王某雁主张其享有账号的所有权缺乏合同依据。根据协议内容，王某雁享有账号的使用权。虽然王某雁注册之后将账号交给王某使用，但缺乏明确的将其在上述协议中的权利、义务概括转让给王某的意思表示，故应认定在该账号实名认证人为王某雁期间，该账号的使用权属于王某雁。

其次，上述系列用户协议明确约定，用户不得借用账号，或者以其他方式许可他人使用账号；如用户违反法律法规，以及酷狗各服务协议或业务规则的规定，酷狗有权进行独立判断并随时限制、冻结或终止用户对酷狗账号的使用。王某雁将账号交由王某使用，违反了协议约定，构成违约，繁星公司有权根据双方的约定采取相应措施。繁星公司在发现账号的注册人与实际使用人不一致后终止王某雁继续使用账号，属于其行使合同权利的行为，不构成对王某雁账号使用权的侵害。

因此，基于以上分析，用户与平台之间的使用协议中一般都会约定账号等虚拟财产的归属问题，往往用户只有使用权。

关于该账号的增值收益部分归属的问题，目前也没有明确的法律依据，主要靠当事人之间的约定，如没有约定，则需要权衡多方面因素进行评定。本案中，法院的观点如下。

第一，对账号上添附的虚拟财产的形成所发挥的作用。涉案账号经过王某长期运营，目前已拥有30多万粉丝，粉丝基于对王某及其直播内容的喜爱进行打赏而使该账号产生财产性收益，账号本身也被赋予新的财产性内容，包括"明星等级""主播荣誉""粉丝关注数量"等无形的数据，这些财产性收益及虚拟数据与现实生活中的经济价值关联并可转换，整体构成了账号上添附的财产性内容。该部分财产内容主要源于用户对王某及其直播内容的肯定，建立在王某的劳动与经营基础之上，并非账号本身的原始价值，具有一定的人身依附属性。因此，王某对于账号上添附的虚拟财产的形成做出了重要的、无可替代的贡献。相反，王某雁从未使用涉案账号进行直播，故其对账号上添附的虚拟财产的形成没有发挥明显作用。

第二，对账号上添附的虚拟财产的权利宣示。王某雁承认其只签订了《酷狗用户账号规则》和《酷狗直播用户服务协议》，未签订《酷狗直播开播协议》，即开播并进行直播是王某在使用账号过程中单方向平台做出的意思表示，王某雁缺乏通过直播获取添附的财产权益的意思表示，其对于相关财产权益与其无关也具有明确的预期。而且，从2016年注册涉案账号到2020年发生争议，间隔多年，王某雁未提供证据证明在此期间分配过收益或向王某提出过分配收益的主张，其对账号上添附的财产权益长期缺乏权利宣示，亦可佐证其明知或应知己方不享有该部分财产权益。

第三，公平与效率的考量。如前所述，账号上添附的财产内容是王某多年直播、经营的劳动成果，其对该部分财产权益的形成做出了重要的、无可替代的贡献。此种情况下，将相关财产权益分配给创造者，符合劳有所得的价值导向，也符合公平原则的实质要求。此外，从效率角度衡量，王某雁注册新的账号的成本较低，而要求王某舍弃该账号，则其多年直播的付出和投入付诸东流，可能会造成账号上添附的虚拟财产及资源的浪费，不符合效率原则。

综合考量以上三个因素，法院认定王某雁对本案账号上添附的虚拟财产不享有权益，繁星公司变更实名认证人的行为未损害王某雁的该类财产权益，全部增值收益归王某所有。

3. 网络虚拟财产的价值如何衡量？

当前对网络虚拟财产的价值评估没有统一的标准，这要结合投入虚拟财产的劳动力、时间、金钱等进行全面评估。

相比传统的实体财产，很多网络虚拟财产价值是很高的，主要跟投入的各方面价值相关。2019年全国首例微信公众号分割案中就判定微信公众号价值为340万元，具体如下。

2016年1月，赵某、尹某、袁某、张某四人约定共同经营管理公众号并均分利润。在四方共同努力运营下，公众号在一年时间内已获取高达10万+的高质量、高消费力粉丝关注，同时获得了与多个知名品牌的合作机会。

2017年7月，代表四人申请账号的赵某未经其他三位原告的同意，擅自更改公众号、微博、邮箱、银行卡密码，导致四人合伙公众号无法正常运营，四人合作的信任基础就此被打破。其余三人自力救济未果，遂诉至法院要求对公众号进行分割。

请问，本案中的微信公众号价值如何衡量呢？

（改编自上海市第二中级人民法院）

首先，微信公众号是具有独立性、支配性、价值性的网络虚拟财产。

其次，法院认为，微信公众号在设立之初仅是一串数据代号，后因设置微信名称，确立账号主体，设立自己的标识、栏目架构以及运营理念，其具有区别于其他网络资源的独立性。同时，微信公众号虽然存在于网络空间，具有虚拟性，但可通过设置账号、密码控制微信公众号的运营，发表文章，回复评论，对公众号进行管理，具有支配性。

最后，各方在涉案微信公众号运营中投入大量的时间、精力，有一定的劳动价值。各方通过发布引人关注的内容，吸引了一定数量的粉丝关注而具有了传播力、影响力，进而为广告商带来购买力和宣传力，有广告投放价值。

法院认为，微信公众号与一般资产不同，其价值除了取决于客观因素，一定程度上还依赖于运营方投入的智力和劳动成本。公众号价值确认需综合考量多项因素，一方面参考涉案微信公众号的概况和发展历程；另一方面需要参考涉案微信公众号的影响力和传播力以及预期收益。

司法鉴定机构采用"收益法"评估了涉案公众号的市场价值，即通过估测微信公众号未来预期收益的现值判断资产价值的方法，认定涉案微信公众号在2017年7月13日的市场价值为400万元。法院综合考虑以上因素后酌定涉案微信公众号至各方合伙关系终止时的价值为340万元。鉴于该微信公众号之后由被告继续运营，被告应相应地折价补偿原告方3人各85万元。

风险提示

数据和网络虚拟财产在当下数字化时代非常重要，作为用户应当更加关注虚拟财产的归属问题，明确合同签约时的相关规定，约定清楚双方的权利、义务关系。另外，基于网络虚拟财产价值的不确定性，在虚拟财产的确权、继承、分割等方面都需要重点关注，提前防范。

问题思考

（1）你的网络虚拟财产有哪些？

（2）游戏账号的价值如何衡量？

（3）网络虚拟财产如何继承？

第五章 民事法律行为相关基础

第一节　有效的民事法律行为

关键词索引： 民事法律行为　意思表示

案例导入

黄先生因摘取了住宅楼前的香椿，与居住在同小区的张女士发生纠纷，在民警的协调下双方达成协议，由黄先生赔偿给张女士1000元。事后，黄先生认为该协议是在张女士的"要挟"下签订的，要求张女士返还1000元赔偿款，并赔偿损坏的背包。

请问：法院会支持黄先生的诉求吗？

（改编自北京市海淀区人民法院）

法条链接

《民法典》第一百四十三条规定：【民事法律行为有效的条件】具备下列条件的民事法律行为有效。

（1）行为人具有相应的民事行为能力。

（2）意思表示真实。

（3）不违反法律、行政法规的强制性规定，不违背公序良俗。

详细解析

上述案例中双方当事人已经签了和解协议，民事和解协议是争议双方自愿达成的解决纠纷的方案，属于民法上的合同，具有确认双方民事权利、义务关系的法律效力。在本案中，黄先生和张女士签订协议的行为完全符合《民法典》第一百四十三条规定的三个构成条件，因此该和解协议是有效的，黄先生要求返还赔偿的行为不会得到法院的支持。

本案中，黄先生是具有完全民事行为能力的成年人，具备表达真实意思的能力，应当对自己的行为承担相应的责任。黄先生提出，该协议是在张女士"要挟"下签订的，但张女士当时"卧地不起"的行为并不足以使黄先生因恐惧心理而签订和解协议，构不成可撤销民事行为的胁迫行为。如果黄先生坚信张女士有胁迫行为，则需要拿出相应证据，如没有，则承担败诉的风险。

知识延伸

1. 何为民事法律行为？

民事法律行为是民事主体通过意思表示设立、变更、终止民事法律关系的行为。

通俗地讲，比如两个自然人签订一个合同，就是设立民事法律行为。合同中提价，就是变更民事法律行为。一方解除合同，就是终止民事法律行为，这是民事法律行为的基础概念。

民事法律行为可以采用的方式主要有口头和书面两种方式。口头方式大家应该不陌生，我们出门买份饭的行为就是通过口头方式订立的民事合同法律行为。口头方式较方便、简洁，但也不够正式，难以留存材料，因此较为重要和特定的民事法律行为还是要通过书面方式成立。书面方式就是将所有的内容记载在一定的载体上，较为清楚，便于保留。我们签订的劳动合同等都是书面方式。

除了常用的口头和书面方式，还有采用一些特定方式，比如推定方式和沉默方式。这两种方式都是需要根据特定的法律法规的规定或当事人之间特定的约定而确定的，比如，某人试用家电结束后沉默，法律是推定他买还是不买呢？答案是推定他购买。法律依据是《民法典》第六百三十八条规定：试用买卖的买受人在试用期内可以购买标的物，也可以拒绝购买。试用期限届满，买受人对是否购买标的物未做表示的，视为购买。

2. 何为意思表示真实？

民事法律行为可以基于双方或者多方的意思表示一致成立，也可以基于单方的意思表示成立。因此，意思表示真实作为民事法律行为的核心要素，就显得尤为重要。

与此相反的是意思表示不真实，比如受到欺诈、胁迫而实施的民事法律行为，该行为并非当事人内心自由意志的体现。

意思表示做出的方式有多种，比如当事人通过对话方式做出的意思表示，则对方知道其内容的时候就已经生效。更多的是非对话的方式，如发邮件、发短信等采用数据电文形式的意思表示，相对人指定特定系统接收数据电文的，该数据电文进入该特定系统时生效；未指定特定系统的，相对人知道或者应当知道该数据电文进入其系统时生效。

当然，实践中很可能发生对于意思表示的误解或歧义，这时候就需要进行解释。解释的原则就是按照所使用的词句，结合相关条款、行为的性质和目的、习惯以及诚信原则，确定意思表示的含义。

风险提示

"成年人应当为自己的行为负责"，这不是一句空话，从法律角度看，成年人是完全民事行为能力人，只要他做出的民事法律行为符合有效的构成要件，那就是合法有效的，受到法律的保护和约束。同时，我们在主张自己权利的时候，要基于合法有效的民事法律行为，如果存在无效的情形，则应当及时避免和抗辩提出。

问题思考

（1）父母替未成年子女做出的民事法律行为何时有效？
（2）以沉默和推定的方式做出的民事法律行为还有哪些？
（3）为了确保我们所做出的行为都是有效的，需要注意什么？

第二节　找别人恶意"刷单"的行为效力

关键词索引： 民事法律行为　恶意串通

案例导入

2021年8月26日，原告蒋某在淘宝网上注册成立了一家淘宝店铺。2021年9月3日，原告蒋某为了提高店铺竞争力，在被告××工作室登记注册的淘宝店铺"陌上电商服务"购买了"三钻—28天完成—快速版"的服务，并支付了价款400元。后被告××工作室通过制造虚假交易记录的方式，使原告店铺信誉升到了"一钻"。后原告淘宝店铺因存在多笔虚假交易，违反了《淘宝规则》，店铺账户被淘宝公司永久查封。原告遂要求被告××工作室退款，被拒后又向淘宝公司申请维权，后维权未能成立，至今未收到××工作室的退款。

请问：原告与被告工作室之间的交易合同（行为）有效吗？

（改编自浙江省台州市黄岩区人民法院）

法条链接

《民法典》第一百五十四条规定：【恶意串通的民事法律行为的效力】行为人与相对人恶意串通，损害他人合法权益的民事法律行为无效。

详细解析

上述案例中，要分析原告与被告工作室之间的交易行为是否有效，就应该看该法律行为是否符合有效的构成要件，是否存在无效的情形。本案中，原告蒋某向被告××工作室购买的服务，实际上是由被告××工作室以虚假交易形式增加原告店铺的销售记录，恶意提高其店铺的信誉度和竞争力，以使消费者基于错误认识而选择购买该店铺商品，属于网络"刷单"行为。该交易企图虚增原告淘宝店铺销售量、好评率、信誉度等以达到误导广大消费者的目的，损害他人合法权益，属于《民法典》第一百五十四条规定的"恶意串通的民事法律行为"的情形，应属无效。

知识延伸

1. 民事法律行为无效的情形有哪些？

民事法律行为无效的情形主要有以下五种。

（1）无民事行为能力人实施的民事法律行为无效。

（2）行为人与相对人以虚假的意思表示实施的民事法律行为无效。

（3）违反法律、行政法规的强制性规定的民事法律行为无效。

（4）违背公序良俗的民事法律行为无效。

（5）行为人与相对人恶意串通，损害他人合法权益的民事法律行为无效。

2. 违法的民事法律行为都是无效的吗？

《民法典》第一百五十三条规定：违反法律、行政法规的强制性规定的民事法律行为无效。但是，该强制性规定不导致该民事法律行为无效的除外。

上述条款前半部分很好理解，但后半部分怎么解释呢？

法律规范分为强制性规范和任意性规范，强制和任意是相对的概念，任意性规范对民事法律行为是一种指引，当事人可以选择遵守或不遵守，而强制性法律规范对应的是国家利益和社会公共利益，等等。

有些强制性法律规范并不导致民事法律行为无效，比如违反某种准入性强制性法律规定而实施的法律行为，则可能被认定为有效。

这一点在实务中也有相关规定，如根据最高人民法院印发的《关于当前形势下审理民商事合同纠纷案件若干问题的指导意见》第十六条的规定，"如果强制性规范规制的是合同行为本身即只要该合同行为发生即绝对地损害国家利益或者社会公共利益的，人民法院应当认定合同无效。如果强制性规定规制的是当事人的'市场准入'资格而非某种类型的合同行为，或者规制的是某种合同的履行行为而非某类合同行为，人民法院对于此类合同效力的认定，应当慎重把握，必要时应当征求相关立法部门的意见或者请示上级人民法院。"

3. 无效的民事法律行为带来的后果是什么？

第一，无效的民事法律行为自始没有法律约束力，这是基本前提，也就是该行为从来都没有有效过，基于该行为主张的各种权利、义务等都是不存在的。

第二，民事法律行为部分无效，不影响其他部分效力的，其他部分仍然有效。当部分无效，但影响其他部分的效力的，则全部无效。如何理解呢？举例如下。

（1）民事法律行为的标的数量超过国家法律许可的范围。如民间借贷的利息问题，如果约定的利率超过了国家规定的最高限额，则为高利贷，超过部分无效，没超过的部分依然有效。

（2）民事法律行为的标的是可分的。如夫妻的共同财产，一方卖给别人，另一方并不知道，则其只能处分他这一方的份额，另一方的财产其无权处分，所以另一半标的物的买卖行为是无效的。

（3）民事法律行为的非根本性条款因违法或违背公序良俗而无效，则其他条款依然是有效的。如参加体育竞技比赛的合同，其中主办方约定"运动员受到的一切人身伤害都不赔偿"，则该条款显然是违法而无效的，但其他约定的权利、义务条款依然是有效的。

风险提示

我们在主张权利和义务的时候，是需要建立在合法有效的民事法律行为的基础上的。如果该法律行为是无效的，则自始无效，就没有所谓的权利、义务。因此，我们需要关注每一项法律行为是否有效，从而更好地维护自身权益。

问题思考

（1）限制民事行为能力人实施的民事法律行为有效吗？
（2）违背公序良俗的民事法律行为有哪些？
（3）遇到无效的法律行为后，如何救济自身受到的损害？

第三节　"拉面哥"后悔签约的合同效力问题

关键词索引：民事法律行为　欺诈　显失公平

案例导入

2021年2月，程某付因"一碗拉面3块钱，卖了15年不涨价"的视频登上热搜，随后以"拉面哥"的称呼爆红网络。2月25日，程某付曾在抖音、快手平台上授权认证"山东拉面哥"个人账号，并与两名自然人签订了一份关于其个人短视频账号运营的协议。3月9日，程某付称"刚开始火那天，就叫人给套路了"，表示虽然与他人签署了短视频账号运营协议，但很后悔，并坦言他从来不玩抖音、快手等短视频平台，对于短视频平台相关协议内容"我也不懂，后悔跟他们签这些东西"。

请问："拉面哥"能撤销之前签的合同吗？

（改编自《新京报》及网络）

📋 法条链接

《民法典》第一百四十八条规定：【以欺诈手段实施的民事法律行为的效力】一方以欺诈手段，使对方在违背真实意思的情况下实施的民事法律行为，受欺诈方有权请求人民法院或者仲裁机构予以撤销。

《民法典》第一百五十一条规定：【显失公平的民事法律行为的效力】一方利用对方处于危困状态、缺乏判断能力等情形，致使民事法律行为成立时显失公平的，受损害方有权请求人民法院或者仲裁机构予以撤销。

✍ 详细解析

我们前面讲到民事法律行为有效的条件，也就是符合条件的民事法律行为是不能随意撤销的，也就是我们需要对自己的行为负责。那么本案中，如果"拉面哥"真的要撤销签过的协议，则需要拿出法定的可撤销的事实证据，不然就不能撤销。

据了解，与程某付签订协议的一方当时以买二手车等为由，引导程某付到当地的基地进行签约，存在欺诈行为。在签署协议时，程某付也不太清楚前述协议的内容。因签署的这份运营协议中存在欺诈、显失公平等情形，此后，程某付的律师向当地人民法院递交材料，申请撤销协议。

📖 知识延伸

1. 哪些民事法律行为是可以被撤销的？

可撤销的民事法律行为主要有以下四种情形，即重大误解、受到欺诈、受到胁迫、显失公平，具体如下。

（1）重大误解：基于重大误解实施的民事法律行为，行为人有权请求人民法院或者仲裁机构予以撤销。

（2）受到欺诈包括对方欺诈本人和对方知道第三人欺诈两种，即一方以欺诈手段，使对方在违背真实意思的情况下实施的民事法律行为，受欺诈方有权请求人民法院或者仲裁机构予以撤销；第三人实施欺诈行为，使一方在违背真实意思的情况下实施的民事法律行为，对方知道或者应当知道该欺诈行为的，受欺诈方有权请求人民法院或者仲裁机构予以撤销。

（3）一方或者第三人以胁迫手段使对方在违背真实意思的情况下实施的民事法律行为，受胁迫方有权请求人民法院或者仲裁机构予以撤销。

（4）一方利用对方处于危困状态、缺乏判断能力等情形，致使民事法律行为成立时显失公平的，受损害方有权请求人民法院或者仲裁机构予以撤销。

2. 撤销权的行使需要注意什么？

如果发生如上四种可撤销的民事法律行为，那么在行使撤销权的时候需要注意什么呢？

第一，需要注意行使撤销权的时效，《民法典》第一百五十二条规定，有下列情形之一的，撤销权消灭。

（1）当事人自知道或者应当知道撤销事由之日起一年内、重大误解的当事人自知道或者应当知道撤销事由之日起九十日内没有行使撤销权。

（2）当事人受胁迫，自胁迫行为终止之日起一年内没有行使撤销权。

（3）当事人知道撤销事由后明确表示或者以自己的行为表明放弃撤销权。

当事人自民事法律行为发生之日起五年内没有行使撤销权的，撤销权消灭。

第二，受损害方只能向人民法院或者仲裁机构请求撤销，而非其他行政主管部门，这是因为民事法律行为的效力只能由人民法院或者仲裁机构予以确认。

风险提示

实践中，经常会发生基于重大误解、受到欺诈、受到胁迫、显失公平等情形而产生的各种争议，这里面要确定该民事法律行为效力的时候，非常重要的步骤就是取证环节，如果没有相应证据证明是受到了胁迫、欺诈等，则很难主张自己的权利。

问题思考

（1）某店铺在商品上架时因粗心把价格弄错了，原价1万元的商品标成了1元，如有消费者下单，则该法律行为效力如何？

（2）行使撤销权后，给受损害方带来的损失，如何救济呢？

（3）这里的胁迫与婚姻家庭编中的胁迫有何不同？

第四节　附条件和附期限的民事法律行为

关键词索引：民事法律行为

基础导入

前面我们了解到民事法律行为生效的构成要件，也就是只要符合基本要件该法律行为就生效了，受到法律保护。如果我们要给民事法律行为设定限制，就有了"附条件的民事法律行为"和"附期限的民事法律行为"。

"等你毕业了，我就给你买一台电脑"，"等到了2025年1月1日，这个合同就终止"……这些都是生活中我们常见的表述，而这就是附条件和附期限的民事法律行为。

详细解析

1　什么是附条件的民事法律行为？

《民法典》第一百五十八条规定：民事法律行为可以附条件，但是根据其性质不得附条件的除外。附生效条件的民事法律行为，自条件成就时生效。附解除条件的民事法律行为，自条件成就时失效。

附条件的民事法律行为在实际生活中应用广泛，我们看下面的案例。

胡某与蔡某云是同居关系，后因发生矛盾，于2021年1月28日协议解除同居关系，并签订了"分家协议"。双方在协议中约定：胡某自愿将房屋送给蔡某云暂住，蔡某云居住期间，胡某不得收取房租。如胡某外出务工不顺，可随时收回房屋，蔡某云不得以任何理由阻挡。双方同时约定：蔡某云居住房屋期间，胡某不得收取任何房租，直到蔡某云去世。协议签订后胡某外出务工，但不久因故辞工返家。胡某向蔡某云提出交还房屋，被蔡某云拒绝。

请问：胡某可以收回自己的房屋吗？

（改编自陕西省安康市中级人民法院）

在上述案件中，合同约定很清楚，即胡某把房屋给蔡某云住的条件是自己外出务工，一旦外出务工不顺，胡某可随时收回房屋，蔡某云不得以任何理由阻挡。这就是典型的"附条件的民事法律行为"，当"胡某外出务工不顺"这个条件成立的时候，该法律行为即发生法律效力。

2 附条件的民事法律行为在适用时有什么需要注意的？

（1）并不是所有民事法律行为都可以附条件。《民法典》中规定得很清楚，即根据民事法律行为的性质，不能附条件的是不能加以条件的。如双方均负有某种债务，一方债务到期，另一方主张抵销，该情况就不能附条件。

在实务中，所附的条件需要满足如下两点要求。第一，将来不确定的事实。已经发生的、现在的以及将来确定不会发生的事实不能作为民事法律行为的所附条件。而如果是确定的事实，则应当作为附期限。第二，所附条件不能违法或违背公序良俗。如以犯罪作为条件，或者以结婚、离婚、收养等行为作为条件都不可以。

（2）条件一旦成就，必须遵守，且不能阻止条件成就。双方约定的条件是有约束力的，不能阻止条件的成就，一旦条件达成，对应的民事法律行为就已经生效了。在实务中主要会发生阻止条件成就的情况，我们看下面的案例。

2020年4月25日，原告吴某海、周某与被告李某华签订一份《设备收购合同》，合同约定吴某海、周某从李某华处购买七条设备生产线及部分零配件和办公用具等，所有设备全部拆除运走后付最后的尾款。合同签订后，双方应当按照合同约定履行义务，但原告拆除大多数设备后，拒不拆除剩余设备，导致合同约定的付款条件不成就。

请问：被告可以要求原告向其支付剩余的设备款吗？

（改编自新疆维吾尔自治区昌吉回族自治州中级人民法院）

在上述案例中，原告故意不拆除剩余设备已构成了违约，这就导致合同中约定的付款条件没法达成，原告也就不用支付尾款。但这样的情形明显对被告这一方不利，因此根据《民法典》第一百五十九条关于"附条件的民事法律行为，当事人为自己的利益不正当地阻止条件成就的，视为条件已经成就；不正当地促成条件成就的，视为条件不成就"的规定，原告一直未拆除拉运剩余设备就是法条中规定的"不正当地阻止付款条件成就"的情形，应当视为条件已经成就，被告要求原告支付设备款的请求，符合双方约定及法律规定。

同时，约定的条件一旦成就，就必须遵守，如果没有履行合同规定的内容，那就是违约，应承担相应的违约责任。

3 什么是附期限的民事法律行为？

附条件和附期限的民事法律行为的基本逻辑是相通的，区别就在于条件是不一样的，前者是某一不确定的事实，后者是将来的一个时间点。

《民法典》第一百六十条规定：民事法律行为可以附期限，但是根据其性质不得附期限的除外。附生效期限的民事法律行为，自期限届至时生效。附终止期限的民事法律行为，自期限届满时失效。

在设定期限的时候，需要注意以下两点：

（1）期限可实现。如设定的期限是"一万年以后"，这明显是无法实现的，就更不必讨论对应法律行为的效力了。如果约定某一事实的日期作为期限，则该事实必须确定发生，如果不确定发生，那就变成上面的附条件法律行为了。

（2）期限可终止，可生效。约定的期限到了，那该法律行为可以生效，也可以终止，关键看当时约定的是何种情形。

❓ 问题思考

（1）日常生活中常见的附条件和附期限法律行为还有哪些？

（2）如何才能把附身份关系条件的法律行为变成有效？

（3）实务中，怎样充分使用附条件和附期限法律行为保障自身权益？

第六章 代理相关基础

第一节 代理的概念及分类

关键词索引：代理

📖 基础导入

"代理"这个词大家应该不陌生，人们常说的"委托""代办"等类似的说法就属于代理的范畴。前面讲到民事行为能力的时候，也提到未成年的民事法律行为由其法定代理人代理的相关内容。在人们生活和工作中很多事项是通过代理完成的，当然我们需要注意代理中的注意要点和法律风险，以免给双方当事人造成损害。

✎ 详细解析

1 代理的基本逻辑是什么？

民事主体可以通过代理人实施民事法律行为。也就是民事主体实施的法律行为不用自己做，而是让代理人去实施。

代理的基本逻辑如下。

（1）代理人通过法定的形式获得代理权限。

（2）代理人在代理权限内，以被代理人名义实施的民事法律行为，对被代理人发生效力。

（3）代理人不履行或者不完全履行职责，造成被代理人损害的，应当承担民事责任。

2 哪些民事法律行为是不能代理的？

不能代理的情形主要分为三大类。

（1）依照法律规定，应当由本人实施的民事法律行为，不得代理。这类行为主要有结婚与离婚登记、收养与赡养、遗嘱等人身属性的行为。

（2）依照双方当事人约定，应当由本人实施的民事法律行为，不得代理。这主要看双方当事人是如何约定的，这类行为主要是本人人身属性比较强的行为，如授课、演出等必须本人履行合同的情形。

（3）违法的法律行为不能代理。代理法律行为的前提是该法律行为是合法的。如果双方知道该法律行为违法而去实施，则需承担相应法律责任。

3 代理的分类有哪些？

根据《民法典》第一百六十三条的规定，代理包括委托代理和法定代理。委托代理人按照被代理人的委托行使代理权。法定代理人依照法律的规定行使代理权。

委托代理是较为常见的代理行使，实务中大多数约定的代理都是委托代理，代理人接受委托人的委托，在委托权限范围内实施民事法律行为，而最终后果是由委托人承担的。

法定代理是依据法律规定而产生代理权的代理。大多数情况下监护人就是法定代理人，当然细化看还是有些不同，如监护人是以自己名义实施法律行为，而法定代理人是以被代理人名义实施法律行为。此外，监护人行使监护事务的范围比法定代理人广，监护人职责包括保护和照管被监护人的人身、财产，维护被监护人的其他合法权益，以及代理被监护人参加各种民事活动、诉讼活动。而法定代理人一般仅代理民事活动、诉讼活动以及其他具有法律意义的活动，不包括照看被代理人的人身，也不包括对被代理人进行教育与监督，等等。

问题思考

（1）为什么会有代理这项制度？
（2）代理人不知道代理的法律行为违法，最终将由谁承担责任？
（3）委托别人代理，最可能出现什么问题？

第二节　代签行为的法律效力

> 关键词索引：无权代理

📖 案例导入

陈某祖因开发谢市镇的房产项目需要资金，通过周某元的介绍认识余某国，并于2020年9月11日向余某国借款500 000元。借条由余某国代笔，内容为："今借到余某国人民币伍拾万元整（￥500 000元），预还时间为2021年6月底，身份证号为43×××07×××××××××"，欠款人处由陈某祖签名，陈某祖同时签上了其儿子陈某的名字，周某元在借条旁签名，并注明"担保收"。借款手续办好后，余某国于当日通过银行转账的形式向陈某祖的银行账户分两次分别转款300 000元、200 000元，共计500 000元。至今，陈某祖未偿还任何借款本金。

另认定，在协商借款事宜时，仅余某国、余某国的朋友许某、周某元、陈某祖四人在场，陈某并未在场。余某国要求陈某共同签名，陈某祖虽当场给陈某打了电话，但是余某国等人并不清楚谈话内容，现无证据证明陈某祖在借条上代签陈某的名字经过了陈某的同意，且陈某当庭对本案借款亦不认可。

请问：陈某要不要还款？

（改编自湖南省常德市中级人民法院）

📋 法条链接

《民法典》第一百七十一条：【无权代理】行为人没有代理权、超越代理权或者代理权终止后，仍然实施代理行为，未经被代理人追认的，对被代理人不发生效力。

相对人可以催告被代理人自收到通知之日起三十日内予以追认。被代理人未作表示的，视为拒绝追认。行为人实施的行为被追认前，善意相对人有撤销的权利。撤销应当以通知的方式作出。

行为人实施的行为未被追认的，善意相对人有权请求行为人履行债务或者就其受到的损害请求行为人赔偿。但是，赔偿的范围不得超过被代理人追认时相对人所能获得的利益。

相对人知道或者应当知道行为人无权代理的，相对人和行为人按照各自的过错承担责任。

📝 详细解析

上述案例是民间借贷中代签的情形，这在实践中也时有发生。那么陈某祖代其儿子陈某签字的行为是否有效呢？根据上面无权代理相关法条的规定，代理的行为能否发生法律效力，前提是得到被代理人的认可或追认。

在本案中，虽然陈某祖与陈某系父子关系，当时在协商借款事宜时，协商地点在陈某家里，但协商时仅有余某国、余某国的朋友许某、周某元、陈某祖四人在场，陈某并未在场。余某国要求陈某共同签名，陈某祖虽当场给陈某打了电话，但是余某国等人并不清楚谈话内容，现余某国无证据证明陈某祖在借条上代签陈某的名字经过了陈某的同意，且陈某对本案借款也不认可。因此，陈某祖的代签行为对陈某不发生法律效力。

📖 知识延伸

1. 委托代理权怎么获得？

在委托代理中，代理权不是基于法律规定获得的，而是基于当事人之间的合意委托获取的。首先在形式上要满足委托代理的要件，即《民法典》第一百六十五条规定的，委托代理授权采用书面形式的，授权委托书应当载明代理人的姓名或者名称、代理事项、权限和期限，并由被代理人签名或者盖章。这就是大家经常看到的委托书，写清楚上述事项，那这份委托书就有了法律效力，否则可能会因委托不明后续产生诸多问题。

委托人可以委托多个人，由这些代理人共同行使代理权。

2. 转委托中要注意什么？

所谓转委托，就是代理人把原本自己代理的法律行为再委托给第三人的行为。转委托较为常见，但也极容易发生后续法律风险，需要注意以下几点。

（1）代理人需要转委托第三人代理的，应当取得被代理人的同意或者追认。如果在委托书中，委托人已经明确不能转委托，那就不能转委托。如果后续代理人要转委托，那必须得到被代理人的授权。

（2）转委托代理经被代理人同意或者追认的，被代理人可以就代理事务直接指示转委托的第三人，代理人仅就第三人的选任以及对第三人的指示承担责任。此时，转委托的第三方相当于被代理人的代理人，而原来的代理人仅起中间渠道作用。

（3）转委托代理未经被代理人同意或者追认的，代理人应当对转委托的第三人的行为承担责任；但是，在紧急情况下代理人为了维护被代理人的利益需要转委托第三人代理的除外。这里还是需要站在被代理人权益的角度履行代理职责的，不然代理人没有履行好代理职责，也要对被代理人的损害承担相应责任。

3. 知道无权代理而故意为之，将会承担什么责任？

相对人知道行为人无权代理，而故意跟行为人合作串通，损害第三人利益的，则相对人和行为人都要根据自身过错承担责任。

此类情形在房屋买卖合同中较为常见，如李某和黄某在签订《房产买卖居间协议书》时，黄某明知公证委托书代为出售房屋权限尚未成就，主观上存在恶意，但仍与李某签约，未尽谨慎注意义务，则给其他相关人造成的损失，双方根据过错大小承担法律责任。

风险提示

（1）委托代理中，一定要明确是否正当获得了相应授权，检查相应委托书文件，如果明知对方没有代理权而与之合作，则可能会承担责任。

（2）转委托时，需要明确是否可以转委托，必须得到被代理人的同意或追认。同时，代理人需要"物色"合适的第三人进行转委托，否则可能因此承担选错人的责任。

问题思考

（1）委托代理的形式，采用书面或口头的方式，各自利弊是什么？
（2）多人代理一个法律行为时，需要注意什么？
（3）一人能否代理相对立的两方？

第三节 腾讯与"老干妈"合同纠纷案的表见代理问题分析

关键词索引：表见代理

案例导入

2020年4月24日，腾讯向法院提出财产保全的申请，请求查封、冻结被告老干妈风味食品有限责任（以下简称"老干妈"）公司名下价值人民币1624.06万元的财产。广东省深圳市南山区人民法院做出民事裁定，同意保全申请。腾讯公司称，2019年3月其与"老干妈"签订了一份《联合市场推广合作协议》，腾讯投放广告推广老干妈油辣椒系列产品，而"老干妈"却未按照合同约定付款。此后，2020年6月30日，"老干妈"发出声明，称其从未与腾讯公司或授权他人与腾讯公司就"老干妈"品牌签署《联合市场推广合作协议》，且从未与腾讯公司进行过任何商业合作。最终，三人冒充老干妈员工诈骗腾讯案件告破，三人分别被判处有期徒刑12年、7年、6年。

请问：无权代理的这三人是否构成表见代理？

法条链接

《民法典》第一百七十二条规定：【表见代理】行为人没有代理权、超越代理权或者代理权终止后，仍然实施代理行为，相对人有理由相信行为人有代理权的，代理行为有效。

详细解析

上述案例当时闹得沸沸扬扬，大家很难相信这么离谱的事是如何一层层推进的。我们从法律层面进行分析，首先，事件中的三人伪造印章和文件，冒充"老干妈"与腾讯公司签订合同，该行为属于无权代理。因为"老干妈"从没有授权或承认、追认这三人有代理权，完全是这三人冒充的结果，也就是无权代理。那么是不是属于表见代理呢？

根据上述法条的规定，这三人虽没有代理权，继续实施的行为跟"老干妈"无关，"老干妈"也完全不知情，因此不属于表见代理，这三人的行为不可能有效。

知识延伸

1. 表见代理的构成要件是什么？

表见代理制度的目的是保护善意相对人，使得相对人在行为人无权代理的情形下，仍有权请求被代理人承担代理行为的后果，从而善意相对人不承担无权代理人履行不能的风险，维护交易安全。

表见代理的构成要件主要有如下四点。

（1）以构成无权代理为前提。无论是没有代理权、超越代理权或者代理权终止，都表明代理人是没有相应代理权的。

（2）完全实施代理行为。虽没有代理权，但代理人实施的行为使得相对人完全相信代理人是有代理权的。

（3）相对人善意无过失。相对人不是故意知道没有代理权而为之，相对人是完全对此不知情。同时，相对人尽到了主要的合理注意义务，并不存在重大审查过失。

（4）代理行为不能违法、违背公序良俗等。如上面案例中，那三人代理的行为是在私刻印章等违法行为上实施的，因此当然是无权代理，而不是表见代理。

2. 表见代理带来的法律后果有哪些？

表见代理成立后，会带来两大主要后果。

（1）作为善意的相对人，有权主张表见代理发生有权代理的后果。也就是对于相对人来说，发生与有权代理一样的后果，至于代理人无权代理导致被代理人遭受的损失，被代理人有权向无权代理人追偿。

（2）对于相对人来说，可以选择正常有权代理的后果，也可以撤销此项法律关系。如代理人越权代理签订的合同，相对人可以主张合同有效，也可以在被代理人的追认生效前，行使撤销权，撤销与被代理人之间的合同，那合同也就无效了。

风险提示

（1）表见代理在实务中较为常见，需要相对人注意审查，核对清楚代理人的代理权限，特别是不能发生上述"老干妈"与腾讯类似的案件。

（2）对于被代理人而言，如有员工离职等情形发生，需要收回员工之前的证件、授权书等文本，并告知相对人，以防后续相对人误以为还是正常有权代理而发生不利后果。

问题思考

（1）为什么要设立表见代理制度？

（2）相对人在审查代理人权限时，需要注意什么？

（3）发生表见代理后，被代理人如何就损失向代理人索赔？

第七章 民事责任相关基础

第一节 民事责任的概念及分类

关键词索引：民事责任

基础导入

我们一般讲的法律责任，包括三大方面，即民事责任、刑事责任和行政责任，每类责任的构成要件和领域是不一样的。正是因为有了法律责任，才使得法律具有强制性和权威性，让更多的人能够遵守法律，让违反者得到法律的制约或制裁。

详细解析

1 民事责任的基础概念

民事主体依照法律规定或者按照当事人约定，履行民事义务，承担民事责任。

民事责任就是民事主体因违反了民事义务（法定义务或约定义务）而应当承担的民事法律后果，可以分为违约责任、侵权责任与其他责任。

民事责任不同于行政责任和刑事责任，是平等主体之间较为常见的责任类型。如侵犯各种权益的侵权责任、违反合同约定的违约责任等是通常的变现形式。

2 承担民事责任的方式主要有哪些？

承担民事责任的方式是指为使受害人的合法权益恢复到未受损害或者合同得到履行的状态，加害人所应当为或者不为的一定的行为。

根据《民法典》第一百七十九条的规定，承担民事责任的方式主要有如下

11 种。

（1）停止侵害。

（2）排除妨碍。

（3）消除危险。

（4）返还财产。

（5）恢复原状。

（6）修理、重作、更换。

（7）继续履行。

（8）赔偿损失。

（9）支付违约金。

（10）消除影响、恢复名誉。

（11）赔礼道歉。

法律规定惩罚性赔偿的，依照其规定。有关惩罚性赔偿，如侵犯知识产权、产品责任、污染环境破坏生态等情形，在后续侵权责任编中会详细论述。

3 多人民事责任中承担模式的两大分类

两人及以上的民事责任承担模式分为按份责任和连带责任。

按份责任就是按照各自责任大小来确定各自应该承担的责任，当责任无法确定时，则平均承担责任。在此模式下，权利人只能向责任人请求其份额的责任，而不是连带责任。

连带责任是指依照法律规定或者当事人的约定，两个及以上当事人对共同产生的不履行民事义务的民事责任承担全部责任，并由此引起内部债务关系的民事责任。连带责任可能基于侵权行为或合同违约行为产生。连带责任与按份责任最大的不同在于权利人有权请求部分或者全部连带责任人承担责任。多个责任人之间内部的责任跟外部是没有关系的，内部责任份额根据各自责任大小确定，难以确定责任大小的，平均承担责任。实际承担责任超过自己责任份额的连带责任人，有权向其他连带责任人追偿。

问题思考

（1）违反法律，就一定需要承担民事责任吗？

（2）按份责任和连带责任的区别有哪些？

（3）连带责任中责任人之间约定了各自的责任承担比例，对权利人有什么制约吗？

第二节 不承担民事责任的情形

关键词索引：民事责任　不可抗力　正当防卫　紧急避险　见危施救　见义勇为

基础导入

前面我们了解到，违反法律义务或当事人约定理应承担法律责任。但实际情况可能是一些特殊情形，如果还要承担民事责任则会对责任人不利，更可能有违社会主义核心价值观，因此法律规定了一些特定不用承担民事责任的情形。

详细解析

1 因不可抗力不履行义务，不承担民事责任

不可抗力是我们较为常见的对抗承担责任的正当理由，如疫情期间因生产停产、员工隔离等而违约，则无法按时交货的一方可用不可抗力来免除承担民事法律责任。

所谓不可抗力，是以现有的技术水平，不能预见、不能避免且不能克服的客观情况。不可抗力在房屋买卖纠纷中较为常见，如下面的案例。

2018年2月25日，毛某某与华鑫公司签订《商品房买卖合同（预售）》，合同主要约定：毛某某购买华鑫公司开发的××园×幢××室房屋。合同第十一条第一款约定，华鑫公司应当在2019年12月31日前向毛某某交付该商品房；合同第十二条逾期交付责任，除不可抗力外，华鑫公司未按照第十一条约定的时间将该商品房交付给买受人的，双方同意按照下列第一种方式处理：逾期超过90日后，毛某某有权解除合同……如毛某某要求继续履行合同的，合同继续履行，华鑫公司按日计算向毛某某支付全部房价款万分之三的违约金。合同附件十一《补充协议》第五条第三款约定：购房合同第十二条所指的"不可抗力"是指在签署购房合同时不能预见、对其发生的后果不能避免或不能克服的事件，包括如下情形：

（1）由市政等相关部门原因引起的延误，如线路、水管检修或因突发故障等而造成停水、停电等以致无法正常施工的。

（2）为配合政府及相关部门的法规、规章、命令、文件或市政建设等而引起的延误。

（3）施工期间遇到24小时降雨量超过25 mm、日或夜12小时降雨量超过15 mm或遇到6级以上（含6级）强风或5级以上（含5级）地震。

（4）由非出卖人的原因而引起的出入道路受阻、主要设备故障等导致施工受阻。

（5）群体性事件等。

第四款约定：如发生本补充协议约定的"不可抗力"事件，出卖人可凭相关单位或项目的勘探设计、施工、监理或其他相关专业机构出具的证明文件，具时予以延期交房。

受新冠肺炎疫情的影响，2020年1月24日，根据《福建省突发公共卫生事件应急预案》，福建省启动重大突发公共卫生事件一级响应，要求聚集性场所全部关闭。2020年2月25日，南平市人民政府印发《南平市人民政府关于印发南平市有效应对疫情促进城市开发建设有序健康发展十条措施的通知》〔南政综〔2020〕28号〕，通知要求：为促进城市开发建设和经济社会有序健康发展，特制订如下措施："一、适度延长开竣工时限。对受疫情影响不能按原定时间开竣工的建设项目，开竣工时间可在按我市实施疫情防控一级响应时间相应顺延基础上，再增加一个月的免责期……"

请问：本案中华鑫公司能够以不可抗力为由免于承担延迟交房的违约责任吗？

（改编自福建省南平市中级人民法院）

在本案中，新冠肺炎疫情、因高考停工等是否属于不可抗力是争议焦点。首先，关于高考停工事件，《福建省教育厅关于印发普通高等学校招生全国统一考试福建省命题工作实施细则（试行）的通知》按年度颁布。华鑫公司作为专业房地产开发企业及本案商品房买卖合同的起草人，在约定交房日期时应能够预见并充分考虑中高考等可能影响建设周期的因素，从而合理确定交房时间，故因高考引发的停工不应当被认定为不可抗力情形，加之合同未将高考作为一项免责事由进行约定。其次，双方合同约定华鑫公司应向毛某某交付房屋的期限为2019年12月31日前，华鑫公司未能在合同约定期限前交付房屋，构成逾期交房违约行为。新冠肺炎疫情发生于2020年，即本案该不可抗力事件发生于华鑫公司迟延履行之后，故华鑫公司以新冠肺炎疫情为由主张免于承担相应违约责任于法无据。

因此，不可抗力的基本属性需要满足，比如常见的因暴雨天气等引发的各种损害能不能援引不可抗力而免责，这就需要结合不可抗力的不能预见、不能避免且不能克服属性，当下天气预报已经越来越精准完善了，在恶劣天气来临之前，气象部会发布相关警示，相关单位应当提前做好防范，如后续再发生更大损害，则不能因不可抗力而全部免责。

同时，不可抗力的情形应该是导致相应损害的直接因素，比如上面案例中不可抗力情形发生在迟延履行之后，则不能免责。

2 因正当防卫不履行义务，不承担民事责任

正当防卫是指当公共利益、他人或本人的人身或其他利益正在受到不法侵害，行为人所采取的一种防卫措施。关于正当防卫有很多大家热议的案例，在实务中大家较为关注。

《民法典》第一百八十一条规定，因正当防卫造成损害的，不承担民事责任。正当防卫超过必要的限度，造成不应有的损害的，正当防卫人应当承担适当的民事责任。

正当防卫情形中争议最大的两个问题就是构不构成正当防卫和有没有超过必要限度，我们看一个最新案例。

邵某明与陈某和、石某章系同村村民，两家因邻里纠纷产生过矛盾。2021年4月25日上午，石某章与邵某明因琐事发生争吵，后引发冲突，邵某明用手掌打石某章面部，陈某和用木棍打邵某明头部。经鉴定，邵某明左颞部头皮裂伤，评定为轻微伤。

陈某和认为，因之前邵某明与陈某和、石某章有矛盾，邵某明在找碴儿辱骂挑衅，所以发生了4月25日殴打石某章的事件。邵某明殴打石某章，陈某和作为丈夫没有见状不理的道理，这是正当防卫，不承担责任。

邵某明则认为，他当时从陈某和、石某章家门前过，对方误以为邵某明咳嗽是刻意模仿他们从而引起矛盾，实际是邵某明长期抽烟有咽喉炎，容易咳嗽。邵某明没有动手，是对方用木棍打邵某明的头。邵某明赤手空拳，对方还拿了木棍，不构成正当防卫，因此应当承担赔偿责任。

那本案中，陈某和的行为构成正当防卫吗？

（改编自湖北省十堰市中级人民法院）

最终二审法院认为，正当防卫是指行为人为了保护自己或者他人（包括社会公众）的合法权益，对于现实违法的攻击（或者正在进行的不法侵害）所采取的必要限度内的防卫措施。在相互的非法侵害（如打架斗殴）行为中，因为都有侵

害他人的不法目的，所以一般不能认为其中一方或双方属于正当防卫。本案中，陈某和、邵某明均因打架行为受到行政处罚，陈某和关于其属于正当防卫的理由不能成立。石某章、陈某和夫妇与邵定明作为邻里，在生产生活中应当互谅互让、和睦相处，而在本案中，发生矛盾后双方互不相让，导致矛盾激化，发生身体冲突，双方对侵权事件均应承担相应责任。法院认定陈某和、石某章承担55%的责任，邵某明承担45%的责任。

在是否超过必要限度方面，我们也来看一个案例。

曹某元与曹某富是兄弟也是邻居，2021年1月23日早上7点，双方因宅基地问题发生口角，曹某元回屋拿起镰刀与曹某富扭打，曹某富拿着旁边的木棒还击，后经双方家人劝阻停止扭打。

曹某元认为：

（1）不符合正当防卫的起因条件，本案起因是曹某富故意挑起民事纠纷，曹某元不存在侵害行为。

（2）不符合正当防卫的时间条件，曹某元在短暂的厮打过程中没有过激行为，未对曹某富构成人身威胁，曹某富在曹某元过来质问时击打曹某元的头部是假想防卫。

（3）不符合正当防卫的意图条件，曹某元手持镰刀是威胁，排除威胁应当是打掉镰刀，而曹某富直接击打曹某元的头部是故意伤害。

曹某富认为，其是在自家宅基地范围内挖沟，没有过界，案涉冲突并非曹某富挑起的。曹某元动手在先，使用镰刀砍人，其本人使用木棒还击构成正当防卫。

那本案中，曹某富的行为构成正当防卫吗？

（改编自湖南省常德市中级人民法院）

法院认为，曹某元与曹某富发生口角冲突后，曹某元率先使用镰刀对曹某富进行砍杀，曹某富便拿起木棒进行还击，双方均产生了损伤。曹某富使用木棒攻击曹某元的行为构成正当防卫，且未超出必要限度，对曹某元的损伤不应承担赔偿责任。

3 紧急避险因自然原因引起的，不承担民事责任

紧急避险是指为使公共利益、他人或者本人的人身或者其他利益免受正在发生的现实和紧迫的危险行为人不得不采取的一种致他人和本人损害的行为。

《民法典》第一百八十二条规定，因紧急避险造成损害的，由引起险情发生

的人承担民事责任。危险由自然原因引起的，紧急避险人不承担民事责任，可以给予适当补偿。紧急避险采取措施不当或者超过必要的限度，造成不应有的损害的，紧急避险人应当承担适当的民事责任。

有关紧急避险的构成要件如下。

（1）危险是由自然原因或者人为导致的。

（2）正在发生的危险情况，事前与事后均不能实施紧急避险。

（3）不能超过必要限度。

（4）损害可以是人身伤害或财产损害。

（5）实施紧急避险不能与职责上的要求相冲突，否则也不能构成可抗辩的正当理由。

有关紧急避险的构成要件和限度问题是实务中争议的热点，如下面案例是有关紧急避险构成要件的问题。

2018年10月15日15时许，罗某进驾驶小型普通客车搭乘案外人丁某玲、岑某秀行驶至弯道路段时越过中心分道线与对向由孟某驾驶的机件不符合技术标准且超载的轻型仓栅式货车发生正面碰撞，造成罗某进当场死亡和丁某玲、岑某秀、孟某三人受伤及两车不同程度损坏的交通事故。本起交通事故经公安局交通警察大队做出《道路交通事故认定书》，认定罗某进承担此事故主要责任，孟某承担此事故次要责任，丁某玲、岑某秀不承担此交通事故责任。

孟某认为，其紧急避险措施属于正当、合理和合法的紧急避险行为。在这种紧急避险环节中，孟某车辆的超载和制动系统的轻微瑕疵与两车引起正面碰撞的成因无关，而且孟某车辆的超载和制动系统的轻微瑕疵与受害人罗某进死亡结果无直接因果关系，因此其不需要承担赔偿责任。

请问，本案中孟某对罗某进死亡事件的赔偿可以因紧急避险而免责吗？

[改编自广西壮族自治区河池市（地区）中级人民法院]

法院认为，因紧急避险造成损害的，由引起险情发生的人承担民事责任。此处的"损害后果"应当是由紧急避险行为引起。从查明的事实来看，本案罗某进死亡后果的产生既有罗某进占道行驶的原因，又有孟某驾驶机件不符合技术标准且超载驾驶的原因。其中孟某为避免与罗某进驾驶的车辆碰撞而紧急刹车并向右打方向盘的行为有紧急避让的性质在里面，但终究来说，本案的损害后果并非因紧急避险所导致，本案孟某紧急刹车的行为只能说是一种减轻损害后果的措施，而不是这个措施引起的损害后果，孟某混淆了前因与后果的顺序。故本案不符合紧急避险免责的构成要件，孟某在本案援引紧急避险的规则来免责，不符合法律规定。

4　见危施救造成损害，不承担民事责任

《民法典》第一百八十四条规定，因自愿实施紧急救助行为造成受助人损害的，救助人不承担民事责任。

见义勇为、见危施救是中华民族的优秀传统美德。这条就是"见义勇为"条款，回应社会"有人倒地不敢施救"的情形，引发社会的广泛关注。基于此，很多地方出台的院前医疗急救相关文件中就是在此基础上的延伸。特别在最新的《中华人民共和国医师法》中也明确对医师在公共场所自愿实施急救免责这一规定，是《民法典》的立法精神在医疗领域特别立法时的体现和延续。

紧急救助免责的三个构成要件是救助情形的紧急性、救助行为的自愿性以及针对该救助行为对受助人而非其他人造成的损害免责。

针对此问题，我们来看一个典型案例。

2017年9月7日，齐女士昏倒在沈阳的一家药店中，药店医生孙先生发现事情不简单，需要立即做心肺复苏，因此为了挽救一条人命，孙先生自愿实施紧急救助，为齐女士做了心脏复苏，同时拨打了急救电话，但在救人期间，孙先生压断了对方的12根肋骨。

齐女士在醒来后声称自己是服用了孙先生开出的一片药，从而眼前发黑，不省人事，后来清醒发现孙先生在按压其胸部，使其感到疼痛不已，由于说不出话，便用手势示意别按了，但孙先生并未停止。

（改编自《北京青年报》）

本案中，有"乡村医生证"和"行医执照"的孙先生在看到齐女士倒地的紧急情况下，果断按照急救规范处置，且按照急救操作规范，心脏复苏需要以每分钟100次左右的频率按压施救对象，且要求力度较大。事实上，在实施心肺复苏的过程中，非常容易造成骨折或者骨裂，但人命关天，相较于肋骨的骨折和骨裂，抢救生命肯定是要被放在第一位的。根据上述见危施救、见义勇为条款的规定，国家从法律层面鼓励自愿紧急施救，因此造成受助人损害的不承担责任，免除施救人的心理负担。

5　见义勇为人受害的，谁承担责任？

该条也是实践中较为热议的内容，相关的案例也很多。对应的法条就是《民法典》第一百八十三条的规定，因保护他人民事权益使自己受到损害的，由侵权人承担民事责任，受益人可以给予适当补偿。没有侵权人、侵权人逃逸或者无力

承担民事责任，受害人请求补偿的，受益人应当给予适当补偿。

针对这一条，最新发布的《最高人民法院关于适用〈中华人民共和国民法典〉总则编若干问题的解释》（法释〔2022〕6号）第三十四条规定，因保护他人民事权益使自己受到损害，受害人依据《民法典》第一百八十三条的规定请求受益人适当补偿的，人民法院可以根据受害人所受损失和已获赔偿的情况、受益人受益的多少及其经济条件等因素确定受益人承担的补偿数额。具体看一个典型案例。

2020年3月2日，被告徐某某（86岁高龄老人）独自拄着拐杖行走时摔倒在地，原告余某某恰巧经过，遂与其他行人合力将被告扶起。被告被扶起后，原告欲离开，因发现被告仍不能站稳遂又回到原地与行人同时扶着被告。在此期间，被告因站立不稳身体向原告倾斜并向地上倾倒，原告在扶被告时突感腰背疼痛不能伸直。后被告的配偶赶到现场将原告送至医院检查并住院治疗。原告经治疗好转出院后又进行了康复治疗。后原告自行委托司法鉴定，评定其伤情为十级伤残。

（改编自四川省自贡市中级人民法院发布2020—2021年度十大典型案例）

上述案例法院认为，原告对于被告不具有任何约定或法定义务，为了被告的人身安全不受损害而参与救助，应属见义勇为。原告因在参与救助的过程中自身遭受损害造成经济损失而提起诉讼，在没有侵权人的情况下，被告作为受益人，应当对原告在救助中受到的经济损失给予适当补偿，金额为45 000元。

本案原告为保护被告的人身安全，不顾个人安危，与其他行人一起共同实施救助，保护了被告的人身安全，是值得鼓励和赞扬的见义勇为。法律鼓励、支持见义勇为并保护行为人的相关权益。本案的妥善处理，有效保护了见义勇为人的合法权益，对于引导形成和谐友善、互帮互助的良好社会氛围，具有积极的推动作用。

❓ 问题思考

（1）为什么要设定不承担民事责任的如上情形？

（2）由疫情造成企业停产停工导致的违约，是不可抗力还是情势变更？

（3）紧急避险所采取措施的必要限度如何衡量？

第三节 承担民事责任的几个重要问题

关键词索引： 民事责任　英雄烈士保护

基础导入

民事责任是法律规范的基础内容，在实践中也较为被关注。无论是承担责任还是免责，或是承担责任大小等，这些问题都对整个社会的价值观产生引导作用。本部分重点分析民事责任的其他关键性问题。

详细解析

1 亵渎英烈应承担什么法律责任？

早在 2016 年 10 月，最高人民法院即发布了保护"狼牙山五壮士"等英雄人物人格权益的典型案例，引发了广泛的社会反响。2020 年 5 月，最高人民法院再次发布了董存瑞、黄继光英雄烈士名誉权纠纷公益诉讼案；淮安谢勇烈士名誉权纠纷公益诉讼案。

英雄和烈士是一个国家和民族精神的体现，是引领社会风尚的标杆，加强对英烈姓名、名誉、荣誉等的法律保护，对于促进社会尊崇英烈、扬善抑恶、弘扬社会主义核心价值观意义重大。

《民法典》第一百八十五条规定，侵害英雄烈士等的姓名、肖像、名誉、荣誉，损害社会公共利益的，应当承担民事责任。具体可以见"杭州市上城区人民检察院诉某网络科技有限公司英雄烈士保护民事公益诉讼案"。

被告某网络科技有限公司将其付费会员称为"雷锋会员"，将其提供服务的平台称为"雷锋社群"，将其注册运营的微信公众号称为"雷锋哥"，在微信公众号上发布有"雷锋会员""雷锋社群"等文字的宣传海报和文章，并在公司住所地悬挂"雷锋社群"文字标识。该公司以"雷锋社群"名义多次举办"创业广交会""电商供应链大会""全球云选品对接会"等商业活动，并以"雷锋社群会费"等名目收取客户费用 16 笔，金额共计 308 464 元。公益诉讼起诉人诉称，要求被告立即停止在经营项目中以雷锋的名义进行宣传，并在浙江省内省级媒体就使用雷锋姓名赔礼道歉。

[改编自最高人民法院发布的13件人民法院贯彻实施《民法典》典型案例（第一批）]

生效裁判认为，英雄的事迹和精神是中华民族共同的历史记忆和精神财富，雷锋同志的姓名作为一种重要的人格利益，应当受到保护。某网络科技有限公司使用的"雷锋"文字具有特定意义，确系社会公众所广泛认知的雷锋同志之姓名。该公司明知雷锋同志的姓名具有特定的意义，仍擅自将其用于开展网络商业宣传，会让公众对"雷锋社群"等称谓产生误解，侵犯了英雄烈士的人格利益。将商业运作模式假"雷锋精神"之名推广，既曲解了"雷锋精神"，与社会公众的一般认知相背离，也损害了承载于其上的人民群众的特定感情，对营造积极健康的网络环境产生负面影响，侵害了社会公共利益。故判决被告停止使用雷锋同志姓名的行为（包括停止使用"雷锋哥"微信公众号名称、"雷锋社群"名称、"雷锋会员"名称等），并在浙江省内省级报刊向社会公众发表赔礼道歉的声明。

2 违约责任和侵权责任选哪个？

当我们的人身权益或财产权益受到损害的时候，我们可以请求对方承担何种责任呢？《民法典》第一百八十六条规定，因当事人一方的违约行为，损害对方人身权益、财产权益的，受损害方有权选择请求其承担违约责任或者侵权责任。

此种情形在实务中较为常见，如去超市购买家用电器，回家用的时候电器起火，导致本人被烧伤，这时候本人就可以选择基于侵权关系要求超市承担赔偿责任，也可以基于本人跟超市之间的买卖合同要求超市承担违约责任。至于选择那个，这要看具体案情并站在有利于受损害一方进行选择。典型案例如下。

原告薛某是李某保的继子，同时也是被告四村委第十四队集体经济组织成员，之后因生活需要，原告薛某的户口与李某保分立。2011年，在被告四村委统一流转土地经营权时，被告李×接受李某保一户的委托将李某保一户的0.8亩土地的经营权以李×的名义流转出去，并通过被告四村委代领了李某保一户的流转费8000元。2015年李某保去世，原告薛某成为案涉土地唯一承包人。5年期的土地经营权流转届满后，被告李×作为经办人组织其他愿意继续流转土地经营权的涉地户进行了第二期流转，但在未获得李某保该户共同承包人即原告薛某委托的情况下，将原李某保户的0.8亩土地经营权也以自己的名义对外流转，并享有流转费。土地第二期流转期间原告薛某多次向被告李×索要土地或者土地流转费，未果。

请问，薛某可以请求被告承担什么责任？

[改编自山西省吕梁地区（市）中级人民法院]

在上述案例中，被告四村委在流转合同期满后，应当依照合同将原告薛某承包的 0.8 亩土地如数交还承包户，以便承包户行使土地承包经营权，其未能交回构成违约，侵害了原告薛某的土地承包经营权。基于此，原告可以要求被告四村委承担违约责任，也可以因为侵害自己的土地承包经营权要求被告承担侵权责任。而在上述案例中，原告选择侵权之诉，是对自己诉权的合法行使，故被告四村委本应承担返还财产的民事责任。

3 承担行政或刑事责任后，还要承担民事责任吗？

如在机动车交通事故责任纠纷中，侵害人可能会构成交通肇事罪等刑事犯罪，或是被罚款、拘留等行政处罚，但还要赔偿给受损害一方各种费用吗？

这当然是要赔偿的，也就是说，行政责任、刑事责任和民事责任是不冲突的，承担其中的一个，并不能免除承担其他责任。《民法典》第一百八十七条规定，民事主体因同一行为应当承担民事责任、行政责任和刑事责任的，承担行政责任或者刑事责任不影响承担民事责任；民事主体的财产不足以支付的，优先用于承担民事责任。从这一条规定就可以看出对于民事赔偿责任的偏向，这一类案件大多是类似交通事故等人身财产受到损害的案件，民事侵权赔偿必然不可缺少。

问题思考

（1）亵渎英烈严重的话，要承担什么刑事责任？
（2）违约和侵权发生竞合时，选择的标准是什么？
（3）承担刑事责任后，还要承担精神损害抚慰金吗？

第八章 诉讼时效相关基础

第一节 没约定还款期限借条的诉讼时效问题

关键词索引：诉讼时效

案例导入

2005年5月24日，被告乔某龙向原告借款9000元用于购买猪崽，被告乔某龙向原告芦某东出具借据，借据未约定利息及还款日期，借款时二被告系夫妻关系，被告乔某龙、史某梅至今未向原告芦某东偿还欠款。

乔某龙提交了通讯录照片、鄂尔多斯市东辰煤炭有限责任公司出具的证明照片等证据，并向本院申请调取其与芦某东在2005—2018年的通话记录，予以证明芦振东在此期间并未向乔某龙主张过权利。

请问，芦某东的债权超过诉讼时效了吗？

（改编自辽宁省铁岭市中级人民法院）

法条链接

《民法典》第一百八十八条规定：【普通诉讼时效、最长权利保护期间】向人民法院请求保护民事权利的诉讼时效期间为三年。法律另有规定的，依照其规定。

诉讼时效期间自权利人知道或者应当知道权利受到损害以及义务人之日起计算。法律另有规定的，依照其规定。但是，自权利受到损害之日起超过二十年的，人民法院不予保护，有特殊情况的，人民法院可以根据权利人的申请决定延长。

《民法典》第一百九十五条规定：【诉讼时效中断的情形】有下列情形之一

的，诉讼时效中断，从中断、有关程序终结时起，诉讼时效期间重新计算。

（1）权利人向义务人提出履行请求。

（2）义务人同意履行义务。

（3）权利人提起诉讼或者申请仲裁。

（4）与提起诉讼或者申请仲裁具有同等效力的其他情形。

详细解析

上述案例是民间借贷纠纷案，此类案件中经常会涉及诉讼时效的问题。本案中，乔某龙提交了通讯录照片、鄂尔多斯市东辰煤炭有限责任公司出具的证明照片等证据，并向本院申请调取其与芦某东在2005—2018年的通话记录，予以证明芦某东在此期间并未向乔某龙主张过权利。也就是证明不存在《民法典》第一百九十五条规定的诉讼时效中断的情形，从被告乔某龙默认为三年诉讼时效的角度看，这项债务确实就无法通过诉讼方式解决了。

但本案中，乔某龙向芦某东出具的借条中并未约定借款期限，故本案应当适用上述关于最长诉讼时效二十年的法律规定，故芦振东的债权并未超过诉讼时效。

知识延伸

1. 普通的诉讼时效期间是多久？

诉讼时效关乎我们通过诉讼方式救济争端的重要前提，因此实务中大家都较为关注。

诉讼时效是指民事权利受到损害的权利人在法定的时效期间内不行使权利，当时效期间届满时，义务人获得诉讼时效抗辩权的法律制度。

普通的诉讼时效期间为三年，自权利人知道或者应当知道权利受到损害以及义务人之日起计算，法律另有规定的按照特殊规定。诉讼时效最长是二十年，自权利受到损害之日起超过二十年的，人民法院不予保护。这二十年期间不适用中止、中断的规定。

2. 三种特殊情形的诉讼时效规则

（1）根据《民法典》第一百八十九条规定，当事人约定同一债务分期履行的，诉讼时效期间自最后一期履行期限届满之日起计算。这一条是在民间借贷案件中的分期还款中经常用到的规则。

（2）无民事行为能力人或者限制民事行为能力人对其法定代理人的请求权的诉讼时效期间，自该法定代理终止之日起计算。这是在父母作为未成年子女法定代理人的场景中经常用到的规则。

（3）未成年人遭受性侵害的损害赔偿请求权的诉讼时效期间，自受害人年满18周岁之日起计算。考虑到未成年人对自身权益维护的弱势，特意用年龄段来明确诉讼时效开始的时间。

风险提示

（1）诉讼时效是实践中重要的制度，作为权利人或是义务人都应当时刻关注诉讼时效的问题，特别是时效中止、中断等情形。

（2）对于义务人，诉讼时效到期是其可抗辩的主要事由，在诉讼中应当提出。对于权利人来说，避免诉讼时效过期而失去相应权利，做出相应行为中断或中止诉讼时效。

问题思考

（1）你知道哪些特殊情形的诉讼时效？

（2）民间借贷中债务人逾期不还款超过诉讼时效时，债权人可采取哪些方法避免诉讼时效过期？

（3）为什么要规定诉讼时效制度？

第二节　诉讼时效期间的届满、中止、中断等情形

关键词索引：诉讼时效

基础导入

诉讼时效的问题需要大家引起足够的重视，经常有很多人咨询。比如：过了很多年，借出去的钱能不能要回来？怎样才能使诉讼权利不过期呢？……类似的问题其实都是有关诉讼时效的届满、中断和中止等。

详细解析

1 诉讼时效已过，还能去法院起诉吗？

首先，对于义务人来说，诉讼时效期间届满的，义务人可以提出不履行义务的抗辩。

其次，诉讼时效期间届满后，义务人同意履行的，不得以诉讼时效期间届满为由抗辩。义务人已经自愿履行的，不得请求返还。

另外，人民法院不得主动适用诉讼时效的规定。也就是当事人的纠纷案件即便已经过了诉讼时效，法院也应当立案审理，审理过程中不能主动说明诉讼时效的问题，只能由当事人自己主张提出。

具体来看一个典型案例。

2005年4月10日，徐某作为甲方与贡某作为乙方签订《借款协议书》，上载："……一、甲方将100万元（壹佰万元）人民币借给乙方使用。使用期限为一年，即从2005年4月10日起至2006年4月10日止。……三、一年期满后，乙方必须连本带利计壹佰贰拾万元人民币如期偿还甲方。若乙方不按期偿还，自逾期之日起，每月加付利润2%……"，该协议书尾部徐某、贡某均签字确认。2017年1月3日，徐某作为甲方与贡某作为乙方再次签订《借款协议书》，上载："甲方借给乙方壹佰柒拾柒万元（1 770 000元）人民币，经双方协商同意，乙方分两年还清，即2017年10月1日前还壹佰万元（1 000 000元）人民币；2018年10月1日前余款全部还清（暂不计利息）。如果逾期不还按20%付违约金……"，该协议书尾部徐某、贡某均签字确认，同时尾部由徐某备注，内容如下："2017.11.16还40万元，2017.11.29还15万元。"

请问，本案超过诉讼时效了吗？

（改编自西藏自治区拉萨市中级人民法院）

上述案件中，即便法院立案审理时知道已过诉讼时效，也不能主动适用。另外，根据《民法典》第一百八十九条规定，当事人约定同一债务分期履行的，诉讼时效期间自最后一期履行期限届满之日起计算。因此，徐某、贡某最终达成的《借款协议书》的出具时间为2017年1月3日，徐某认可贡某向其最后还款的日期为2017年11月29日，按照这种思路计算的话，肯定是超过了法律规定的诉讼时效期间。这也是一审法院的观点。

但本案中，2017年《借款协议书》是双方当事人对于前期借款的结算，应当理解为贡某做出同意履行还款义务的意思表示，且履行了550 000元的还款义务，根据《民法典》第一百九十二条第二款的规定，本案并未超过诉讼时效。

2 诉讼时效中止的情形有哪些？

《民法典》第一百九十四条规定，在诉讼时效期间的最后六个月内，因下列障碍，不能行使请求权的，诉讼时效中止。

（1）不可抗力。

（2）无民事行为能力人或者限制民事行为能力人没有法定代理人，或者法定代理人死亡、丧失民事行为能力、丧失代理权。

（3）继承开始后未确定继承人或者遗产管理人。

（4）权利人被义务人或者其他人控制。

（5）其他导致权利人不能行使请求权的障碍。

自中止时效的原因消除之日起满六个月，诉讼时效期间届满。

3 诉讼时效中断的情形有哪些？

诉讼时效中断的法律后果就是重新计算三年的诉讼时效，因此实务中为避免诉讼时效届满到期，权利人需要做出一定行为，如在民间借贷中，债务人不履行还款义务的，债权人可以定期及时提出还款请求，这就会导致诉讼时效的重新计算。

诉讼时效中断的情形如下。

（1）权利人向义务人提出履行请求。

（2）义务人同意履行义务。

（3）权利人提起诉讼或者申请仲裁。

（4）与提起诉讼或者申请仲裁具有同等效力的其他情形。

4 哪些情形不适用诉讼时效的规定？

根据《民法典》第一百九十六条的规定，下列请求权不适用诉讼时效的规定。

（1）请求停止侵害、排除妨碍、消除危险。

（2）不动产物权和登记的动产物权的权利人请求返还财产。

（3）请求支付抚养费、赡养费或者扶养费。

（4）依法不适用诉讼时效的其他请求权。

同时，诉讼时效的期间、计算方法以及中止、中断的事由由法律明确规定，当事人之间采取协议的形式给以变更的，不发生法律效力。另外，当事人对诉讼时效利益也不能预先放弃，否则也属无效。

问题思考

（1）如何避免因诉讼时效届满而影响权利主张？
（2）为什么《民法典》规定了上述不适用诉讼时效的四种情形？

第二编

《民法典》物权相关知识

第九章 物权相关基础

第一节 物权的概念及保护

关键词索引：物权

基础导入

物权编非常重要，从整个《民法典》体系编排顺序就可以看出，"物权编"作为"总则编"之后的第一个部分，足以显示物权在整个民法体系中的重要地位。物权编的核心要义就是要保护公民财产，小到小区物业管理、居住权的设定，大到土地权属的规定等都在物权编中有全面规定，整个物权编鼓励人民积极创造财富，促进社会发展。

物权的概念大家较为模糊，很多人误认为物权就是所有权，其实不然，物权包括所有权、用益物权和担保物权三大种类。

详细解析

1. 我国的社会主义基本经济制度是什么样的？

《民法典》第二百零六条规定：【社会主义基本经济制度与社会主义市场经济】国家坚持和完善公有制为主体、多种所有制经济共同发展，按劳分配为主体、多种分配方式并存，社会主义市场经济体制等社会主义基本经济制度。

国家巩固和发展公有制经济，鼓励、支持和引导非公有制经济的发展。

国家实行社会主义市场经济，保障一切市场主体的平等法律地位和发展权利。

党的十九届四中全会指出了我国国家制度和国家治理体系具有的13个显著

优势，其中第六个显著优势是"坚持公有制为主体、多种所有制经济共同发展和按劳分配为主体、多种分配方式并存，把社会主义制度和市场经济有机结合起来，不断解放和发展社会生产力的显著优势"。这一概括，深刻揭示了中国共产党带领全国各族人民，把马克思主义的普遍真理与中国的实际国情结合起来，探索出一条崭新的社会主义经济建设之路，即建立社会主义市场经济体制，这是我国经济建设领域最大的制度优势。

我国民法的基本原则就是一切市场主体都是平等的，无论是国有企业、集体企业、个体工商户，还是混合所有制企业等市场经济主体，其法律地位都是平等的。

2 物权平等保护，任何人不得侵犯

《民法典》第二百零七条规定：【物权平等保护原则】国家、集体、私人的物权和其他权利人的物权受法律平等保护，任何组织或者个人不得侵犯。

《民法典》对私人财产的保护，最根本的体现就在于对各类物权的平等保护，不论该物权主体是国家、集体或私人，不存在多赔或少赔的问题。

在社会主义市场经济条件下，各种所有制经济形成的市场主体，都是在统一的市场平台上运作并发生相互关系的，只有遵守统一的市场规则，平等保护各类财产，才能公平竞争，形成良好的市场秩序。

3 什么是动产、不动产？

《民法典》第一百一十五条规定，物包括不动产和动产。

关于两者的区分，从字面上就可以看出，动产与不动产是以物是否能够移动并且是否因移动而损坏其价值作为划分标准的。常见的不动产包括土地、建筑物及构筑物、林木、与不动产尚未分离的出产物。其他的基本都是动产，如车辆、动物、机器设备、日常用品等。

4 还有哪些方式可以取得物权？

除了常规合同或法定的方式获得物权，还有一些特有的方式，如以下几种。

（1）因人民法院、仲裁机构的法律文书或者人民政府的征收决定等，导致物权设立、变更、转让或者消灭的，自法律文书或者征收决定等生效时发生效力。

（2）因继承取得物权的，自继承开始时发生效力。

（3）因合法建造、拆除房屋等事实行为设立或者消灭物权的，自事实行为成就时发生效力。

如上是实务中较为常见获得物权的方式，在处分上面涉及的不动产物权的时候，依照法律规定需要办理登记的，未经登记，不发生物权效力。

5 物权被侵害，如何维权？

物权受到侵害的，权利人可以通过和解、调解、仲裁、诉讼等途径解决。

物权相关的纠纷主要集中在物权归属的争议、无权占有请求返还、妨害自身物权行为的制止和造成损害之后的赔偿等方面，主要内容如下。

（1）因物权的归属、内容发生争议的，利害关系人可以请求确认权利。这是一种通过法院确权的方式来保护物权。

（2）对于无权占有不动产或者动产的，权利人可以请求返还原物。

（3）妨害物权或者可能妨害物权的，权利人可以请求排除妨害或者消除危险。

（4）造成不动产或者动产毁损的，权利人可以依法请求修理、重作、更换或者恢复原状。

（5）侵害物权，造成权利人损害的，权利人可以依法请求损害赔偿，也可以依法请求承担其他民事责任。

下面分享一个妨害物权权利人可以请求排除妨害的典型案例。

佟某某系十八里镇孙口村民委员会村民，其家庭承包有十八里镇孙口村高刘庄组土地两块，共6.92亩。其中位于小庄虎地块西邻李某某。刘某某于2002年租赁李某某的土地，在其租赁的土地上与佟某某土地相邻处种植槐树73棵。现上述槐树已成材，影响了佟某某的庄稼生长。

（改编自安徽省亳州市中级人民法院《民法典》适用典型案例）

关于物权的保护的问题。本案中，佟某某所承包的土地被刘某某在其租赁的相邻的土地上栽种树木，遮挡光阴，影响佟某某的土地收益，刘某某应当对上述事实停止侵权、排除妨碍，故对佟某某请求判令刘某某排除妨害、清除刘某某在其承包地边的槐树73棵的诉讼请求，予以支持。法院判决：刘某某于判决生效之日起十五日内清除相邻佟某某土地上的73棵槐树。

近年来，农村排除妨害已经成为热点问题。农民作为土地的使用者，其合法权益应当得以保障。物权是一种可以直接支配不动产或者动产的权利，它包括了所有权、用益物权和担保物权。法律依法保护公民的物权，如果存在妨害物权或者可能妨害物权的行为，那么权利人可以请求排除妨害或者消除危险。

问题思考

（1）国家为什么要这么重视物权的保护？
（2）因继承获得的房产，如何办理不动产登记？
（3）当物权受到侵害，你偏向选择的维权方式是什么？

第二节　房子登记后的法律效力

关键词索引：不动产　登记

案例导入

1995 年 12 月 22 日，许某海与徐某华登记再婚，许某海带婚前儿子许某，徐某华带婚前女儿谢某丽，共同生活。2012 年 7 月 25 日，许某海与徐某华因感情不和，自愿在辽源市西安区民政局协议离婚，约定子女已经成年无须抚养，所有财产自行分配。徐某华于 2018 年 11 月 10 日因病去世。双方争议的房屋，其相关证据复印件中名字均为徐某华一人，无法认定该房屋为尚未分割的夫妻共同财产。

请问，涉案房屋是谁的房产？是共同财产吗？

（改编自吉林省辽源市中级人民法院）

法条链接

《民法典》第二百零九条规定：【不动产物权登记的效力】不动产物权的设立、变更、转让和消灭，经依法登记，发生效力；未经登记，不发生效力，但是法律另有规定的除外。

依法属于国家所有的自然资源，所有权可以不登记。

详细解析

上述案例是房屋所有权确权纠纷，涉案房屋的产权登记复印件显示名字是徐某华一人，根据《民法典》第二百零九条的规定，经依法登记，发生效力，也就是徐某华享有该不动产的合法所有权。因上述案件中双方离婚后约定所有财产自行分配，该房屋无法确定是否是双方夫妻共同财产，因此只能按照登记发生对应法律效力。

知识延伸

1. 不动产不登记有什么后果？

《民法典》第二百零八条规定：不动产物权的设立、变更、转让和消灭，应当依照法律规定登记。动产物权的设立和转让，应当依照法律规定交付。

《民法典》第二百一十四条规定：不动产物权的设立、变更、转让和消灭，依照法律规定应当登记的，自记载于不动产登记簿时发生效力。

《民法典》第二百一十五条规定：当事人之间订立有关设立、变更、转让和消灭不动产物权的合同，除法律另有规定或者当事人另有约定外，自合同成立时生效；未办理物权登记的，不影响合同效力。

在物权的设立、变更、转让方面，不动产区别于动产，最大的区别就是不动产要登记。不动产登记簿是物权归属和内容的根据。比如常见的房屋买卖，只有房产经过过户登记才发生所有权的转移，只签订房屋买卖合同是不能代表所有权的转移的，实践中因此发生的各种纠纷也有很多。

2. 哪些不动产要依法登记？哪些不需要登记？

《不动产登记暂行条例》第五条规定，下列不动产权利，依照本条例的规定办理登记。

（1）集体土地所有权。

（2）房屋等建筑物、构筑物所有权。

（3）森林、林木所有权。

（4）耕地、林地、草地等土地承包经营权。

（5）建设用地使用权。

（6）宅基地使用权。

（7）海域使用权。

（8）地役权。

（9）抵押权。

（10）法律规定需要登记的其他不动产权利。

不需要登记的不动产主要有如下几种情形。

（1）依法属于国家所有的自然资源，所有权可以不登记。

（2）因法律文书、征收、继承、受遗赠、合法事实行为而导致的物权变动。

（3）土地承包经营权的取得等。

3. 不动产登记时申请人应向哪个机构提出申请？

不动产登记是法定机构的事项，具体规定在《民法典》和《不动产登记暂行条例》等相关规定中，具体如下。

《民法典》第二百一十条规定：不动产登记，由不动产所在地的登记机构办理。国家对不动产实行统一登记制度。统一登记的范围、登记机构和登记办法，由法律、行政法规规定。

《不动产登记暂行条例》第六条规定：国务院国土资源主管部门负责指导、监督全国不动产登记工作。县级以上地方人民政府应当确定一个部门为本行政区域的不动产登记机构，负责不动产登记工作，并接受上级人民政府不动产登记主管部门的指导、监督。

《不动产登记暂行条例》第七条规定：不动产登记由不动产所在地的县级人民政府不动产登记机构办理；直辖市、设区的市人民政府可以确定本级不动产登记机构统一办理所属各区的不动产登记。跨县级行政区域的不动产登记，由所跨县级行政区域的不动产登记机构分别办理。不能分别办理的，由所跨县级行政区域的不动产登记机构协商办理；协商不成的，由共同的上一级人民政府不动产登记主管部门指定办理。国务院确定的重点国有林区的森林、林木和林地，国务院批准项目用海、用岛，中央国家机关使用的国有土地等不动产登记，由国务院国土资源主管部门会同有关部门规定。

4. 不动产登记的时候需要提供哪些材料？

《民法典》第二百一十一条规定：当事人申请登记，应当根据不同登记事项提供权属证明和不动产界址、面积等必要材料。

《不动产登记暂行条例》第十六条规定：申请人应当提交下列材料，并对申请材料的真实性负责。

（1）登记申请书。

（2）申请人、代理人身份证明材料、授权委托书。

（3）相关的不动产权属来源证明材料、登记原因证明文件、不动产权属证书。

（4）不动产界址、空间界限、面积等材料。

（5）与他人利害关系的说明材料。

（6）法律、行政法规以及本条例实施细则规定的其他材料。

不动产登记机构应当在办公场所和门户网站公开申请登记所需材料目录和示

范文本等信息。

5. 谁可以申请查询、复制不动产登记资料？

查询不动产登记信息在当前是大家较为关注的话题，也就是谁可以查询和复制、信息公开的范围和限制是什么等问题。

《民法典》第二百一十八条规定，权利人、利害关系人可以申请查询、复制不动产登记资料，登记机构应当提供。《不动产登记暂行条例》第二十七条第二款规定，有关国家机关可以依照法律、行政法规的规定查询、复制与调查处理事项有关的不动产登记资料。

不动产登记信息属于公民的个人敏感信息，对于这类信息的公开、使用等都有严格规定。《民法典》第二百一十九条规定，利害关系人不得公开、非法使用权利人的不动产登记资料。

《不动产登记暂行条例》第二十八条规定，查询不动产登记资料的单位、个人应当向不动产登记机构说明查询目的，不得将查询获得的不动产登记资料用于其他目的；未经权利人同意，不得泄露查询获得的不动产登记资料。

风险提示

（1）房屋交易买卖的时候，一定要核实卖方产权登记信息，并督促对方协助办理过户登记，以免后续过户出现问题。

（2）注意保护好房产登记个人信息，非法使用、冒用等行为均是违法行为，严重的可能要承担相应刑事责任。

问题思考

（1）房屋交易买卖的时候，卖方仍没有该房屋的所有权，此类合同有效吗？
（2）"借名买房登记"的行为有哪些法律风险？
（3）不动产登记簿登记信息有误，怎么办？
（4）开发商一房二卖，会产生什么后果？如何维权？

第十章 所有权相关基础

第一节 动产所有权转移的时间点

关键词索引：动产 交付

基础导入

不动产的物权变动以登记为要件，而动产物权的变动是以交付为要件。动产的交易是日常生活中较为常见的交易活动，小到买菜、买日常用品，大到买车、买机器设备等都涉及物权的变动。从保护各类财产物权的角度，明确物权归属和变动是厘清各类法律关系的重要内容。

详细解析

1 动产交付即发生效力，交付方式有哪些？

动产以交付为物权转移要件，交付的方式有如下多种形式。

（1）现实交付。就是当面交付，直接占有该动产标的物，是最为传统的交付方式。

（2）简易交付。就是交易标的物已经在受让人手上，转让人无须进行现实交付的简易方式。

《民法典》第二百二十六条规定：【简易交付】动产物权设立和转让前，权利人已经占有该动产的，物权自民事法律行为生效时发生效力。

（3）指示交付。就是交易标的物被第三人占有，出让人与受让人约定，出让人将其对占有人的返还请求权转移给受让人，由受让人向第三人行使，以代替现实交付的方式。

《民法典》第二百二十七条规定:【指示交付】动产物权设立和转让前,第三人占有该动产的,负有交付义务的人可以通过转让请求第三人返还原物的权利代替交付。

（4）占有改定。就是在动产交易中出让人与受让人约定,由出让人继续直接占有动产,使受让人取得对于动产的间接占有,并取得动产的所有权。

《民法典》第二百二十八条规定:【占有改定】动产物权转让时,当事人又约定由出让人继续占有该动产的,物权自该约定生效时发生效力。

2 特殊动产的登记有何效力？

《民法典》第二百二十五条规定了特殊动产的登记效力问题,即船舶、航空器和机动车等的物权的设立、变更、转让和消灭,未经登记,不得对抗善意第三人。

这一类特殊动产不同于不动产,也不同于一般的动产,在交付和登记方面都有着特殊的规定,实务中也经常被混淆,来看下面这个案例。

2017年6月30日,刘某与五河某出租汽车有限公司签订了《经营合同书》,约定刘某享有车辆所有权和营运手续的长期使用权,车牌号为皖C 7×××××,经营管理权归五河某出租汽车有限公司,经营权期限为八年。该车辆的机动车行驶证显示该车辆所有人为五河某出租汽车有限公司,道路运输证显示车辆所有人为五河某出租汽车有限公司。刘某认为其对该出租汽车享有所有权,而该出租汽车行驶证登记在五河某出租汽车有限公司名下,故起诉请求依法确认车辆所有权并要求五河某出租汽车有限公司协助变更登记。

请问,该车辆的所有权是谁的？

（改编自安徽省蚌埠市中级人民法院）

本案中,虽然刘某与五河某出租汽车有限公司签订的合同中约定刘某享有车辆所有权和营运手续的长期使用权,但刘某并不能因《民法典》第二百二十五条的规定就取得该车辆的所有权。法院认为,出租车不同于通常意义上的机动车辆,只有取得了相关部门的出租汽车客运特许经营权指标的车辆才能成为出租车。案涉车辆使用性质为出租客运,五河某出租汽车有限公司与刘某订立经营合同书,系以出租汽车承包经营权为基础。双方之间的纠纷涉及出租汽车承包经营权问题,而出租汽车承包经营权系从国家取得,应由政府有关行政主管部门管理。现刘某主张在不改变案涉车辆经营性质的情况下,要求五河某出租汽车有限公司协助将案涉车辆登记证书、行驶证变更至刘发名下。因出租车道路运输许可证是经营者取得出租汽车经营权的资质文件,须经特定行政机关予以审批许可颁发,属于特殊行业从业资质的行政审批事项。案涉出租车的道路运输许可证是道路运输管理部门依据五河某出租汽车有限公司提出的申请,就具体车辆从事出租客运出具的资质证明,与该出租车的机动车登记证书、行驶证应保持一致性,故对刘某要求五河某出租汽车有限公司协助办理案涉出租车机动车登记证书、行驶证至刘发名下的诉讼请求不予支持。

? 问题思考

(1)动产的几种交付方式各有什么法律风险?

(2)车辆交易买卖中,卖方还没有获得车辆所有权的时候签订的合同有效吗?

(3)网购的产品,所有权何时发生转移?

第二节 房屋被征收的所有权转移问题

关键词索引: 征收房屋 拆迁补偿

案例导入

2018年8月18日,安顺市平坝区人民政府发布了《安顺市平坝区人民政府关于2018年乐平镇棚户区(航空职院)地块改造项目房屋土地征收决定公告》,对征收范围、补偿方案、签约期限、评估机构的选定等内容发布了公告,涉案房屋及土地、构筑物等均在征收红线范围内,签约期限及评估机构选定期限分别为该决定确定之日起60日、7日内。

另查明,2018年9月17日,以原告钱某及案外人陈某、钱某虎、李某芬、李某、李某林等人为乙方在平等、自愿、协商一致的基础上分别就涉案房屋安置补偿与甲方安顺市平坝区乐平镇人民政府达成协议,并分别签订了《房屋征收安置补偿协议》,2020年12月10日,安顺市平坝区乐平镇人民政府及其法定代表人在合同上签字、盖章确认。协议约定:第二条、乙方自愿选择货币安置补偿方式,并约定了甲方对乙方的应补偿金额。……第五条、乙方在协议签订之日起30日内必须将被征收房屋腾空,并交甲方拆除。……第六条、乙方自行处理与被征收房屋有关的租赁、抵押、质押及其他产权、债务纠纷，甲方对被征收房屋有关的租赁、抵押、质押及其他产权、债务纠纷，一律不负责任。第七条……（二）乙方逾期不办理房屋腾空交付手续的，本协议签订之日起 30 日视作房屋腾空交付时间，双方不再办理房屋腾空交付手续，乙方未搬离的物品视作放弃，甲方将通过法律程序解决。……第九条、本协议自双方签字、盖章之日起生效。

请问，本案中被征收的房屋所有权何时发生转移？

[改编自贵州省安顺地区（市）中级人民法院]

法条链接

《民法典》第二百四十三条规定：【征收】为了公共利益的需要，依照法律规定的权限和程序可以征收集体所有的土地和组织、个人的房屋以及其他不动产。

征收集体所有的土地，应当依法及时足额支付土地补偿费、安置补助费以及农村村民住宅、其他地上附着物和青苗等的补偿费用，并安排被征地农民的社会保障费用，保障被征地农民的生活，维护被征地农民的合法权益。

征收组织、个人的房屋以及其他不动产，应当依法给予征收补偿，维护被征收人的合法权益；征收个人住宅的，还应当保障被征收人的居住条件。

任何组织或者个人不得贪污、挪用、私分、截留、拖欠征收补偿费等费用。

详细解析

上述案例是房屋租赁合同纠纷案件，争议焦点在于被征收的房屋所有权何时转移。按照《民法典》第二百二十九条之规定，因人民法院、仲裁机构的法律文书或者人民政府的征收决定等，导致物权设立、变更、转让或者消灭的，自法律文书或者征收决定等生效时发生效力。故涉案房屋的所有权变更时间应当为安顺市平坝区人民政府对涉案房屋征收决定生效时间。因此，征收决定发布之日不能单纯地直接认定为房屋所有权发生转移之日，还需结合征收程序是否进行完毕，相关补偿是否补偿完毕等。

法院认为，征收是指国家基于公共利益的需要，政府依据法律规定的权限和程序以行政命令的方式强制将单位或者个人财产所有权或其他财产所有权变为国家所有并依法给予相应补偿的行为。政府在实际征收房屋过程中涉及公共利益与百姓利益，在考虑公共利益的同时也不能忽略百姓的利益。故一般应在结合公共利益、履行法定程序及是否给予补偿等后，综合认定征收决定效力及相应征收财产的所有权转移问题。

知识延伸

1. 什么是所有权？所有权人有哪些权利？

所有权是指在法律允许的范围内对所有的动产和不动产进行全面支配的物权，包括占有、使用、收益和处分的权利。也就是本人对自己享有所有权的动产或不动产，可以随意处置，不受其他人的干预。如自己的电脑，可以自己用，可以租给别人用，也可以转卖给其他人或丢弃等。

同时，所有权人有权在自己的不动产或者动产上设立用益物权和担保物权。用益物权人、担保物权人行使权利，不得损害所有权人的权益。如自己的房子可以出租给别人使用，给别人设立居住权，也可以抵押给银行，这都是所有权人的权利。

2. 国家何时可征收个人的不动产？

为了公共利益的需要，依照法律规定的权限和程序可以征收集体所有的土地和组织、个人的房屋以及其他不动产。基于此，征收行为有如下三个特征。

（1）强制性。符合公共利益的需要，相关部门就可以合法征收，无论所有权人同意与否。

（2）合法性。合法性体现在按照法律规定的权限和程序开展征收工作，不能违背法律的精神和规定，要符合公共利益的需要，这是基本的底线。

（3）不动产。征收的对象是不动产，是集体所有的土地和组织、个人的房屋以及其他不动产。

3. 征地补偿款有哪些？

关于征地补偿款，《民法典》第二百四十三条第二款规定，征收集体所有的土地，应当依法及时足额支付土地补偿费、安置补助费以及农村村民住宅、其他地上附着物和青苗等的补偿费用，并安排被征地农民的社会保障费用，保障被征地农民的生活，维护被征地农民的合法权益。

具体而言，包括土地补偿费、安置补偿费、青苗补偿费、农村村民住宅其他地上附着物补偿费、社会保障费等。具体各地有相应的征地补偿标准，如《湖南省人民政府关于调整湖南省征地补偿标准的通知（湘政发〔2021〕3号）》《厦门市人民政府关于调整征地补偿标准的通知（厦府〔2019〕430号）》等。

4. 征收房屋可获得哪些补偿？

关于征收房屋补偿款，《民法典》第二百四十三条第三款规定：征收组织、个人的房屋以及其他不动产,应当依法给予征收补偿,维护被征收人的合法权益;征收个人住宅的,还应当保障被征收人的居住条件。

《国有土地上房屋征收与补偿条例》第十七条规定:做出房屋征收决定的市、县级人民政府对被征收人给予的补偿包括以下几种。

(1)被征收房屋价值的补偿。

(2)因征收房屋造成的搬迁、临时安置的补偿。

(3)因征收房屋造成的停产停业损失的补偿。

市、县级人民政府应当制定补助和奖励办法,对被征收人给予补助和奖励。

《国有土地上房屋征收与补偿条例》第二十一条规定:被征收人可以选择货币补偿,也可以选择房屋产权调换。

被征收人选择房屋产权调换的,市、县级人民政府应当提供用于产权调换的房屋,并与被征收人计算、结清被征收房屋价值与用于产权调换房屋价值的差价。

因旧城区改建征收个人住宅,被征收人选择在改建地段进行房屋产权调换的,做出房屋征收决定的市、县级人民政府应当提供改建地段或者就近地段的房屋。

5. 哪些情形国家可以征收单位和个人财产?

《民法典》第二百四十五条规定:【征用】因抢险救灾、疫情防控等紧急需要,依照法律规定的权限和程序可以征用组织、个人的不动产或者动产。被征用的不动产或者动产使用后,应当返还被征用人。组织、个人的不动产或者动产被征用或者征用后毁损、灭失的,应当给予补偿。

征用是国家依照法律规定的条件将集体或个人的土地等财产收归公用的措施。根据上面法律的规定,征收的三个特点是:①公益性,即征用的目的是为了公共安全等需要,不能是为了某人的私利,这是基本的前提;②强制性,即符合条件的征用,不需要得到个人或单位的同意;③补偿性,即不动产或者动产被征用或者征用后毁损、灭失的,应当给予补偿。

风险提示

(1)所有权是法律赋予我们的一项基本权利,对于所有权人来说,合法处置自己的财产是我们的自由。同时,我们也不能侵犯他人的所有权。

(2)征地、征收、征用中,符合法律法规规定的条件是基本前提。对于当事人来说,维护自身在整个过程中的合法权益,也要遵守相关规范,同时监督整个过程的实施。

> **问题思考**
>
> （1）什么是公共利益？举例具体的情形。
> （2）个人财产被征收后损坏的，如何赔偿？
> （3）查找你当地的拆迁征收补偿标准。

第三节　国家所有和集体所有、私人所有的财产

关键词索引： 所有权　国家所有　集体所有

基础导入

各类财产从分类上看，无非是国家所有、集体所有和私人所有。对于不同的不动产和动产在归属上有不同的规定，区分好不同的所有权有利于各权利人行使各项权益。特别是涉及土地房产等各类资源的归属问题，是我们在实际生活中经常面对的问题。

详细解析

1　哪些财产归国家所有？

所谓国家所有，也就是全民所有。国有财产由国务院代表国家行使所有权。国家所有的财产主要有如下几种。
（1）矿藏、水流、海域。
（2）无居民海岛。
（3）城市的土地，以及法律规定属于国家所有的农村和城市郊区的土地。
（4）森林、山岭、草原、荒地、滩涂等自然资源（但是法律规定属于集体所有的除外）。
（5）法律规定属于国家所有的野生动植物资源。
（6）无线电频谱资源。

(7)法律规定属于国家所有的文物。
(8)国防资产。
(9)铁路、公路、电力设施、电信设施和油气管道等基础设施。

2 哪些财产归集体所有？

根据《民法典》第二百六十条规定，集体所有的不动产和动产包括以下几种。

(1)法律规定属于集体所有的土地和森林、山岭、草原、荒地、滩涂。
(2)集体所有的建筑物、生产设施、农田水利设施。
(3)集体所有的教育、科学、文化、卫生、体育等设施。
(4)集体所有的其他不动产和动产。

3 私人对其所有的财产有哪些权利？

除了国家所有、集体所有，其他的财产是私人所有的财产。私人对其合法的收入、房屋、生活用品、生产工具、原材料等不动产和动产享有所有权。同时，私人的合法财产受法律保护，禁止任何组织或者个人侵占、哄抢、破坏。

这里的私人不仅包括自然人主体，本国人、外国人及无国籍人，也包括各种类型的企业。国家、集体和私人依法可以出资设立有限责任公司、股份有限公司或者其他企业。国家、集体和私人所有的不动产或者动产投到企业的，由出资人按照约定或者出资比例享有资产收益、重大决策以及选择经营管理者等权利并履行义务。

问题思考

(1)地下挖到的古董文物，归谁所有？
(2)农村集体所有的财产，谁可以处置？
(3)自己的财产被别人侵占，如何维权？

第四节 业主权利、车位归属、广告费收入、业主委员会等小区问题

关键词索引：业主　小区争议

基础导入

小区中的各种物权相关问题是大家较为关注的内容，随着《民法典》的正式实施，大家较为热议的话题就是小区公共部位广告收入归属新规定、业主委员会决策比例的修改、小区停车位归属问题等，本小节内容将结合作者多年社会服务经历对相关问题进行论述。

详细解析

1　何为业主？

根据《最高人民法院关于审理建筑物区分所有权纠纷案件适用法律若干问题的解释》的相关规定，业主就是依法取得建筑物专有部分所有权的人，但实践中有一类需要特别注意的是，基于与建设单位之间的商品房买卖民事法律行为，已经合法占有建筑物专有部分，但尚未依法办理所有权登记的人，也可以认定为业主。

2　什么是业主的建筑物区分所有权？

所谓区分，就是业主对于建筑物的所有权分为：①对建筑物内的住宅、经营性用房等专有部分享有所有权；②对专有部分以外的共有部分享有共有和共同管理的权利。

专有部分的界定在《最高人民法院关于审理建筑物区分所有权纠纷案件适用法律若干问题的解释》第二条有明确规定，即建筑区划内符合下列条件的房屋，以及车位、摊位等特定空间。

（1）具有构造上的独立性，能够明确区分。

（2）具有利用上的独立性，可以排他使用。

（3）能够登记成为特定业主所有权的客体。

同时还规定，规划上专属于特定房屋，且建设单位销售时已经根据规划列入该特定房屋买卖合同中的露台等，应当认定为前款所称的专有部分的组成部分。

共有部分的界定在《最高人民法院关于审理建筑物区分所有权纠纷案件适用法律若干问题的解释》第三条有明确规定，除法律、行政法规规定的共有部分外，建筑区划内的以下部分，也应当认定为共有部分。

（1）建筑物的基础、承重结构、外墙、屋顶等基本结构部分，通道、楼梯、大堂等公共通行部分，消防、公共照明等附属设施、设备，避难层、设备层或者设备间等结构部分。

（2）其他不属于业主专有部分，也不属于市政公用部分或者其他权利人所有的场所及设施等。

3 业主对专有部分有哪些权利？

《民法典》第二百七十二条规定：【业主对专有部分的权利和义务】业主对其建筑物专有部分享有占有、使用、收益和处分的权利。业主行使权利不得危及建筑物的安全，不得损害其他业主的合法权益。

建筑物的专有部分是业主的独有"空间"，但这并不意味着业主可以随意处理其专有部分。之前就有相关案例，某人把自家承重墙拆了，影响了整栋楼的安全，这当然就是法律所禁止的，也就是上面法条中规定的"不得损害其他业主的合法权益"。

业主对于其专有部分，可以自己占有使用，也可以租给别人收取租金，还可以卖给别人、赠送给他人等，这些都是业主的基本权利。当其他人侵害业主的这些权利的时候，业主有权要求排除妨碍、赔偿损失等。

4 业主对小区共有部分有哪些权利？

《民法典》第二百七十三条规定：【业主对共有部分的权利和义务】业主对建筑物专有部分以外的共有部分，享有权利，承担义务；不得以放弃权利为由不履行义务。

业主转让建筑物内的住宅、经营性用房，其对共有部分享有的共有和共同管理的权利一并转让。

小区的共有部分属于全体业主所有，不是某些业主的私有财产。小区中经常发生有业主私自占用楼道等情形，都是违反本条的基本规定。有关小区共同停车位和广告位等后面将详细展开。

此前，广东省广州市中级人民法院就审结了一起八旬老人在老旧住宅加装电梯后申请补交出资使用的案件，法院认为案涉电梯属建筑物的共有部分，老人使用该电梯无须由业主共同决定，但需以交纳集资款为前提，故判决该老人在补交集资款后有权使用电梯。该判决明晰了老旧住宅加装电梯的物权归属及使用条件，同时也有利于弘扬和谐友爱、尊老爱老、邻里互助的社会主义核心价值观。

5 小区中的车位归谁所有？

车位、车库的归属问题在实务中仍有很多人存在争议，特别是对车位、车库的分类和所有权认定问题较为模糊，导致发生各类权属争议。

《民法典》第二百七十五条规定：【车位车库的归属】建筑区划内，规划用于停放汽车的车位、车库的归属，由当事人通过出售、附赠或者出租等方式约定。

占用业主共有的道路或者其他场地用于停放汽车的车位，属于业主共有。

因此，重点还是要看相关规划文件，如果载明该位置就是用来停车的，那就是专门的车位、车库，这些地方可以通过开发商出售产权、出租或者赠送等方式给相关当事人。

小区中部分车位是在公共场地或道路建造的，这部分就是全体业主共有的，不能由特定个人占为己有。当然需要特别明确的是，建筑区划内，规划用于停放汽车的车位、车库应当首先满足业主的需要。小区的车位在满足业主停车需要的基础上，才可以对外开放使用。同时，业主的停车费和外来停车费要有所区分，尽最大限度满足本小区业主的需要。

关于小区公共部位的共有问题，《民法典》第二百七十四条规定，建筑区划内的道路，属于业主共有，但是属于城镇公共道路的除外。建筑区划内的绿地，属于业主共有，但是属于城镇公共绿地或者明示属于个人的除外。建筑区划内的其他公共场所、公用设施和物业服务用房，属于业主共有。

6 业主大会、业主委员会成立的条件和程序

《民法典》第二百七十七条规定：【业主自治管理组织的设立及指导和协助】业主可以设立业主大会，选举业主委员会。业主大会、业主委员会成立的具体条件和程序，依照法律、法规的规定。地方人民政府有关部门、居民委员会应当对设立业主大会和选举业主委员会给予指导和协助。

相比之前《中华人民共和国物权法》的规定，《民法典》新增业主大会、业主委员会成立的具体条件和程序应当依照法律、法规的规定。这里的法规主要是国务院《物业管理条例》和各地的《物业管理条例》，而对于其他部门规章或各

地的政策文件都不能适用了，如住建部《业主大会和业主委员会指导规则》和各地的《业主大会和业主委员会指导规则》等。

同时，新的成立条件和程序明确除了地方政府有关部门外，居民委员会也应当对设立业主大会和选举业主委员会给予指导和协助。

特别说明的是，业主大会、业主委员会的成立对于充分发挥业主自治，充分及时解决当前社区中存在的遗留难点问题非常关键。如很多小区公用电线老旧、消防设施等存在安全隐患，要大面积修复动用维修基金的话，没有业主大会很难充分、及时、有效地解决。

7 业主决定表决比例的重大修改

《民法典》第二百七十八条规定：【业主共同决定事项及表决】下列事项由业主共同决定。

（1）制定和修改业主大会议事规则。
（2）制定和修改管理规约。
（3）选举业主委员会或者更换业主委员会成员。
（4）选聘和解聘物业服务企业或者其他管理人。
（5）使用建筑物及其附属设施的维修资金。
（6）筹集建筑物及其附属设施的维修资金。
（7）改建、重建建筑物及其附属设施。
（8）改变共有部分的用途或者利用共有部分从事经营活动。
（9）有关共有和共同管理权利的其他重大事项。

业主共同决定事项，应当由专有部分面积占比三分之二以上的业主且人数占比三分之二以上的业主参与表决。决定前款第六项至第八项规定的事项，应当经参与表决专有部分面积四分之三以上的业主且参与表决人数四分之三以上的业主同意。决定前款其他事项，应当经参与表决专有部分面积过半数的业主且参与表决人数过半数的业主同意。

业主可表决的事项，决定着社区共同管理的重大事项，如选聘和解聘物业服务企业或者其他管理人、筹集建筑物及其附属设施的维修资金、改变共有部分的用途或者利用共有部分从事经营活动等都是较为重要的内容。这也体现出业主大会、业主委员会在共同管理中的重大作用。

本次《民法典》相较于之前的规则，一是改变表决方式，之前的规定是"面积和人数双过半同意"（即经专有部分占建筑物总面积过半数的业主且占总人数过半数的业主同意），重大事项"双过2/3同意"，现在降低业主共同决定事项的表决门槛，即只要"双过2/3参与表决"即可，一般事项经参与表决的业主"双过半同意"，重大事项经参与表决的业主"双过3/4同意"，这也就大大提高了表决效率，防止因参与业主达不到标准而久久未决；二是大幅度降低使用维修基金的表决门槛，即由全体业主的"双过2/3同意"降为经参与表决的业主"双过半同意"即可，提高维修基金的使用效率；三是新增"改变共有部分的用途或者利用共有部分从事经营活动"须经参与表决的业主"双过3/4同意"，这也是社区中大家较为关注的，如公共部位的广告位、停车位等，需要更加规范地利用起来。

8 住改商的限制条件有哪些？

《民法典》第二百七十九条规定：【业主改变住宅用途的限制条件】业主不得违反法律、法规以及管理规约，将住宅改变为经营性用房。业主将住宅改变为经营性用房的，除遵守法律、法规以及管理规约外，应当经有利害关系的业主一致同意。

《最高人民法院关于审理建筑物区分所有权纠纷案件适用法律若干问题的解释》第十条规定：业主将住宅改变为经营性用房，未依据《民法典》第二百七十九条的规定经有利害关系的业主一致同意，有利害关系的业主请求排除妨害、消除危险、恢复原状或者赔偿损失的，人民法院应予支持。

将住宅改变为经营性用房的业主以多数有利害关系的业主同意其行为进行抗辩的，人民法院不予支持。

改变住宅用途的，需要得到利害关系的业主一致同意。如给其他业主造成损害的，则要承担排除妨害、消除危险、恢复原状或者赔偿损失等责任。关于"有利害关系的业主"，即本栋建筑物内的其他业主肯定是有利害关系的，至于本栋建筑物之外的业主，主张与自己有利害关系的，应证明其房屋价值、生活质量受到或者可能受到不利影响。

擅自改变住宅用途的，可能还会承担相应的行政责任。具体案例如下。

原告董某宇、刘某系某小区1单元3层1号房屋所有权人，该房屋用途为住宅。案外人张某系某小区1单元4层1号房屋所有权人，房屋用途亦为住宅，被告某某大酒店目前在该房屋经营，二原告房屋与被告经营的酒店相邻。

（改编自辽宁省大连市中级人民法院）

本案中某小区1单元4层1号房屋的所有权人是张某，房屋用途是住宅，并非商服用途，房屋的使用者将房屋擅自变更用途，并变更了房屋的建筑主体结构,影响了房屋的使用安全及相邻关系人的生活。法院认为,相关利害关系人可向有行政执法权的行政主管部门举报,由行政主管部门责令改正,并予以处理。相关处罚依据如下。

《住宅室内装饰装修管理办法》第五条规定:住宅室内装饰装修活动,禁止下列行为。

(1)未经原设计单位或者具有相应资质等级的设计单位提出设计方案,变动建筑主体和承重结构。

(2)将没有防水要求的房间或者阳台改为卫生间、厨房间。

(3)扩大承重墙上原有的门窗尺寸,拆除连接阳台的砖、混凝土墙体。

(4)损坏房屋原有节能设施,降低节能效果。

(5)其他影响建筑结构和使用安全的行为。

该法第三十八条、第三十九条规定,住宅室内装饰装修活动有违法行为的,由城市房地产行政主管部门责令改正,并处罚款。

《建设工程质量管理条例》第十五条第二款规定,房屋建筑使用者在装修过程中,不得擅自变动房屋建筑主体和承重结构。第六十九条第一款规定,违反本条例规定,涉及建筑主体或者承重结构变动的装修工程,没有设计方案擅自施工的,责令改正,处 50 万元以上 100 万元以下的罚款;房屋建筑使用者在装修过程中擅自变动房屋建筑主体和承重结构的,责令改正,处 5 万元以上 10 万元以下的罚款。

9 业主大会或者业主委员会的决定,对全体业主有效

《民法典》第二百八十条规定:【业主大会、业主委员会决定的效力】业主大会或者业主委员会的决定,对业主具有法律约束力。

业主大会或者业主委员会做出的决定侵害业主合法权益的,受侵害的业主可以请求人民法院予以撤销。

业主大会或业主委员会按照合法程序做出的决定,对全体业主有效,个别业主不能以对他不适用等为由不履行或服从决定。当然,业主大会或业主委员会做出的决定如果有问题,违反程序或是损害业主的合法权益的,则可以请求人民法院撤销该决定。

《最高人民法院关于审理建筑物区分所有权纠纷案件适用法律若干问题的解释》第十二条规定:业主以业主大会或者业主委员会做出的决定侵害其合法权益或者违反了法律规定的程序为由,依据《民法典》第二百八十条第二款的规定请求人民法院撤销该决定的,应当在知道或者应当知道业主大会或者业主委员会作

出决定之日起一年内行使。

如下是业主委员会决策比例不符合《民法典》最新规定,做出的决定被撤销的案例,借此可以同步回顾上面"业主决定表决比例的重大修改"这部分内容。

四原告系某小区业主,该园区于2020年5月28日成立业主委员会。2020年12月3日,小区业主委员会向业主发出召开首届业主大会的通知,业主大会的议题共三项:①是否同意和现物业公司签订合同;②如不同意和现物业公司签订合同,是否同意业主委员会邀标选聘品牌物业服务企业并委托专业招标代理机构具体实施;③是否同意业主委员会拟定的物业服务合同及服务标准。2021年1月26日,业主委员会发布业主大会会议决议事项公告:"小区业主大会于2021年1月26日上午9点在社区会议室进行开箱统计……业主大会应当有物业管理区域内专有部分占建筑物总面积过半数的业主并且占人数过半数的业主参加。本小区业主户数为1632户,建筑物总面积为222 631.21平方米,表决票为1085张,占业主人数66.5%,表决面积为136 863.18平方米,占建筑物面积的61.4%,按照《业主大会议事规则》的约定,已通知到表决的业主在规定时间内不反馈意见或弃权意见的,视为表决的多数意见。本次业主大会的讨论议题共有以下三项,现将表决结果公告如下。①是否同意和现物业公司签订合同。同意的有23户,不同意的有1085户;②如不同意和现物业公司签订合同,是否同意公开向社会邀标选聘品牌物业服务企业并委托专业招标代理机构具体实施。同意的有1085户,不同意的有23户……但该次公告未将园区未销售面积统计入会议表决面积当中,故2021年2月21日再次发布业主大会决议:"因大东区房产局要求,本次业主大会调查问卷必须将未竣工验收的2某楼和4某楼都纳入计票结果中,现将业主大会决议调整为如下内容并重新公示:小区业主大会于2020年12月20日召开,议题共计三项……2021年1月26日上午9时在会议室对投票进行开箱统计。经检查、核实,表决结果如下:本小区共1633户,建筑物总面积为272 093.14平方米,发出选票1108张,收回1108张,经计票统计:①同意现物业公司继续服务并与之签订合同的有23票,不同意的有1085票;②同意公开选聘品牌物业服务企业并委托专业招标代理机构具体实施的有1085票,不同意的有23票;③同意业主委员会拟定的物业服务合同及标准的有1085票,不同意的有23票。根据小区《业主大会议事规则》《管理规约》的规定,此次表决同意公开向社会招标选聘品牌物业服务企业并委托专业招标代理机构具体实施和同意业主委员会拟定的物业服务合同及服务标准的投票权数及专有部分建筑面积超过总票数权数及建筑物面积的二分之一(表决票1085张,占业主人数的66.4%,表决面积

136 863.18 平方米，占建筑物总面积的 50.3%）。"决议做出后，业主委员会与物业公司于 2021 年 4 月 18 日签订了物业服务合同，但因部分区业主不同意业主大会决议，新物业公司未进驻小区。

请问，业主委员会做出的几项决议能够被撤销吗？

（改编自辽宁省沈阳市中级人民法院）

上述案件中涉及业主大会、业主委员会所做决定的效力问题，根据上述法律的规定，如果决策的流程和内容有问题，是可以被撤销的，因此本案中最大的争议点就是明确参与表决比例的合法性问题。

业主人数按照专有部分的数量计算，一个专有部分按一人计算。但建设单位尚未出售和虽已出售但尚未交付的部分，以及同一买受人拥有一个以上专有部分的，按一人计算。本案中，从 2021 年 1 月 26 日和 2021 年 2 月 21 日两次决议来看，园区共 1633 户（包括开发商），同意解聘原物业服务企业、选聘新物业服务企业的业主为 1085 户，同意人数占比 66.4%，人数符合《民法典》规定的参与表决和通过的规定。但同意解聘原物业服务企业、选聘新物业服务企业的表决专有面积为 50.3%，未达到《民法典》关于专有部分面积占比三分之二以上参与表决的规定，故业主大会 2021 年 1 月 26 日和 2021 年 2 月 21 日做出的两次业主大会决议，均违反上述法律规定，应予撤销。

10 物业用小区公共部位经营收益归全体业主所有

《民法典》第二百八十二条规定：【共有部分的收入分配】建设单位、物业服务企业或者其他管理人等利用业主的共有部分产生的收入，在扣除合理成本之后，属于业主共有。

此前对于小区共有部分的经营收入没有统一规定，大多由物业公司所有或分配，此问题也是业主跟物业公司争议的主要问题之一。按照最新《民法典》的规定，共有部分的收入，在扣除合理的成本之后，由业主共同所有。这部分收入主要是外墙面广告、电梯广告、公共部位停车费等，实践中较为重要的是确定合法成本的证据材料，以及业主对于这部分收入的合规使用问题。

物业公司如果存在不公开公共收益和拒不分配公共收益的侵权行为，根据《民法典》第二百八十七条规定，业主有权请求物业承担民事责任。成立业主委员会的小区，由业主委员会代表全体业主向法院提起民事诉讼。业主委员会既可以请求物业将扣除合理成本后的公共收益用于补充专项维修资金，也可以请求物业返还扣除合理成本后的公共收益，再进行分配。

另外，业主或业主委员会还可以向有关行政机关投诉举报。根据《物业管理条例》的规定，建设单位、物业服务企业或者其他管理人的上述行为除了构成民事侵权外，同时还构成行政违法。根据《物业管理条例》第六十三条的规定，相关主管部门可以对其做出罚款的行政处罚。

下面是一个典型案例。

2011年11月至2021年4月30日，某物业公司为该市某小区提供物业服务，对属于业主共有的停车位、电梯轿厢、单元门灯箱等区域对外出租经营，获得的收益从未向业主公示，更没有分配给业主。2021年2月，该小区成立第一届业主委员会后，依法解除了与物业公司之间的物业服务合同，物业公司从该小区撤走。

小区业主委员会一直要求物业公司公开账目，将公共区域收益返还给业主，但始终被拒绝。物业公司撤出小区后，遗留下一台工作电脑。业主委员会请来专业人员复原了电脑硬盘中的数据，找到了前物业公司利用小区地面停车位收取费用的具体数据，又联系到在小区里投放电梯广告的商家和布设饮水机、快递柜的商家，找到这些商家和物业公司合作期间的账目或发票，获取了小区各类公共区域具体收益的相关证据。

（改编自安徽省蚌埠市蚌山区人民法院）

法院审理后认为，依照《民法典》规定，建设单位、物业服务企业或者其他管理人利用业主的共有部分产生的收入，在扣除合理成本之后，属于业主共有。小区业主委员会主张物业公司返还地上临时停车位租金收益、电梯广告收入和布设饮水机、快递柜租金，予以支持。根据公平原则，酌情扣除30%的运营成本，物业公司应返还小区业主委员会的公共收益37万余元。

11 业主在疫情防控、垃圾分类等方面的义务和责任

《民法典》第二百八十六条规定：【业主的相关义务和责任】业主应当遵守法律、法规以及管理规约，相关行为应当符合节约资源、保护生态环境的要求。对于物业服务企业或者其他管理人执行政府依法实施的应急处置措施和其他管理措施，业主应当依法予以配合。

业主大会或者业主委员会，对任意弃置垃圾、排放污染物或者噪声、违反规定饲养动物、违章搭建、侵占通道、拒付物业费等损害他人合法权益的行为，有权依照法律、法规以及管理规约，请求行为人停止侵害、排除妨碍、消除危险、恢复原状、赔偿损失。

业主或者其他行为人拒不履行相关义务的，有关当事人可以向有关行政主管部门报告或者投诉，有关行政主管部门应当依法处理。

作为业主应该遵守法律、法规和社区管理规约等要求规范，在环境保护、饲养动物、疫情防控、社区安全等方面积极配合物业和执法部门的工作。当业主发生损害他人合法权益的行为时，业主大会或业主委员会有权请求他们停止侵害、排除妨碍、消除危险、恢复原状、赔偿损失等，但毕竟业主大会或业主委员会不是执法部门，当业主仍不履行的时候，只能让相关行政主管部门依法处理了。

如业主违反管理规约的规定擅自封阳台，物业公司、业主大会、业主委员会可以要求业主拆除，但不能采取"强拆"等进一步措施，只能向城管执法主管部门报告或投诉，由他们依法处理。

问题思考

（1）家里要装修等事情，要告知物业公司吗？
（2）小区公共维修资金一般怎么使用？
（3）小区没有业主委员会，业主如何维权？

第五节　邻里之间的相邻权纠纷

关键词索引：相邻关系

案例导入

李某龙与常某海、欧某荣系邻居，常某海、欧某荣住前院，李某龙住后院。常某海、欧某荣北侧院墙与李某龙南侧院墙之间缝隙狭窄，东侧缝隙宽约4～5厘米，西侧缝隙宽约10厘米。常某海、欧某荣在其北正房后建设彩钢棚，彩钢棚向后倾斜，雨水自北正房人字形屋顶后坡及彩钢棚顶下泄可冲刷李某龙南侧院墙。李某龙与常某海、欧某荣宅院均开南门，其门外街道为大致南北走向，南与主街道相连。在常某海、欧某荣宅院外东侧、街道西侧长有一棵榆树、一棵核桃树，安装有一根电线杆。经现场勘查，树木及电线杆均位于街道西侧，榆树距离道路最近，自榆树根部至街道东侧路边，路面宽约2.6米。榆树、核桃树距离李某龙北正房目测约 20 余米。榆树冠对李某龙屋内视线有一定影响，但对房屋采光不构成实质性妨害。

（改编自北京市第三中级人民法院）

📑 法条链接

《民法典》第二百八十八条规定：【处理相邻关系的原则】不动产的相邻权利人应当按照有利生产、方便生活、团结互助、公平合理的原则，正确处理相邻关系。

《民法典》第二百八十九条规定：【处理相邻关系的法律依据】法律、法规对处理相邻关系有规定的，依照其规定；法律、法规没有规定的，可以按照当地习惯。

✍ 详细解析

上述案例是排除妨害纠纷案件，在处理相邻关系纠纷的时候，基本原则是有利生产、方便生活、团结互助、公平合理。同时也需要依据法律法规的规定，没有相关规定的，尊重当地的习惯处理。

在本案中，对于树木等影响李某龙出行的问题，李某龙出行的道路本身就狭窄，属于自然原因形成，并非常某海、欧某荣的原因造成的；另外，涉案的榆树也生长了几十年，且榆树到道路另一侧的距离至少为 2.5 米，足够一辆小轿车通行，只是车辆出行时要多注意两侧的距离，但不至于导致车辆不能通行，道路的狭窄是自然原因形成的，在能够通行的情况下，尽量保持树木的生长，也有利于环境。电线杆等距离道路比榆树远，不需要移除。对于树木影响李某龙房屋采光的问题，涉案的两棵树在李某龙的院墙外，主要是树冠对房屋的采光有一定影响；但从具体的影响程度来看，在夏天等气温较高时，因太阳光的照射角度，树冠不会对李某龙的房屋采光造成太大影响；在冬季等气温较低时，树冠上的树叶已落，树枝不会遮挡太多阳光，虽有一定影响，但不会严重影响，且树木具有改善环境、美化环境的益处，在未严重影响到房屋采光时，不宜砍伐。

📖 知识延伸

1. 什么是相邻关系？

相邻关系是指两个以上不动产所有人、用益物权人或者占有人，在用水、排水、通行、通风等方面根据法律规定产生的权利、义务关系。从本质上来讲就是相邻不动产的权利人行使其权利的一种延伸或限制。

2. 相邻关系纠纷的特点是什么？

从近年来相邻关系纠纷案件的类型来看，呈现出相邻纠纷成因复杂、调解难、专业性较强、执行难等特点。虽然相邻关系都是邻里之间的"小事"，但影响面确实越来越大，对村民来说都是每家的"大事"，从邻里和谐的角度来看，也需要尽快解决纠纷，促进矛盾化解。

对于相邻关系纠纷的诉讼流程，2021年新修正的《最高人民法院关于适用简易程序审理民事案件的若干规定》中明确规定：宅基地和相邻关系纠纷，人民法院在开庭审理时应当先行调解。

3. 处理相邻关系的原则和依据是什么？

处理相邻关系的时候，按照有利生产、方便生活、团结互助、公平合理的原则正确处理。

法律、法规对处理相邻关系有规定的，依照其规定；法律、法规没有规定的，可以按照当地习惯。

这里特别强调"当地习惯"的重要性，此种习惯来源于长期积累的历史或当地文化所形成的，类似公序良俗的基本理念，是固有保留下来的价值观或现状。此类案件在实践中较多，如下述典型案例。

2021年8、9月份，谷某国在长春岭镇东街路南买下两座民房，该民房东临郑某君住宅。之后，谷某国将一棺木摆放在其院落东南侧石板上，旁边就是郑某君的柴堆和厕所。该棺木倾斜摆放，头部朝着郑某君外部入户门的位置，上盖打开着。该棺木长265.5厘米，头部高105厘米，尾部高92厘米，底下石板高110厘米，石板加棺木头部位置高215厘米，高于其存放处东侧院墙75厘米。由于风吹日晒，该棺木的油漆及其上面绘制的图案已发生脱落。之后，郑某君向长春岭镇派出所、长春岭镇人民政府以及街道办事处反映情况，当地派出所、市场监督管理局、镇民政、街道办等派员进行处理，对谷某国进行批评教育，但谷某国并未将棺木移走。谷某国提交了其母亲的住院病历两份，称所摆放的棺木并非用于出售，而是为其母亲准备，且棺木摆放在自家院内，不会对郑某君产生损害，而且法律对此也没有明文规定。

（改编自吉林省扶余县人民法院）

上述案件中，被告谷某国主张摆放棺木没有违反法律规定，不侵害邻居的权益。在没有法律法规规定的情况下，需要依据当地习惯来处理相邻关系纠纷。

通俗的理解是，棺木作为一种物品，因其用于存放死者的遗体使其具有一定的特殊性，人们在见到棺木时往往就会与死亡、恐惧等负面的词语相联系，使人的身心都处于一种惊恐的状态。虽然死亡是人的必然归宿，但很少有人能正面死亡，对于与之相关的物品人们大多持一种避而远之的态度。对该类物品，特别是棺木的存放，往往是处于一种相对封闭的环境，即使短时间在室外存放，也会采用遮盖的方式避免对他人造成影响。谷某国虽在其院内存放棺木，但该棺木并未直接置于地面，而是放在石板的上面，高出东侧院墙75厘米，且棺木上盖微开，倾斜摆放，头部直对郑某君入户门，紧邻郑某君院内的厕所。一进入郑某君院内入户门处，就能看见谷某国院内的棺木；去上厕所时，棺木就在头上。谷某国在其院内存放棺木的行为严重影响了郑某君的出行及日常生活，因此需要移走棺木，停止侵害。

风险提示

相邻关系事关大家生活中的大小事，和谐健康的邻里关系有助于提升大家的生活品质。邻里之间应当遵循团结互助、合法公平的原则，尊重历史传统和固有习惯，及时止损，避免矛盾升级。

问题思考

（1）相邻关系的界限范围是什么？
（2）相邻关系的纠纷内容主要是哪些？
（3）当地习惯的认定标准是什么？

第六节 相邻关系纠纷的处理

关键词索引：相邻关系

基础导入

邻居之间发生邻里纠纷的情况时有发生，主要集中在通风、采光、私自改装等方面。有关邻里纠纷的主要争议内容，《民法典》单独设有"相邻关系"小节进行阐述，对相邻关系纠纷的基本内容进行了规范。具体规定在《民法典》第二百九十条至第二百九十六条。下面将通过案例进行解析。

详细解析

1 用水、排水相邻关系纠纷如何处理？

《民法典》第二百九十条规定：【用水、排水相邻关系】不动产权利人应当为相邻权利人用水、排水提供必要的便利。

对自然流水的利用，应当在不动产的相邻权利人之间合理分配。对自然流水的排放，应当尊重自然流向。

相邻关系纠纷中有关用水、排水的问题时有发生，此类问题要尊重自然规律和当地固有习惯，类似案例如下。

吴某斤、龙某贵与吴某云、龙某妹均系贵州省松桃苗族自治县的村民。吴某斤一户在"本寨子"（小地名）承包了2丘（丘，量词，1丘≈6666.67平方米）责任田，与吴某云一户同在此处承包的1丘责任田相邻。吴某斤的责任田在吴某云责任田的上方。后双方都把农田改为旱地种庄稼。吴某斤家责任田历来都是从田的两边排水。在把田改成旱地后，吴某斤为了排水方便，就在田埂的中间新开了一个排水口，并安装水泥管，将水直接排入吴某云家承包地，从而影响了吴某云的耕种，吴某云则用混凝土将水泥管堵塞，双方因此发生纠纷。

（改编自贵州省铜仁地区中级人民法院）

本案即典型的排水相关的相邻纠纷，争议点则是吴某云、龙某妹的行为是否妨害了吴某斤、龙某贵家的相邻排水权益。法院认为，不动产的相邻权利人应当按照有利生产、方便生活、团结互助、公平合理的原则，正确处理相邻关系。对自然流水的利用，应当在不动产的相邻权利人之间合理分配。对自然流水的排放，应当尊重自然流向。本案中，吴某斤、龙某贵重新开挖排水沟并安装水泥管，违背了历史原状和水的自然流向，对于处于较低位置的吴某云、龙某妹责任地的耕种产生不便。吴某云、龙某妹堵塞吴某斤、龙某贵新开排水沟的行为并未妨害其排水权益。

2 通行相邻关系纠纷如何处理？

《民法典》第二百九十一条规定：【通行相邻关系】不动产权利人对相邻权利人因通行等必须利用其土地的，应当提供必要的便利。

通行的权利能够保证相邻权利人基本的通行便利，通道的选择可能是基于历史固有形成的，也可能是基于现实通行需要，没有通行权的保障会严重影响相邻方的权益实现。此类问题在农村宅基地、田亩、城镇住宅等相邻用地争议中时常发生，如下是一个典型案例。

  夏某莲、商某贵、商某兵均系黄梅县张湖原种场三角湖分场居民，双方房屋均坐北朝南，斜向前后毗邻，夏某莲房屋位于商某贵、商某兵房屋的西北后排，商某贵、商某兵家房屋北面后方为一空地，东西宽约 5 米、南北长约 10 米，为两家共同利用堆放杂物或作为出入通道。夏某莲老宅向东对着该空地开有院门且其东边原为附属厨房设施。两家因相邻用地争议经基层组织协调，曾在 1991 年 11 月 18 日签订了《关于宅基地的协议》，双方约定："……二、夏某莲围院墙大门，如需向东边方向围墙，必须以商某贵西边山墙为起点留一米内空，以北边墙为准留 1.7 米内空，以方便商某贵进出……四、夏某莲院围墙大门口长 4 米以内商某贵、商某兵不得堆放柴草杂物，并保证夏某莲机动车辆通行（以手扶拖拉机为准），双方不得在夏某莲大门口及商某贵、商某兵后侧门区域做出有碍公共卫生的事。"2020 年夏某莲将其旧宅翻建，将东边附属厨房拆除，沿着原有的附属房屋地基线建成主建筑。2020 年 11 月，商某贵在其房屋后方共用区域搭建宽约三米、深约三米的铁皮棚屋，与夏某莲院门间距 1 米左右，因商某贵、商某兵新建的铁皮棚屋与院门距离仅有一米左右间距，双方由此产生纠纷，经基层组织和公安部门协调无果，由此成讼。夏某莲新建房屋北面围有院墙，与后排间隔约 4 米，也开有院门。

（改编自湖北省黄冈市中级人民法院）

  上述案例中，根据双方签订的协议可知，商某贵违反协议约定，占用历史通道未经批准违章搭建铁皮棚，妨碍了夏某莲的通行权，应当拆除铁皮棚，保证历史通道的通行通畅。

3 公用设施建设需要利用相邻土地的纠纷如何处理？

  《民法典》第二百九十二条规定：【相邻土地的利用】不动产权利人因建造、修缮建筑物以及铺设电线、电缆、水管、暖气和燃气管线等必须利用相邻土地、建筑物的，该土地、建筑物的权利人应当提供必要的便利。

  该问题也不难理解，如果在铺设公共管线的时候不能利用邻居家房屋经过的话，就无法保障公共基础设施的建设。因此，为他人在建造、修缮建筑物以及铺设电线、电缆、水管、暖气和燃气管线等提供便利是必然之事。如下是一个典型报道案例。

庞某是淮南市谢家集区一栋4层房屋的产权人。2021年8月24日，淮南中燃城市燃气发展有限公司（以下简称淮南中燃公司）因施工需要，按照规划设计，在庞某所有的房屋外墙沿下安装燃气管道。庞某诉至淮南市谢家集区人民法院提出，淮南中燃公司擅自在庞某的房屋墙沿下安装燃气管道，侵犯了其房屋使用权。淮南中燃公司安装管道具有营利性，并非是完全的公益事业，不能要求庞某牺牲自己的利益满足淮南中燃公司的利益。即便庞某房屋外墙是燃气管道通行的唯一途径，也应当事先与庞某沟通并支付使用费用，才能安装。庞某请求法院判令淮南中燃公司拆除燃气管道及设施。

（改编自安徽省淮南市中级人民法院）

本案中，从整体国家政策角度而言，推进燃气下乡，支持建设安全可靠的乡村储气站和微管网供气系统，符合乡村振兴战略和国家政策的要求。庞某主张淮南中燃公司在其房屋外墙安装燃气管道的行为侵害其物权，要求拆除，但淮南中燃公司在涉案房屋的外墙沿下的部分架设燃气管道的行为未违反国家标准和相关规定。庞某也没有举证证明因涉案燃气管道的铺设对其房屋造成损害及使用不便。淮南中燃公司作为"燃气下乡工程"的具体实施部门，委托相关规划单位对当地乡镇镇区庭院及户内燃气管道工程进行了相应的设计规划，按照该规划设计线路，庞某所有的房屋系该燃气管道的必经之地。淮南中燃公司对案涉燃气管道的安装，符合国家标准和相关规定。

因此，庞某作为不动产权利人在淮南中燃公司因铺设燃气管道必须利用其建筑物时，应当提供必要的便利。

4 通风、采光和日照等相邻纠纷如何处理？

《民法典》第二百九十三条规定：【相邻通风、采光和日照】建造建筑物，不得违反国家有关工程建设标准，不得妨碍相邻建筑物的通风、采光和日照。

随着建筑物的密集建造，有关通风、采光和日照的相关纠纷就出现了，而此类问题的争议也比较大，难点在于相关标准的确定，更多仍然依靠固有经验和常识判断。往往乡村很多相邻宅基地建造过程中就容易出现此类问题。近年来城镇密集型发展中也有相关问题，案例如下。

刘某海系北京市某号楼1301号房屋（以下简称1301号房屋）的权利人，王某花系1302号房屋的权利人，上述两套房屋均为拆迁安置房。1301号房屋与1302号房屋相邻，1301号房屋次卧窗户与1302号房屋次卧窗户、厨房窗户成对角相邻。

王某花于 2021 年 1 月 9 日收房，同年 1 月 10 日与小区物业北京康奇物业管理有限公司签署《装修施工告知单》，《装修施工告知单》第四条约定，为了社区整体美观整齐，居民安装防护栏严格遵守标准化社区规范要求，统一材质（不锈钢）、颜色、尺寸标准，护栏支出不得超过 50 厘米，上下左右不得超过 10 厘米，围挡不超过 20 厘米，颜色与外墙体一致，为了整齐规划，业主安装时不得随意增加尺寸标准。王某花于 2021 年 1 月底安装次卧、厨房窗户护栏。

庭审中，刘某海主张王某花安装的护栏主要影响其视线和采光。为证明其主张，刘某海提交照片 5 张，照片显示 1302 号房屋次卧及厨房防护栏突出墙体，1302 号房屋次卧和厨房外墙上有护栏光影。王某花对照片的真实性认可，但认为上述照片不能证明刘某海的证明目的。王某花提交同小区其他住户安装护栏的照片，主张其他住户也安装了护栏。经质证，刘某海对照片的真实性认可，称王某花家的护栏对其造成影响。

案件审理期间，法院至涉案房屋进行现场勘验，发现 1302 号房屋次卧的窗户安装了防护栏，防护栏为 50 厘米，厨房的窗户亦安装了护栏，厨房窗户在次卧窗户右侧；1302 号房屋次卧窗户防护栏距 1301 号房屋次卧窗户 90 厘米，1301 号房屋次卧窗户宽 82 厘米；1301 号房屋次卧窗户右侧为 1302 号房屋次卧墙壁，左侧无遮挡。

请问，刘某海主张王某花安装的护栏影响其视线和采光成立吗？

（改编自北京市第一中级人民法院）

上述案件是因加装护栏而引发的采光等问题，建筑装修的时候有一定的规范，一方面需要严格遵守相应规范和标准，另一方面也要考虑带来的实际影响。本案中，王某花按照物业公司规定的尺寸加装护栏，系出于其生活需要，且并未有法律法规及规章不允许其加装护栏。现刘某海称王某花家的护栏遮挡了其视线并影响其房屋的采光。经法院现场勘查并听取双方当事人的意见，法院认为，虽然王某花所安装护栏在某种程度上对刘某海向外观看的视线有所影响，但即便没有该护栏，从刘某海涉案房屋向外观看的景观也只是高楼，护栏的安装对此并未造成实质性影响。关于采光问题，王某花的次卧窗户外护栏与刘某海次卧窗户有一定距离，王某花安装的护栏未超过物业公司规定的标准，且护栏并非实心遮挡物，现有证据不能证明在王某花安装护栏后对刘某海家的采光构成了较大影响，且该建筑物本身设计及建造的结构特点亦会对刘长海家涉案房间的采光造成影响，因此法院也没有支持拆除事宜。

5 相邻污染侵害纠纷如何处理？

《民法典》第二百九十四条规定：【相邻不动产不可量物侵害】不动产权利人不得违反国家规定弃置固体废物，排放大气污染物、水污染物、土壤污染物、噪声、光辐射、电磁辐射等有害物质。

本条规定的不可量物侵害是建立在违反国家相关规定的基础上的，如果相关企业或个人排放污染物符合相关标准规定，那就是合法的行为。相关损害纠纷需要结合《中华人民共和国环境保护法》的相关规定，同时《民法典》侵权责任编中也有相关环境污染侵权的规定。

实践中，对于诸如气体污染等环境污染的标准认定方面仍不统一，且相关鉴定存在滞后，不能还原当时污染现状，对于证据收集举证方面存在一定难度，这就造成损害赔偿方面存在一定维权难度，如下是企业之间因装修污染的典型案例。

2019年7月1日，元康公司在装修时未关门，散发的刺激性气味影响了煜辰公司的乒乓球培训班正常上课。煜辰公司的法定代表人鲍某栩通过微信与元康公司的股东但某均交涉，但某均在微信中谈到"今天在铺地板，开始他们没有关门，刚才物管给我说了，我给工人说，把门关好，今天工程就结束了，不好意思哈""我给工人说了的，叫他们关门，我主要上午来看了一下就走了。那个地胶衔接需要加热，所以臭，那个味经过空调系统传出去，肯定很难闻。没事，如果你们的学生因为我们的臭味出现了问题，我们该赔偿就赔偿，这个肯定也不敢赖账"。

元康公司经营的商铺装修完成后，于2019年7月26日自行委托重庆迪泰科建设工程检测有限公司（具有室内环境质量检测资质）对煜辰公司篮球馆进行室内空气质量采样检测，并于次日出具室内空气质量检测报告，报告中采样点有三个，但未记录监测前封闭的时间，报告载明：煜辰公司篮球馆室内大门左侧、右侧的TVOC（总挥发性有机化合物）检测结果分别为0.76、0.74，不符合$\leq 0.6mg/m^3$的《民用建筑工程室内环境污染控制规范》。

（改编自重庆市第五中级人民法院）

关于上述案件中环境污染是否构成相邻污染侵害的问题，由于刺激性气体对人身的伤害具有敏感性、潜在性和个体差异性等特点，不同人群对TVOC的敏感度均不完全相同，且随时间变化其浓度也会发生衰减，对TVOC含量是否超标进行准确检测或鉴定具有较大难度，因而司法实践中认定刺激性气体是否构成环境侵权也缺乏统一尺度。鉴于本案受理时案发现场的刺激性气体已逐渐挥发、消散，无法通过法官的现场感受进行判断。同时，由于样本气体具有挥发性和抽样的不准确性，不能简单以检测结果中 TVOC 的含量是否超标作为评判标准。因此，人民法院认定排放刺激性气体是否构成环境侵权，应当参照我国住房和城乡建设部《民用建筑工程室内环境污染控制规范》《室内空气质量标准》等国家标准（即 TVOC 等污染物含量是否超标），并结合其是否超出一般公众可容忍度范围，是否对未成年人等特殊易感人群造成不良反应，是否对事发区域不特定多数人的正常生产、生活造成严重影响等多种因素进行综合判定。对于是否超出一般公众可容忍度范围，可以根据一般公众因刺激性气体出现身体不适、儿童等特殊易感人群就医证明及参考专家意见等因素认定。据此，元康公司作为不动产管理与使用人，在室内装修过程中未采取足够防护措施致使 TVOC 等污染物质持续释放，致周围群众因刺激性气体出现身体不适，在煜辰公司参加乒乓球培训的部分儿童出现头晕、头痛、胸闷、呕吐等症状入院就医，且其在事发近一个月后的空气检测结果中该污染物含量仍超过国家标准，并最终产生煜辰公司受此影响因受训学员退学退费而被迫短暂停业的不利后果，因此，元康公司的行为已构成相邻污染侵害。

6 相邻不动产安全侵害纠纷如何处理？

《民法典》第二百九十五条规定：【维护相邻不动产安全】不动产权利人挖掘土地、建造建筑物、铺设管线以及安装设备等，不得危及相邻不动产的安全。

相邻关系中不动产的安全是需要多方共同保障的，也就是一方当事人在建造房屋、铺设管线等类似行为的时候不能损害危及其他周边不动产的安全。这类似于房屋所有权人不能侵害其他业主的权益一样，确保整体的安全有序。

如下述案例中出现的排水危及相邻房屋安全问题，在实践中应当在建造初期就考虑并予以避免。典型案例如下。

原告罗某林与被告罗某友同是郸城县新城区后罗堂居委会后罗堂村人，系前后邻里关系，原告罗某林家在被告罗某友家南边。原告罗某林家居住的是老宅子，东西长 15.6 米，南北宽 16.2 米，面积为 252.72 平方米，东邻胡同，胡同东面是罗某忠，南邻坟地，北邻罗某友，西邻罗某安。2009 年，原告罗某林在该处宅基地上建两层半楼房，并在此居住。原告在建房时未预留滴水区，原告家后墙与西边一家后墙一致。被告罗某友建的房子也是两层半，宅基地上面建筑物全覆盖，楼房南边是棚子，棚子南边边沿有排水槽，房子和棚子上安装的有下水管，下雨时房子和棚子上的雨水可以通过下水管流到下面。2021年3月份，被告在自家院子南部与原告后墙相邻处进行了硬化，并在原告房屋后墙北53厘米处建了一个矮墙，矮墙与原告的后墙之间形成一个排水道，此矮墙东西两头与被告东边的门楼、西边的偏房南墙相连接，长9米，矮墙顶部南边距排水道底部52厘米，北边距地面59厘米。排水道东边堵头底部是预制楼板，楼板有四个孔，楼板下面有小空隙，可以流水。被告把自己的房屋租赁给一个施工队作为办公用房，有十七八个人使用。被告家居住人员在此排水道内堆放有杂物，在矮墙北相邻处有一个下水道入口。上述事实，有原告提供的新城街道罗堂社区居民委员会证明、现场照片、被告提供的现场拍照、法院现场勘察记录及拍照等，以及当事人、委托诉讼代理人陈述在卷为证。

（改编自河南省周口市中级人民法院）

本案中，罗某林和罗某友系前后邻居关系。罗某友为了排水方便在罗某林房屋后墙北53厘米处修建高约50多厘米的矮墙，使该矮墙与罗某林的房屋后墙之间事实上形成了一个狭窄的排水通道。罗某林房屋的雨水和罗某友院内简易棚的雨水均通过此通道向外排出，且罗某友在修建时对该排水通道内部未进行防水处理，在排水量较大时难以迅速排出，天长日久，势必会对罗某林的房屋后墙造成一定的不利影响。这就是危及相邻不动产安全的情形。

7 屋顶漏水造成的侵害纠纷如何处理？

《民法典》第二百九十六条规定：【使用相邻不动产避免造成损害】不动产权利人因用水、排水、通行、铺设管线等利用相邻不动产的，应当尽量避免对相邻的不动产权利人造成损害。

利用相邻的不动产进行用水、排水、通行、铺设管线等是必然会发生的，妥善利用好相邻不动产，避免造成损害。最常见的就是房屋漏水问题，屋顶漏水是谁的问题呢？来看一个典型案例。

原告王某某系某小区502号房屋业主，被告孟某涛系其楼上602号房屋业主。2014年以来原告发现自家卫生间顶棚、卫生间门口墙面、卧室墙面出现潮湿、漏水现象，至2021年5月仍然存在漏水，后经与被告协商未果，原告诉至法院。

（改编自辽宁省抚顺市中级人民法院）

房屋漏水的问题最难确定的就是漏水原因。王某某主张孟某涛家卫生间漏水、渗水，造成王某某屋内两处棚顶墙壁出现大面积墙皮脱落、污损，并提供照片、视频等证据证明其主张,二审中,经到案涉房屋进行现场勘查,可见王某某屋内卫生间门口靠近卧室棚顶及墙面、卧室靠近卫生间棚顶及墙面有反潮、渗水、漏水现象,根据漏水位置、房屋结构,可以推断系孟某涛家卫生间漏水所致。对此孟某涛予以否认,孟某涛主张系屋顶漏雨,通过其家中门口墙面流到王某某家造成墙面损失。通过现场勘查,孟某涛屋内与王某某家同一位置并不存在漏水的现象,且孟某涛家门口墙面与发生漏水的墙面不在同一垂直位置,根据水流流向的常识判断,无法认定系屋顶漏水通过孟某涛家门口墙面流到王某某屋内,孟某涛亦未提交其他充分证据证明其主张,因此法院没有支持孟某涛的主张,认定孟某涛卫生间漏水、渗水导致王某某墙面受损。

问题思考

(1) 相邻两幢房屋的采光标准如何确定?
(2) 相邻关系纠纷中如果发生损害,可获得的赔偿一般有哪些?
(3) 房屋漏水找谁处理?责任归谁?

第七节 共有的概念及基础知识

关键词索引: 共有 按份共有 共同共有

基础导入

当某个财产的所有人是两个及以上的,就会涉及"共有"的问题,比如一套房子是两人所有的、夫妻财产是婚后共同财产等。共同财产的处分、分割等问题是大家争议较多的问题,涉及共有财产的类型、份额、费用等问题,如下对共同的基础知识进行解析。

详细解析

1. 什么是共有?共有的分类有哪些?

共有就是两个或者两个以上权利人对同一动产或不动产共同拥有所有权。

这区别于单独所有，不同的财产基于其特性，可能是共有的，也可能是单独所有的。

对于共有的分类，根据《民法典》第二百九十七条的规定，共有包括按份共有和共同共有。

按份共有，就是按份共有人对共有的不动产或者动产按照其份额享有所有权。共同共有，就是共同共有人对共有的不动产或者动产共同享有所有权。共有人按照约定管理共有的不动产或者动产；没有约定或者约定不明确的，各共有人都有管理的权利和义务。

如果共有人之间能约定清楚共有的类型及份额的，则当中的法律关系还是较为清晰的；当共有人之间没有约定或约定不明的，就容易出现争议。同时，还需要注意对于共有财产的认定问题，先确定是共有财产，再区分共有的类型，典型案例如下。

原告陈某贵、邓某芬系夫妻关系，原告陈某贵系被告陈某能侄子。被告陈某能未婚无子女，其母亲过世后，独自一人生活。2012年农历七月，被告在其屏边县的宅基地建盖了一层砖混结构平房。2013年经原、被告协商，被告同意原告来与其一起生活并加盖一层房屋。同年7月，原告开始在被告建盖的房屋上加建了一层砖混结构瓦房，对第一、二层房屋进行了装修，并修建了庭院围墙、庭院彩钢瓦房及庭院地面硬化等设施。2014年3月，原告及子女搬来该二层房屋居住，被告则于2017年搬入一层居住。原、被告在一起居住生活后，因家庭琐事产生矛盾，被告陈某能以陈某贵侵权为由向本院提起诉讼，要求陈某贵停止侵权，将二层房屋交还给其使用。

请问：原、被告修建后的房屋是双方共有的吗？属于什么类型的共有关系呢？

（改编自云南省红河哈尼族彝族自治州中级人民法院）

上述案件中的特殊性在于涉案房屋是原告在被告原有房屋基础上加建的，对于此种特殊财产所有权认定的问题，需要结合原告建房历经的时间跨度。原告在被告位于屏边县的宅基地建盖的房屋上加建了一层砖混结构瓦房，并对第一、二层房屋进行了装修，修建了庭院围墙、彩钢瓦房及地面硬化等设施的行为，被告是同意过或者说是默许的，双方对修建完工后的一、二层房屋及附属设施依法形成了共有关系。本案系共有物分割纠纷，双方对该共有物未约定共有的类型，也未约定共有的份额，根据《民法典》第三百零八条"共有人对共有的不动产或者动产没有约定为按份共有或者共同共有，或者约定不明确的，除共有人具有家庭关系等外，视为按份共有"的规定，涉案住房及其附属设施应视为按份共有。双方产生矛盾并升级到互损财产,继续共同生活也不可能,现被告一家已搬出涉案房屋另行居住,鉴于双方对该共有物的分割方式未能达成协议,也不宜进行实物分割。根据《民法典》第三百零九条"按份共有人对共有的不动产或者动产享有的份额,没有约定或者约定不明确的,按照出资额确定"的规定,一审法院依法委托中介机构对被告出资建盖、装修房屋和附属设施价值进行评估,评估所得金额应认定为被告对该共有物享有的份额。

2 没有约定的共有财产,属于什么类型的共有?

《民法典》第三百零八条规定:【按份共有的推定】共有人对共有的不动产或者动产没有约定为按份共有或者共同共有,或者约定不明确的,除共有人具有家庭关系等外,视为按份共有。

确定共有财产是按份共有还是共同共有,首先看共有人之间有没有约定,如果没有约定或约定不明确的,则一般按照按份共有,除非是家庭关系,如夫妻关系、兄妹关系等就属于共同共有。在部分案件中,家庭关系是共有的基础,当双方没有离婚的时候,就保持共有关系。只有在共同的基础丧失或者有重大理由需要分割时才可以请求分割。

对于同居关系,非法同居关系不受法律保护,但在解除非法同居关系时,同居期间为共同生产、生活而形成的债权、债务,可按共同债权、债务处理,同居生活期间双方共同所得的收入和购置的财产,按一般共有财产处理。

确定共有财产分类在夫妻财产分割、借名买房等情形中存在较多,如下是一个典型案例。

原、被告原系夫妻关系,于1990年共同生育一子,于1999年经本院调解离婚。离婚后,原、被告间因小孩抚养等问题仍然保持交往。2006年4月11日,原告以被告的名义与他人签订房屋买卖合同,向他人购买房屋一套,建筑面积为45.61平方米,原告支付购房款3.2万元,房屋产权登记在被告名下,房屋权属证书以及收取的租金由原告掌管,原告所欠被告的借款则作为被告的购房出资予以抵销,被告对此没有异议。2007年,原告因刑事犯罪被判处15年有期徒刑,原告服刑期间,被告于2013年左右从原告母亲处将房屋权属证书取走后将案涉房屋出售,原告主张被告得到售房款10万元,被告主张只有8万元。2019年7月,原告出狱后对被告单方面出售房屋并占有全部售房款的行为不满,双方因此发生争执。同年9月28日,原、被告在原告父亲家再次就售房款的分配问题发生争吵时,原告在身后裤腰上别了一把刀具,言语激动,被告在此情形下向原告出具了一张借条，其主要内容为：今借到罗某某人民币 4 万元整，2019 年 9 月 28 日起，每年还 1 万元，四年还清。2020 年 4 月 11 日，被告应原告的请求，向原告支付 5000 元。2021 年 9 月 27 日，原告以被告向其借款 4 万元、已还 5000 元为由向本院提起诉讼，请求被告偿还剩余借款 3.5 万元，其后，原告对该案撤回起诉，并于 2021 年 11 月 17 日再次提起本案诉讼。

请问本案中，原告以被告名义购买的房屋是两人按份共有还是共同共有？

（改编自湖南省衡阳市珠晖区人民法院）

本案中，被告出售的案涉房屋虽登记在被告个人名下，但根据原、被告均有出资，且购房时系原告以被告名义签约、支付购房款、办理房屋权属登记，以及房屋权属证由原告保管、房屋租金由原告收取。原、被告未对案涉房屋是共同共有还是按份共有，以及双方享有份额的多少进行约定，依照《民法典》第三百零八条、第三百零九条的规定，案涉房屋依法应当视为原、被告按份共有，且双方等额享有。被告将房屋出售后，无论被告得到的价款为 8 万元或是 10 万元，原告请求分得 4 万元，在扣减被告已支付的 5000 元后，要求被告再行支付 3.5 万元，不违反法律的规定。原告请求分配售房款是基于其对案涉房屋以及涉案房屋出售后获得的价款享有的共有权，并非基于被告向原告出具的借条中所作出的承诺，无论被告是否出具借条，以及在出具借条时是否遭到原告胁迫，均不影响原告要求分配售房款的权利。

3 按份共有的财产，各自份额分别是多少？

《民法典》第三百零九条规定：【按份共有人份额的确定】按份共有人对共有的不动产或者动产享有的份额，没有约定或者约定不明确的，按照出资额确定；不能确定出资额的，视为等额享有。

对于按份共有的财产，共有人应当约定各自份额占比，没有约定或约定不明确的，按照各自出资比例确定，不能确定出资比例的，大家等额享有。此种情况在多人购买房屋等各类财产的时候经常发生，最终的兜底保障是等额享有，这也是为了确保根本的公平正义。

❓ 问题思考

（1）为什么要区分按份共有和共同共有？
（2）不动产登记中家庭成员可以登记为按份共有吗？
（3）共有人内部的财产分配比例对外效力如何？

第八节 共有财产处分和分割的限制

关键词索引：共有财产

案例导入

被继承人孙某宝与谷某荣系夫妻关系，二人生育子女四人，即长女孙某1、长子孙某2、次女孙某3、次子孙某4。谷某荣于1983年2月6日死亡。原告刘某于××××年××月××日与被继承人孙某宝登记结婚，婚姻关系存续期间共同出资购买了位于旅顺口区房屋，1999年8月6日取得房屋所有权证。被继承人孙某宝于2021年2月15日因病死亡。现原、被告因遗产分割未达成一致意见。庭审中被告孙某2明确表示将自己应继承的遗产份额赠与原告刘某。同时，案涉房屋年限较长，已破烂不堪，需要重新装修，而各方对装修出资问题无法协商。

（改编自辽宁省大连市中级人民法院）

法条链接

《民法典》第三百零一条规定：【共有物的处分、重大修缮和性质、用途变更】处分共有的不动产或者动产以及对共有的不动产或者动产作重大修缮、变更性质或者用途的，应当经占份额三分之二以上的按份共有人或者全体共同共有人同意，但是共有人之间另有约定的除外。

《民法典》第三百零三条规定：【共有物的分割】共有人约定不得分割共有的不动产或者动产，以维持共有关系的，应当按照约定，但是共有人有重大理由需要分割的，可以请求分割；没有约定或者约定不明确的，按份共有人可以随时请求分割，共同共有人在共有的基础丧失或者有重大理由需要分割时可以请求分割。因分割造成其他共有人损害的，应当给予赔偿。

《民法典》第三百零四条规定：【共有物的分割方式】共有人可以协商确定分割方式。达不成协议，共有的不动产或者动产可以分割且不会因分割减损价值的，应当对实物予以分割；难以分割或者因分割会减损价值的，应当对折价或者拍卖、变卖取得的价款予以分割。

共有人分割所得的不动产或者动产有瑕疵的，其他共有人应当分担损失。

详细解析

本案中，通过继承获得的共有房屋为多人共有，该房屋要重新装修时如何决策？该房屋如何分割？根据《民法典》第三百零一条、第三百零三条的规定，案涉房屋属于原告刘某和被继承人孙某宝的夫妻共同财产，被继承人孙某宝去世后，原告刘某和各被告作为孙某宝的继承人可依照法定继承方式继承案涉房屋。本案确认各方当事人的房屋份额后，案涉房屋由原告刘某和被告孙某1、孙某3、孙某4按份共有，原告刘某享有其中70%的份额，故对房屋的使用、管理、重大修缮等事项，原告刘某和上述三被告可依上述法律规定进行处理。对于分割事宜，也可以按照上述规定，按份共有人可以随时请求分割。

知识延伸

1. 共有人能擅自处分共有财产吗？

共有人处分共有财产是要受到限制的，并非每个共有人都能擅自处分。处分共有的不动产或者动产以及对共有的不动产或者动产作重大修缮、变更性质或者用途的，对于共同共有的财产，如果共有人要处分财产，则必须得到全体共同共有人同意。对于按份共有的财产，应当经占份额三分之二以上的按份共有人同意。当然，如果共有人之间有相关约定，则按照约定来处理。

实践中，较为常见的就是夫妻共同财产、继承遗产的各类处分和分割问题，由此引发了较多纠纷。如夫妻一方擅自把房屋卖给第三方，这就是典型的擅自处分，处分行为是无效的。

各地法院也发布了类似的热点案例，如下面是福建省大田县法院审结一起原配妻子起诉第三者的案件，要求确认其丈夫赠与行为无效，要求第三者返还丈夫赠与的钱物。因夫妻财产属于两人共同共有，法院认定丈夫对情人的赠与行为无效，判令第三者将实际获赠的款项共计169 454.8元返还给原配。具体如下。

郑帅（男，化名）与原配林贤（女，化名）于2000年8月结婚。郑帅与王小丽（女，化名）自2006年年初认识，后双方发展成情侣关系并同居生活。2018年9月8日，王小丽购买了一套房产，价格为28.6万元。郑帅为王小丽缴纳了该房屋的契税2300元，又向王小丽的银行账户转账10万元用于支付购房首付。同月13日，王小丽取得上述房产的不动产权证，由王小丽单独所有。2018

年11月至2020年10月，郑帅为王小丽合计偿还月供42 300元。2018年12月7日至2021年2月4日，郑帅还通过支付宝向王小丽转账合计24 854.8元。

（改编自福建省大田县人民法院）

法院经审理后认为，民事主体从事民事活动，不得违背公序良俗。违背公序良俗的民事法律行为无效。夫妻一方婚内与他人有婚外情并同居生活，期间将夫妻共有财产赠与第三者，违背了夫妻忠诚义务，还违背了社会公序良俗，其赠与行为应属无效，并予以谴责。而第三者在明知他人的夫妻关系，还与男方保持婚外情关系，破坏他人家庭和谐稳定，败坏社会风气，也应予以谴责。根据《民法典》第三百零一条的规定，判决丈夫赠与行为无效，第三者向原配返还受赠的共同财产169 454.8元。

2. 共有人分割共有财产的条件和限制有哪些？

首先，如果共有人之间有约定不得分割共有的不动产或者动产，以维持共有关系的，则应当按照约定。但这种情况也不是绝对的，如果共有人有重大理由需要分割的，如患有重大疾病需要分割财产的，则就可以请求分割。

其次，如果没有约定或者约定不明确的，对于按份共有中，按份共有人可以随时请求分割。对于共同共有中，共同共有人在共有的基础丧失或者有重大理由需要分割时可以请求分割，如离婚后请求分割共同财产的、婚姻期间一方身患重病需要分割财产医治的，则可以请求分割。因分割造成其他共有人损害的，应当给予赔偿。

最后，分割共有财产的时候，需要充分考虑分割的现实可能性，共有人可以协商确定分割方式。共有的不动产或者动产可以分割且不会因分割减损价值的，应当对实物予以分割；难以分割或者因分割会减损价值的，应当对折价或者拍卖、变卖取得的价款予以分割。共有人分割所得的不动产或者动产有瑕疵的，其他共有人应当分担损失。

来看一个综合的典型案例。

王某1与李某1系夫妻关系，二人共生育了二子一女，分别是长子王某4、次子王某3、小女王某2。李某1于2018年7月24日死亡。王某1和王某3的户籍地均为156号院。王某1、李某1一直与王某3生活在156号院内。除156号宅院之外，王某3在北京市昌平区某村并没有单独审批宅基地。

1989年7月，王某1作为申请人申请对156号院内原有北房5间进行翻建，根据当时的《村民建房用地申请审批表》记载，同居人员有王某1、李某1、王某3、王某2四人，当时住宅有正房5间、厢房1间，申请翻建正房5间，经村镇两级批准，同意原拆原建。经过审批后，王某1、李某1、王某3共同翻建了北房5间。

2455号判决认定156号院内北房五间由王某1享有三分之一的份额，由王某3享有九分之四的份额，由王某2继承九分之二的份额；156号院内东房北首一间的厨房部分归王某1使用，东房南首四间、西房三间、南房东首二间归王某3使用，门道一间和东房北首一间的供暖设施部分由王某1和王某3共同使用，王某1生前可与王某3共同使用南房西首二间（厕所、洗澡间），直至王某1去世。

根据法院现场勘验和测量，北房共3间。东首一间，东西长5.37米；居中一间，东西长5.75米；西首一间，东西长3.1米。王某1居于东首一间，王某3及其家人居于西首一间。另查，王某1在被王某2接走前一直居住在北房东首一间房内，且王某2和王某3均表示两家无法共同居住生活。

王某1、王某2要求通过房屋重新开门、建造隔断墙的方式隔出一间归其所有。王某3认为不具备改造的条件，无法使用。

（改编自北京市第一中级人民法院）

2455号判决确定了王某1在156号院内的基本生活条件。王某1在被王某2接走前一直居住在北房东首一间房内。为保证王某1年老居有定所，法院根据生效判决确定的份额、当事人的居住情况、现场勘验确定的房屋状况，确认北房东首一间归王某1所有。王某2自1997年后便未在156号院内居住生活。其与王某1家人亦存在尖锐矛盾。庭审中，王某2和王某3均表示两家无法共同居住生活。

共有的不动产可以分割且不会因为分割减损价值的，应当对实物予以分割；难以分割或者因分割会减损价值的，应当对折价或者拍卖、变卖取得的价款予以分割。经现场勘验结合当事人提交的示意图，北房内部实际为三间，考虑到房屋现状和双方矛盾，王某1、王某2主张通过改造房屋的方式进行分割难以实现，可能对房屋造成损害，法院不予支持。王某1、王某2可就折价款另行向王某3主张。

此外，共有财产分割的情形还存在企业破产的情形，具体如下。

《最高人民法院关于适用〈中华人民共和国企业破产法〉若干问题的规定（二）》第四条：债务人对按份享有所有权的共有财产的相关份额，或者共同享有所有权的共有财产的相应财产权利，以及依法分割共有财产所得部分，人民法院均应认定为债务人财产。

人民法院宣告债务人破产清算，属于共有财产分割的法定事由。人民法院裁定债务人重整或者和解的，共有财产的分割应当依据《民法典》第三百零三条的规定进行；基于重整或者和解的需要必须分割共有财产，管理人请求分割的，人民法院应予准许。

因分割共有财产导致其他共有人损害产生的债务，其他共有人请求作为共益债务清偿的，人民法院应予支持。

风险提示

（1）共有财产的种类需要明确清晰，对于自己和外人都是应有的保障。特别是房屋买卖、遗产继承等重大事件中，需要理清各自财产共有情况，避免相关行为无效引发纠纷。

（2）婚姻存续期间，夫妻共有财产原则上是不可以分割的，除非发生特定重大情形。

问题思考

（1）买房时如何查询对方房屋的产权共有情况？
（2）夫妻一方擅自处分房屋卖给第三方，所签的房屋买卖合同有效吗？
（3）共有财产分割时的难点问题有哪些？

第九节　共有房屋买卖时共有人的优先购买权

关键词索引： 共有　优先购买权

案例导入

2018年4月15日，原告与被告签订房屋买卖合同，约定将被告所有的一间房及其附属设备设施出售给原告，面积为27.19平方米，价格为3万元，2018年7月交付房屋，过户费用由原告承担。原告与被告去房产局过户时因存在共有人单某海，且单某海已去世，导致未能办理。该房产是联合厂分配的房屋，后经房改归个人所有，东、西两间分别由单某海和被告家人居住，被告将自己所有的房产出售给原告，符合法律规定。

请问，本案中原、被告买卖房屋时如何保障共有人单某海的优先购买权？

（改编自内蒙古自治区牙克石市人民法院）

法条链接

《民法典》第三百零五条规定：【按份共有人的份额处分权和其他共有人的优先购买权】按份共有人可以转让其享有的共有的不动产或者动产份额。其他共有人在同等条件下享有优先购买的权利。

《民法典》第三百零六条规定：【优先购买权的实现方式】按份共有人转让其享有的共有的不动产或动产份额的，应当将转让条件及时通知其他共有人。其他共有人应当在合理期限内行使优先购买权。

两个以上其他共有人主张行使优先购买权的，协商确定各自的购买比例；协商不成的，按照转让时各自的共有份额比例行使优先购买权。

《最高人民法院关于适用〈中华人民共和国民法典〉物权编的解释（一）》第十一条规定：优先购买权的行使期间，按份共有人之间有约定的，按照约定处理；没有约定或者约定不明的，按照下列情形确定。

（1）转让人向其他按份共有人发出的包含同等条件内容的通知中载明行使期间的，以该期间为准。

（2）通知中未载明行使期间，或者载明的期间短于通知送达之日起十五日的，为十五日。

（3）转让人未通知的，为其他按份共有人知道或者应当知道最终确定的同等条件之日起十五日。

（4）转让人未通知，且无法确定其他按份共有人知道或者应当知道最终确定的同等条件的，为共有份额权属转移之日起六个月。

详细解析

上述案例是房屋买卖合同纠纷案，有关争议房产的物权情况，产权证中登记为单某海、王某新共有，因单某海、王某新没有约定为按份共有或者共同共有，双方又非家庭关系，而且从实际使用上看东、西两侧卧室独立，共用中间的厨房、卫生间，不动产登记档案中记载两人的建筑面积单独计算均是27.19平方米，按照《民法典》第三百零八条规定，视为按份共有。王某新转让其享有的共有的不动产份额，按照《民法典》第三百零六条规定，其他共有人在合理期限内享有优先购买权。关于优先购买权的行使，法院认为，第一点，争议房产为单某海与王某新共有，单某海去世后共有基础丧失。第二点，王某新称在出售房产时曾通知朱某华。因单某海、王某新未约定优先购买权的行使期间，法院受理案件后，把王某新、李某芳的转让价格、交付期限、税费负担等交易条件，于2021年6月8日电话告知朱某华，并告知其如欲行使优先购买权，可在本案2021年6月25日开庭时提交相应证据及书面申请，朱某华表示不行使优先购买权。第三点，朱某华不主张行使优先购买权，按照《民法典》第三百零一条规定、《最高人民法院关于适用〈中华人民共和国民法典〉物权编的解释（一）》第十一条第（三）项规定，朱某华及单某海其他继承人的优先购买权消灭。第四点，2018年7月王某新、李某芳交付争议房屋，至2020年12月起诉时已超过六个月，按照《最高人民法院关于适用〈中华人民共和国民法典〉物权编的解释（一）》第十一条第（四）项规定，朱某华及单某海其他继承人的优先购买权也已消灭。另外，经询问王某新的配偶张某云，张某云表示同意王某新出售争议房产。综合以上几点，王某新转让争议房产的行为具有物权效力。

知识延伸

1. 按份共有人怎么行使优先购买权？

按份共有人可以处分自己的份额，比如按份共有的房产，共有人可以转卖给第三人。只是其他共有人在同等条件下享有优先购买的权利。按份共有人之间转让共有份额的一般不存在优先购买权的问题，除非共有人之间有相关约定。

特定情形下的优先购买权是不支持的，如《最高人民法院关于适用〈中华人民共和国民法典〉物权编的解释（一）》第九条规定，共有份额的权利主体因继承、遗赠等原因发生变化时，其他按份共有人主张优先购买的，不予支持，但按份共有人之间另有约定的除外。

实践中最主要的衡量标准之一就是"同等条件"，应当综合共有份额的转让价格、价款履行方式及期限等因素确定。如提出的条件不是同等的，提出减少转让价款、增加转让人负担等实质性变更要求，那就无法享有优先购买权。

当出现两个以上其他共有人主张行使优先购买权的，协商确定各自的购买比例；协商不成的，按照转让时各自的共有份额比例行使优先购买权。

2. 优先购买权的行使期间有什么限制？

行使优先购买权的时候，除了提出"同等条件"，还需要在"合理期限"内行使，即按份共有人转让其享有的共有的不动产或者动产份额的，应当将转让条件及时通知其他共有人。其他共有人应当在合理期限内行使优先购买权。有关行使期间，在司法解释中有相关规定，具体如下。

优先购买权的行使期间，按份共有人之间有约定的，按照约定处理；没有约定或者约定不明的，按照下列情形确定。

（1）转让人向其他按份共有人发出的包含同等条件内容的通知中载明行使期间的，以该期间为准。

（2）通知中未载明行使期间，或者载明的期间短于通知送达之日起十五日的，为十五日。

（3）转让人未通知的，为其他按份共有人知道或者应当知道最终确定的同等条件之日起十五日。

（4）转让人未通知，且无法确定其他按份共有人知道或者应当知道最终确定的同等条件的，为共有份额权属转移之日起六个月。

风险提示

（1）按份共有人在优先购买权的保障方面，需要关注"同等条件"和"合理期限"两个问题，须符合上述的要求和规定。

（2）为确保其他共有人能够及时行使优先购买权，需要相关共有人及时告知各共有人相关转让情况和条件，避免因遗漏或说明不清产生纠纷。

问题思考

（1）其他共有人提出细微变化的条件，转让份额的共有人如何考量？

（2）其他按份共有人以其优先购买权受到侵害为由，仅请求撤销共有份额转让合同或者认定该合同无效的，法院如何处理？

（3）为什么要设立优先购买权制度？

第十节　善意取得制度

关键词索引： 善意取得

案例导入

许某艳以王某广未经许某艳同意从许某艳朋友刘某处私自将许某艳的车辆豫A×××××开走为由向本院提起诉讼，请求判令王某广向许某艳返还该车辆并支付使用费10 000元。为此，许某艳向本院提供了涉案车辆的行驶证、还款计划表、车辆消费抵押贷款合同及许某艳与王某广的微信聊天记录截图，用于证明许某艳为案涉车辆的实际车主及王某广占有许某艳车辆的事实。王某广对此提出异议，辩称案涉车辆是自己从刘某处购买的，且已经实际支付过购车款，王某广并非私自开走。为证实自己的主张，王某广向本院提供了其与刘某的聊天记录截图、二手车交易合同、支付宝转账记录截图、刘某发给王某广的关于许某艳的照片，拟证明王某广从刘某处购买了案涉车辆，并已经实际支付购车款46 025元。

（改编自河南省安阳市中级人民法院）

法条链接

《民法典》第三百一十一条规定：【善意取得】无处分权人将不动产或者动产转让给受让人的，所有权人有权追回；除法律另有规定外，符合下列情形的，受让人取得该不动产或者动产的所有权。

（1）受让人受让该不动产或者动产时是善意。

（2）以合理的价格转让。

（3）转让的不动产或者动产依照法律规定应当登记的已经登记，不需要登记的已经交付给受让人。

受让人依据前款规定取得不动产或者动产的所有权的，原所有权人有权向无处分权人请求损害赔偿。

当事人善意取得其他物权的，参照适用前两款规定。

详细解析

上述案例是物权纠纷案，争议焦点就是王某广受让案涉车辆是否属于善意受让的问题。从许某艳与案外人刘某的微信聊天记录、转账记录、还款计划表可以认定许某艳与刘某之间存在借款关系，刘某将案涉车辆卖给被王某广系无权处分。但是刘某向王某广出卖车辆时，向王某广发了许某艳签订的二手车买卖交易合同和许某艳交付车辆时的人车照片，许某艳虽称案涉车辆系办理借款的抵押车辆，但未签订抵押合同，也未办理抵押登记，上述情形让王某广有理由相信刘某有权处分车辆，不能认定王某广购买案涉车辆存在主观恶意，且王某广支付了符合市场价格的车款，王某广也实际占有了案涉车辆，法院认定王某广已经通过善意取得的形式获得案涉车辆的所有权。

知识延伸

1. 受让人受让时善意的认定标准是什么？

"善意"是获得所有权的核心要素，何为善意？受让人受让不动产或者动产时，不知道转让人无处分权，且无重大过失的，应当认定受让人为善意。

与善意相对的是受让人知道转让人无权处分，根据《最高人民法院关于适用〈中华人民共和国民法典〉物权编的解释（一）》第十五条规定，具有下列情形之一的，应当认定不动产受让人知道转让人无处分权。

（1）登记簿上存在有效的异议登记。

（2）预告登记有效期内，未经预告登记的权利人同意。

（3）登记簿上已经记载司法机关或者行政机关依法裁定、决定查封或者以其他形式限制不动产权利的有关事项。

（4）受让人知道登记簿上记载的权利主体错误。

（5）受让人知道他人已经依法享有不动产物权。

真实权利人有证据证明不动产受让人应当知道转让人无处分权的，应当认定受让人具有重大过失。

有关"重大过失"的认定，即受让人受让动产时，交易的对象、场所或者时机等不符合交易习惯的，应当认定受让人具有重大过失。

2. 善意取得制度中转让财产的"合理价格"如何认定？

上述善意取得制度中受让人取得不动产或者动产所有权的第二个情形就是以合理的价格转让，有关"合理价格"是认定善意取得条件的重要标准，应当根据转让标的物的性质、数量以及付款方式等具体情况，参考转让时交易地市场价格以及交易习惯等因素综合认定。

如上述案例中，买卖二手车受让人支付的购车款是 46 025 元，这也基本符合涉案二手车的正常交易价格，如果价格太低，作为受让人应当有合理理由怀疑存在一定问题，此时如果交易价格是明显不合理的，则当然就没法适用善意取得制度而获得所有权了。

3. 哪些情形不能依据善意取得制度获得所有权？

根据《最高人民法院关于适用〈中华人民共和国民法典〉物权编的解释（一）》第二十条的规定，具有下列情形之一，受让人主张依据《民法典》第三百一十一条规定取得所有权的，不予支持。

（1）转让合同被认定无效。

（2）转让合同被撤销。

转让合同的效力是受让人获得所有权的重要基础，当转让合同被认定无效或被撤销，受让人不能依据善意取得制度获得所有权。如前述案例中的二手车买卖合同被认定无效，则买卖交易的基础就有问题了，转让所有权自然就不存在。

4. 善意受让动产后所有权能保留吗？

《民法典》第三百一十三条规定：【善意取得的动产上原有权利的消灭】善意受让人取得动产后，该动产上的原有权利消灭。但是，善意受让人在受让时知道或者应当知道该权利的除外。

对于动产的善意取得适用问题，当受让人符合善意取得的要求取得该动产后，该动产上的原有权利就消灭了，如该动产上的抵押权随之消灭，这也是确保该受让人获得动产的纯净所有权。在实践中还有"所有权保留制度"，也就是善意受让人取得动产后，针对该动产所有权的取回权是否还存在的问题，来看一个典型案例。

2015年6月1日，原告与被告签订了一份《电气设备供货合同》，合同约定原告向被告供应高低压配电设备一批，用于被告开发建设中国广西东盟商贸城凤凰商业广场配电工程。合同对交货时间、地点、货款支付方式及期限等作了约定，原告自收到被告支付预付款之日起一个月内，将全部高低压柜运送到被告指定地点交货。合同第八条违约责任第 1 项还约定，若被告逾期支付本合同约定的货款，每逾期一天，被告应向原告支付未付部分货款总额的万分之一的违约金，合同继续履行，被告没有按规定时间付货款，原告有权处置合同的标的物。截至 2018 年 6 月 21 日，被告尚欠原告货款 1 271 600 元。经原告多次催收未果，另查明，原告供应给被告的高低压配电设备已用于安装被告开发建设的广西东盟商贸城商业项目配套设施，而该项目的房屋已对外进行销售并已交付给购房业主。

（改编自广西壮族自治区钦州市中级人民法院）

本案所涉的买卖合同是所有权保留的买卖合同。此处主要讨论卖方是否可以根据买卖合同中所有权保留的约定行使取回权的问题。法院认为，法律和司法解释虽然没有对适用所有权保留的动产范围作出规定，但并不是每一种动产都适合适用所有权保留制度。根据《民法典》第三百一十三条"善意受让人取得动产后，该动产上的原有权利消灭"的规定，本案中，买卖合同的标的物高低压配电设备已经交付给被告且安装完成，高低压配电设备属于建筑物或构筑物的附属设施，而中国广西东盟商贸城凤凰商业广场的房屋大部分已对外销售并已交付给购房业主，高低压配电设备作为所销售房屋的附属设备，其相关权利亦随房屋买卖转移到购房业主，购房业主已经善意取得涉案的高低压配电设备，故不宜适用所有权保留行使取回权。如果移除，不仅自身价值贬损，必然会影响建筑物或构筑物的使用功能和价值，也有可能影响到购房业主的权益，且买方也已经支付占总价款的 43.6% 的价款。况且，卖方的利益可以通过起诉主张买房给付所欠价款的方式得以实现。

风险提示

（1）善意取得是日常财产转让交易中经常发生的情形，实践中需要特别注意对于动产和不动产不同的登记或交付要求，理解善意取得制度中"善意"的情形认定、"合理价格"的认定等，避免影响善意受让人的权益。

（2）对于真实权利人来说，要积极主张自己的权利，明确授权，避免他人把自己的财产擅自转让给第三人，侵害自己的所有权。

问题思考

（1）房屋买卖中的善意取得情形适用时，何时取得房屋所有权？
（2）真实权利人主张受让人不构成善意的，谁应当承担举证证明责任？
（3）为什么要设立善意取得制度？

第十一节　遗失物的处理规则

关键词索引：遗失物

基础导入

拾金不昧是中华民族传统的优良美德，将拾得遗失物交给失主是公民最基本的品德。部分遗失物对于我国文物保护也有极其重要的意义。在此基础上理解有关遗失物的处理规则就容易多了，有关拾得遗失物、遗失物的善意取得、保管遗失物等问题，下面结合案例进行阐述。

详细解析

1　对追索流失文物的开创性作用

我国通过民事司法渠道追索流失文物的开创性案例，即福建章公祖师肉身坐佛像追索案。这也是人民法院报发布的 2020 年度人民法院十大案件之一，具体如下。

章公祖师金身佛像供奉在福建大田县阳春村和东埔村共同拥有的普照堂内，1995 年 12 月被盗，下落不明。2015 年 3 月，匈牙利一博物馆展出一尊肉身佛像，两村村民认为该佛像即为被盗佛像。福建省文物部门也予以确认。该佛像收藏者为荷兰藏家奥斯卡·凡·奥沃雷姆。此后，两村村委会代表村民在中国和荷兰进行平行诉讼，对佛像进行追索。2020 年 12 月，福建三明中院对该起物权保护纠纷案公开宣判，判令被告返还佛像。

（改编自福建省三明市中级人民法院）

对此案例，杨立新教授点评如下：对于流失海外的文物，只要能够确认流失的文物为我国的民事主体所享有，就可以依据这一规定追索，保护和保存我国的文化遗产。章公祖师金身佛像，原供奉在福建省大田县阳春村和东埔村共同拥有的普照堂内，两个村的村民是该佛像的所有权人。章公祖师佛像被人盗窃后，有证据证明匈牙利自然科学博物馆展出的佛像就是被盗的章公祖师肉身坐佛像。因此，依照上述规定，权利人有权起诉追索遗失物，法院依法判决被告向原告即章公祖师佛像的所有权人返还章公祖师佛像，于法有据，合理合法，不仅保护了权利人的权利，也为我国追索流失海外的文物提供了极为重要的判例依据。

2 遗失物的善意取得如何应用？

《民法典》第三百一十二条规定：【遗失物的善意取得】所有权人或者其他权利人有权追回遗失物。该遗失物通过转让被他人占有的，权利人有权向无处分权人请求损害赔偿，或者自知道或者应当知道受让人之日起二年内向受让人请求返还原物；但是，受让人通过拍卖或者向具有经营资格的经营者购得该遗失物的，权利人请求返还原物时应当支付受让人所付的费用。权利人向受让人支付所付费用后，有权向无处分权人追偿。

从上述规定可以看出，失主追回遗失物是有条件的，该遗失物被转让给第三人的，则权利人需要在知道或应当知道受让人之日起两年内请求返还。该遗失物被以拍卖等合法方式被转卖的，权利人还要另外支付受让人所付的费用。

该条在平衡保护权利人的同时，还能够确保善意受让人的权利得到充分保障，避免更大的损失。

3 拾得遗失物应该注意什么？

"物归原主"仍然是我们拾得遗失物的基本理念。对于拾得人来说，拾得遗失物，应当返还权利人。拾得人应当及时通知权利人领取，或者送交公安等有关部门。

有关部门收到遗失物，知道权利人的，应当及时通知其领取；不知道的，应当及时发布招领公告。遗失物自发布招领公告之日起一年内无人认领的，归国家所有。

同时，对于拾得人来说还有一项非常重要的义务，就是保管义务。拾得人在将遗失物送交有关部门前，有关部门在遗失物被领取前，应当妥善保管遗失物。因故意或者重大过失致使遗失物毁损、灭失的，应当承担民事责任。这些保管产生的合理费用是需要权利人最后来买单的。权利人领取遗失物时，应当向拾得人或者有关部门支付保管遗失物等支出的必要费用。

权利人悬赏寻找遗失物的，领取遗失物时应当按照承诺履行义务。拾得人侵占遗失物的，无权请求保管遗失物等支出的费用，也无权请求权利人按照承诺履行义务。

拾得漂流物、发现埋藏物或者隐藏物的，参照适用拾得遗失物的有关规定。法律另有规定的，依照其规定。

问题思考

（1）如失主发布了悬赏广告，当拾得人交付遗失物的时候，失主一定要给付报酬吗？

（2）农村宅基地翻修时，挖出地下的物品归谁所有？

（3）善意受让人在返还遗失物后，他的损失找谁赔偿？

第十二节　房屋未过户之前产生租金的归属问题

关键词索引：天然孳息　法定孳息

案例导入

2018年10月8日，宋某兴（甲方）与王某波（乙方）签订《房屋顶账协议》一份，协议约定：一、王某波拖欠宋某兴现金人民币壹佰壹拾万元整；二、王某波用其所有的位于威海市综合住宅，扣除银行贷款后顶付欠宋某兴本金人民币壹佰壹拾万元整；三、王某波房屋现有银行按揭贷款余额玖拾万元，在协议签订之日起由王某波负责代支付偿还银行，如出现拖欠银行贷款造成损失，由王某波负责，待过户时宋某兴支付给王某波和银行共计玖拾万元；四、王某波于本协议签订后持顶账楼房相关手续同宋某兴至不动产登记中心办理抵押登记手续，之后将顶账楼房及其一切房产手续交付宋某兴；五、本协议签订后，由王某波协助宋某兴共同办理顶账楼房的产权过户手续，但所需税、费由宋某兴承担；六、王某波保证该房产无其他纠纷、抵押（除银行外的），享有独立处分权，保证该房产不被他人追索。

案涉房屋产权于2016年4月21日登记至曲某名下。2014年，曲某与威海市商业银行签订《房屋租赁合同》一份，约定曲某将案涉房屋出租给威海市商业银行，租期自2014年4月21日起至2024年4月20日止，房屋年租金为48 900元。庭审中，宋某兴主张案涉房屋2018年4月20日至2021年4月20日的案涉房屋租金已由曲某收取，因案涉房屋已于2018年10月8日由王某波抵顶给宋某兴，此后的房屋租金收入应归属宋某兴，故要求王某波、曲某向其支付自2018年10月8日至2021年4月20日的房屋租金。曲某则称威海市商业银行向其支付了2018年4月20日至2020年4月20日的房屋租金，其尚未收到2020年4月21日至2021年4月20日的房屋租金，因宋某兴在案涉顶账协议签订后，并未及时办理房屋产权转移登记手续并支付抵顶差价款90万元，导致其一直向银行按月偿还借款本金及利息，其是房屋的产权人，有权收取房屋租金。

请问，王某波、曲某是否应当向宋某兴支付案涉房屋2018年10月8日至2021年4月20日的租金？

（改编自山东省威海市中级人民法院）

法条链接

《民法典》第三百二十一条规定：【天然孳息和法定孳息的归属】天然孳息，由所有权人取得；既有所有权人又有用益物权人的，由用益物权人取得。当事人另有约定的，按照其约定。

法定孳息，当事人有约定的，按照约定取得；没有约定或者约定不明确的，按照交易习惯取得。

《民法典》第六百三十条规定：【标的物孳息的归属】标的物在交付之前产生的孳息，归出卖人所有；交付之后产生的孳息，归买受人所有。但是，当事人另有约定的除外。

详细解析

上述案例争议的焦点就是2018年10月8日至2021年4月20日的租金归谁所有的问题。根据《民法典》第三百二十一条规定"法定孳息，当事人有约定的，按照约定取得；没有约定或者约定不明确的，按照交易习惯取得"，第六百三十条规定"标的物在交付之前产生的孳息，归出卖人所有；交付之后产生的孳息，归买受人所有。但是，当事人另有约定的除外"。本案案涉房屋所涉租金为法定孳息的一种，《房屋顶账协议》中并未明确约定归属，依法应以交付作为孳息归属的确定点。但案涉房屋一直登记在曲某名下，宋某兴提供在案证据尚不能证实其与曲某之间进行了房屋交接，宋某兴以案涉房屋已经交付为由要求曲某、王某波向其支付租金依据不足，法院未予支持。

知识延伸

1. 什么是天然孳息？什么是法定孳息？

孳息分为天然孳息和法定孳息。

天然孳息指因物的自然属性而获得的收益，如果树结的果实、母畜生的幼畜。天然孳息有以下几个要素。

（1）原物须为有体物。

（2）孳息的产生主要是自然因素。

（3）孳息可以与原物分离。

法定孳息指因法律关系所获得的收益，有相关法律规定，如出租人根据租赁合同收取的租金、贷款人根据贷款合同取得的利息等。

2. 不同的孳息归谁所有？

纵观《民法典》中有关孳息的相关规定，对孳息的基本权属和特定场景中的认定有相关规定。

首先，天然孳息，由所有权人取得；既有所有权人又有用益物权人的，由用益物权人取得。当事人另有约定的，按照其约定。法定孳息，当事人有约定的，按照约定取得；没有约定或者约定不明确的，按照交易习惯取得。

其次，不动产或者动产被占有人占有的，权利人可以请求返还原物及其孳息；但是，应当支付善意占有人因维护该不动产或者动产支出的必要费用。

另外，标的物在交付之前产生的孳息，归出卖人所有；交付之后产生的孳息，归买受人所有。但是，当事人另有约定的除外。

同时，标的物提存后，毁损、灭失的风险由债权人承担。提存期间，标的物的孳息归债权人所有。提存费用由债权人负担。

还有，保管期限届满或者寄存人提前领取保管物的，保管人应当将原物及其孳息归还寄存人。

风险提示

孳息的分类及归属问题是需要关注的，特别是在特定场景中的认定问题。如在夫妻共同财产和个人财产认定的时候，一方银行账户的利息和投资理财产生的收益等问题，如何认定是需要特别关注的。

❓ 问题思考

（1）孳息和自然增值的区别有哪些？

（2）理财收益属于孳息吗？

（3）夫妻一方个人财产婚后产生的孳息和自然增值是夫妻共同财产吗？

第十一章 用益物权相关基础

第一节 用益物权的概念及分类

关键词索引： 用益物权

基础导入

用益物权是物权的第二个大类，在实践中应用场景也较多，尤其是新增的"居住权"制度。相比于所有权，用益物权是将所有权与其他权能相分离，解决大家实际使用物资中的不同需求。如房屋使用权与房屋居住权的分离、土地的所有权与承包经营权等。

详细解析

1. 什么是用益物权？

《民法典》第三百二十三条规定：【用益物权的定义】用益物权人对他人所有的不动产或者动产，依法享有占有、使用和收益的权利。

通过以上规定可知，用益物权是将动产或不动产的所有权与使用权益相分离，实现物资资料的充分利用价值。用益物权有如下特征。

（1）以对标的物的占有、使用、收益为内容，实现标的物的使用价值。

（2）用益物权人可直接支配他人所有的财产，也就是将物的所有权与其他使用权益分离。

（3）用益物权可以为动产或不动产设立，但主要用于不动产，便于登记。

（4）用益物权除地役权外，均为主物权。主物权相比从物权，不以他种权利的存在为前提而独立存在，不因他种权利的存在或消灭而影响其效力的物权。

第十一章 用益物权相关基础

用益物权往往是我们较为忽视的权益，厘清标的财产的用益物权对保障用益物权人的权益有重要作用。确定用益物权后，用益物权人行使权利应当遵守法律有关保护和合理开发利用资源、保护生态环境的规定。所有权人不得干涉用益物权人行使权利。如下是一个典型案例。

皖J×××××汽车（非营运车辆）登记在余某勇名下，但一直都是黄某军使用。2019年1月7日，徐某明以借车为名将皖J×××××汽车从黄某军处借走。徐某明与黄某军的微信聊天记录内容如下：2019年1月13日，黄某军说："你这边的本金基本都还你了，还差你的都是分红的16万。我现在确实是拿不出来，但没说不还，你真要这样子，那车子就抵给你吧，我也不要了，所有事情两清。车子还在我朋友名下，我让他来办下交接手续，你看什么时候有空。"1月14日，黄某军说："你帮我把车子上的东西规整下，拿来给我。""车上东西什么时候给我。"1月15日，黄某军说："我车上的东西，你方便的话帮我带到店里。"徐某明说："车子我不要，把钱还我，你跟你兄弟当时怎么承诺我的，你就怎么跟我兑现，我没有义务拿钱给你用，还帮你背利息。"黄某军说："你不要车子，干吗把我车子骗去抵了，你自己留着吧。""你这样做也没有错，我没钱，你要车抵，我可以理解。"1月16日，黄某军说："车上的银行卡、身份证要给我。"徐某明说："好的。"2020年7月15日，徐某明将该车交还至黄某军处。

（改编自安徽省黄山市中级人民法院）

本案的争议焦点为徐某明占有皖J×××××汽车的行为是否侵犯余某勇对该车的用益物权。本案中，虽余某勇、徐某明对皖J×××××汽车实际所有权人存有争议，但双方对黄某军合法占有使用皖J×××××汽车均无异议。可见，皖J×××××汽车的用益物权人为黄某军。余某勇诉称其在徐某明经黄某军同意借走并占有皖J×××××汽车期间，向徐某明主张返还车辆，但并未提供证据予以证实，且余某勇在徐某明归还车辆前，一直未向黄某军主张收回皖J×××××汽车的占有使用权。另，余某勇并未提供证据证实徐某明因占有皖J×××××汽车而受益或余某勇因徐某明占有皖J×××××汽车而受损。余某勇在得知徐某明占有皖J×××××汽车时，并未提出异议，其在庭审中称因为黄某军与徐某明之间有债务，所以没有向徐某明要回车子，只是跟黄某军说尽快要回车子。据此可得知，余某勇对徐某明的占有行为是默许与认可的，徐某明占有余某勇名下的皖J×××××汽车并非没有合法根据。

2　用益物权有哪些分类？

用益物权基于所有权与使用权的分离，大多用益物权是基于国家或集体所有的财产，针对这部分财产，国家所有或者国家所有由集体使用以及法律规定属于集体所有的自然资源，组织、个人依法可以占有、使用和收益。

《民法典》规定了五种用益物权，具体如下。

（1）土地承包经营权，具体规定在物权编第十一章第三百三十条至第三百四十三条。

（2）建设用地使用权，具体规定在物权编第十二章第三百四十四条至第三百六十一条。

（3）宅基地使用权，具体规定在物权编第十三章第三百六十二条至第三百六十五条。

（4）居住权，具体规定在物权编第十四章第三百六十六条至第三百七十一条。

（5）地役权，具体规定在物权编第十五章第三百七十二条至第三百八十五条。

问题思考

（1）为什么会规定用益物权制度？
（2）用益物权人在使用他人财产的时候，有什么主要义务？
（3）哪些财产的使用权是受到限制的？

第二节　土地承包经营权的若干重要问题

关键词索引： 用益物权　土地承包经营权

基础导入

与土地相关的权利都是农民的宝贵财富，土地承包经营权就是为了落实农村土地所有权、承包权、经营权"三权分置"制度，解决农村的土地经营权流转性不够的问题。2018年修正的《中华人民共和国农村土地承包法》明确落实了土地承包权"三权分置"政策长久不变，进一步保护农民的土地权益。

详细解析

1 什么是土地承包经营权？

《民法典》第三百三十条规定：【双层经营体制与土地承包经营制度】农村集体经济组织实行家庭承包经营为基础、统分结合的双层经营体制。

农民集体所有和国家所有由农民集体使用的耕地、林地、草地以及其他用于农业的土地，依法实行土地承包经营制度。

《民法典》第三百三十一条规定：【土地承包经营权的定义】土地承包经营权人依法对其承包经营的耕地、林地、草地等享有占有、使用和收益的权利，有权从事种植业、林业、畜牧业等农业生产。

根据上述法律规定，土地承包经营权承包的对象是耕地、林地、草地等，也就是农业生产领域的权利，其目的就是支持、鼓励农民积极从事农业生产有关的农事活动，刺激农村经济、繁荣农业生产，促进乡村振兴。

在土地承包经营对象的认定方面，典型案例如"易某武、曹某明等排除妨害纠纷案"[（2021）鄂05民终3395号]。2003年10月，程某平承包黄花场村，四至地界为：东至后路坡，南至公路，西至丁家坡石灰窑，北至丁某秀屋后园田的荒山18亩。2006年4月，易某武与原黄花场村四组村民程某平签订《山林转让协议书》，易某武获得上述18亩荒山的承包经营权。在程某平承包经营前，石灰窑及运输石灰的场地即已形成，在形成石灰窑及场地后，荒山的属性即发生了变化。根据上述法条的规定，承包经营权的内容是耕地、林地、草地以及其他用于农业的土地；也明确了利用上述自然资源从事种植业、林业、畜牧业等农业生产的范围。而本案诉争场地是企业生产的必要场地，是从事工业生产的场地，所以该场地不属于易某武林权承包内容的范围。

2 土地承包期是多长时间？如期满，如何延长？

根据土地类型的不同，承包期是不同的。

耕地的承包期为三十年，草地的承包期为三十年至五十年，林地的承包期为三十年至七十年。

党的十九大报告中明确提出，实施乡村振兴战略。农业、农村、农民问题是关系国计民生的根本性问题，必须始终把解决好"三农"问题作为全党工作的重中之重。巩固和完善农村基本经营制度，深化农村土地制度改革，完善承包地"三权"分置制度。保持土地承包关系稳定并长久不变，第二轮土地承包到期后再延长三十年。

承包期限届满，由土地承包经营权人依照农村土地承包的法律规定继续承包。

3 土地承包经营权的设立与登记需要注意什么？

《民法典》第三百三十三条规定：【土地承包经营权的设立与登记】土地承包经营权自土地承包经营权合同生效时设立。

登记机构应当向土地承包经营权人发放土地承包经营权证、林权证等证书，并登记造册，确认土地承包经营权。

根据上述规定，土地承包经营权的设立时间是土地承包经营权合同生效的时间，并不是获得相关土地承包经营权证的时间。现实中部分地区存在不及时发放土地承包经营权证的情况，这在《中华人民共和国农村土地承包法》第二十三条也规定了，承包合同自成立之日起生效。承包方自承包合同生效时取得土地承包经营权。

有关土地承包经营权证的相关问题，在《中华人民共和国农村土地承包经营权证管理办法》中有专门规定。该办法第二条规定：农村土地承包经营权证是农村土地承包合同生效后，国家依法确认承包方享有土地承包经营权的法律凭证。农村土地承包经营权证只限承包方使用。第四条规定：实行家庭承包经营的承包方，由县级以上地方人民政府颁发农村土地承包经营权证。实行其他方式承包经营的承包方，经依法登记，由县级以上地方人民政府颁发农村土地承包经营权证。县级以上地方人民政府农业行政主管部门负责农村土地承包经营权证的备案、登记、发放等具体工作。

4 土地承包经营权的流转需要哪些条件？

《民法典》第三百三十四条规定：【土地承包经营权的互换、转让】土地承包经营权人依照法律规定，有权将土地承包经营权互换、转让。未经依法批准，不得将承包地用于非农建设。

《民法典》第三百三十五条规定：【土地承包经营权互换、转让的登记】土地承包经营权互换、转让的，当事人可以向登记机构申请登记；未经登记，不得对抗善意第三人。

根据上述规定，土地承包经营权流转需要满足如下条件。

（1）不得改变土地所有权性质和土地的农业用途。
（2）流转的期限不得超过承包期的剩余期限。
（3）受让方必须有农业经营能力。
（4）同等条件下，本集体经济组织成员享有优先权。

上面有关土地承包经营权转让登记的问题，当事人签订土地承包经营权的转让合同，并经过发包人备案或者同意后，该转让行为在当事人双方发生法律效力，合同的效力跟有无登记无关。但如果不作登记，则不能对抗善意第三人。

有关土地承包经营权互换、转让的内容，在《中华人民共和国农村土地承包法》第三十三条也有类似规定：承包方之间为方便耕种或者各自需要，可以对属于同一集体经济组织的土地的土地承包经营权进行互换，并向发包方备案。第三十五条规定，土地承包经营权互换、转让的，当事人可以向登记机构申请登记。未经登记，不得对抗善意第三人。

土地承包经营权的互换，带来的是经营权利主体发生变更，土地互换后，双方对互换土地原享有的权利、义务也随之互换，当事人可以办理土地承包经营权变更登记，也就是说，原土地承包经营权人已丧失了对原承包土地的经营权，对新换得的土地取得了经营权。

关于土地承包经营权互换、转让的登记问题，来看一个典型案例。

原告、第三人以及二被告均为瓦房店市复州城镇双龙村村民，即属于同一个村的成员。1983年，原告曲某臣承包瓦房店市复州城镇双龙村一组5块土地，共9.28亩，第二轮承包时顺延。其中，该地块的后地地块部分（约3.23亩）以口头协议的方式与第三人曲某腾进行土地互换用于栽种桃树，未约定期限。2007年、2008年第三人曲某腾又将该地块以书面协议的方式互换给被告王某忠、赵某安，被告将该地块用于扣大棚进行耕种至今。

请问本案中，原告享有双龙村十一组后地3.23亩的承包经营权吗？

（改编自辽宁省大连市中级人民法院）

本案曲某臣将其承包经营的案涉后地地块与曲某腾承包经营的案涉偏脸地块口头互换，并实际互相交付案涉互换地块。虽然双方未签订书面互换合同、并向发包方进行备案，但双方对约定的土地承包经营权互换事宜已经实际履行完毕。双方是否签订书面互换合同、是否向发包方进行备案均不是互换合同成立且生效的必要条件，曲某臣与曲某腾双方之间的土地承包经营权互换行为不违反法律行政法规的强制性规定，应认定双方已经以其行为履行了互换义务，应确认双方互换的事实已经成立，双方互换合同有效。对农村承包土地互换，双方未约定互换期限，其互换期限应为农村承包土地合同期限。据此，对于未约定流转期限的土地互换，当事人一方在农村土地承包期内主张解除互换合同，法院不予支持。故原告曲某臣诉请确认其享有双龙村十一组后地 3.23 亩承包经营权，无事实和法律依据，法院不予支持。

5 土地经营权的流转需要注意什么？

土地承包经营权和土地经营权是不一样的，具体规定如下。

《民法典》第三百四十条规定：【土地经营权的定义】土地经营权人有权在合同约定的期限内占有农村土地，自主开展农业生产经营并取得收益。

土地经营权的流转是当前盘活农村土地较多的形式，也就是土地承包经营权人可以自主决定依法采取出租、入股或者其他方式向他人流转土地经营权。

《中华人民共和国农村土地承包法》第三十八条规定，土地经营权流转应当遵循以下原则。

（1）依法、自愿、有偿，任何组织和个人不得强迫或者阻碍土地经营权流转。

（2）不得改变土地所有权的性质和土地的农业用途，不得破坏农业综合生产能力和农业生态环境。

（3）流转期限不得超过承包期的剩余期限。

（4）受让方须有农业经营能力或者资质。

（5）在同等条件下，本集体经济组织成员享有优先权。

流转期限为五年以上的土地经营权，自流转合同生效时设立。当事人可以向登记机构申请土地经营权登记；未经登记，不得对抗善意第三人。也有其他方式，如通过招标、拍卖、公开协商等方式承包农村土地，经依法登记取得权属证书的，可以依法采取出租、入股、抵押或者其他方式流转土地经营权。

问题思考

（1）简述我国双层经营体制与土地承包经营制度。
（2）承包期内发包人想要收回承包地，可以吗？
（3）承包地被征收的，该如何补偿？

第三节　住宅建设用地使用权期限届满的续期

关键词索引： 用益物权　建设用地使用权

案例导入

坐落于滨海新区的房屋权利人为陈某静，该房屋用途为城镇住宅用地／居住，使用期限至2047年11月25日。高某文与陈某静系夫妻关系，案涉房屋以夫妻更名方式过户至陈某静名下并于2019年1月11日取得不动产权证书。2003年10月1日，高某文与天津塘沽贻成实业有限公司（现更名为贻成实业）签订《天津市商品房买卖合同》约定：商品房土地来源为出让，以出让方式取得土地使用权的，土地使用年限为70年，自2002年6月11日至2072年6月11日止。天津市规划和自然资源局滨海新区分局于2019年4月29日出具的《关于贻成大厦土地使用截止日期不同的函》载明：案涉房屋土地用途为居住用地，原用途为商业用地，2006年的补充合同中，土地用途为居住用地（城镇混合住宅），土地使用权终止日期为2047年11月25日。高某文提供的其同一小区内其他业主的《天津市房地产权证》复印件载明：坐落于滨海新区房屋土地终止日期为2072年6月11日。高某文提供的贻成实业于2008年10月30日出具的《回复函》复印件载明：其承诺如果房地产权证上记载土地使用年限到期后，政府要求业主补交土地使用费，其将为业主承担2047年至2072年的土地使用费。

请问，原告可以要求贻成实业予以赔偿高德文所属房屋从2047年11月25日至2072年6月11日约25年的损失吗？

（改编自天津市第三中级人民法院）

法条链接

《民法典》第三百五十九条规定：【建设用地使用权的续期】住宅建设用地使用权期限届满的，自动续期。续期费用的缴纳或者减免，依照法律、行政法规的规定办理。

非住宅建设用地使用权期限届满后的续期，依照法律规定办理。该土地上的房屋以及其他不动产的归属，有约定的，按照约定办理；没有约定或者约定不明确的,依照法律、行政法规的规定办理。

详细解析

上述案例是买房的时候大家较为关注的住宅建设用地使用权期限问题。本案中,双方签订的商品房买卖合同约定了案涉房屋使用年限为70年,而高某文与陈某静办理房屋产权证书时房屋使用年限缩短了25年。高某文据此主张贻成实业承担2047年至2072年约25年的土地使用费的缴付义务或因案涉房屋被无偿取得后赔偿相应的损失。但上述两项诉请均未实际发生,其诉请的依据和数额均无法明确,故其现诉请主张贻成实业承担缴付义务,缺乏事实和法律依据,法院不予支持。高某文可在实际发生后另行主张。

知识延伸

1. 土地使用权出让的最高年限是多久?

根据《中华人民共和国城镇国有土地使用权出让和转让暂行条例》第十二条的规定,土地使用权出让最高年限按下列用途确定。

(1)居住用地七十年。

(2)工业用地五十年。

(3)教育、科技、文化、卫生、体育用地五十年。

(4)商业、旅游、娱乐用地四十年。

(5)综合或者其他用地五十年。

2. 住宅建设用地使用权期限届满,自动续期的办理条件是什么?

我国城镇土地的所有权归国家所有,根据上面土地使用权出让最高年限的规定,住宅的土地使用权最高期限为70年,业主购买的房屋所有权是无限期的,跟有限期的住宅土地使用权形成了冲突,因为《民法典》第三百五十九条规定,住宅建设用地使用权期限届满的,自动续期。续期费用的缴纳或者减免,依照法律、行政法规的规定办理。目前相关规定还没出台,后续可以及时关注最新政策。

有关土地使用权出让的申请续期等内容,《中华人民共和国城市房地产管理法》第二十二条规定,土地使用权出让合同约定的使用年限届满,土地使用者需要继续使用土地的,应当至迟于届满前一年申请续期,除根据社会公共利益需要收回该幅土地的,应当予以批准。经批准准予续期的,应当重新签订土地使用权出让合同，依照规定支付土地使用权出让金。土地使用权出让合同约定的使用年限届满，土地使用者未申请续期或者虽申请续期但依照前款规定未获批准的，土地使用权由国家无偿收回。

风险提示

（1）土地使用者应当根据《中华人民共和国城市房地产管理法》的相关规定及时续期，避免开发商与业主的矛盾纠纷。

（2）对于房屋所有者，应当及时关注后期续期的相关政策规定。如业主购买的房屋使用年限缩短的，在使用年限到期前并不能主张年限缩短造成的未来未知损失，后期如有相应损失，应当及时取证。

问题思考

（1）商住两用的房屋，其土地使用年限是多久？

（2）住宅建设用地使用权期限届满自动续期的规定，体现我国物权保护的什么理念？

（3）土地使用年限届满前，国家收回土地的限制条件是什么？

第四节　建设用地使用权的设立与处分问题

关键词索引： 用益物权　建设用地使用权

基础导入

《中共中央 国务院关于加快建设全国统一大市场的意见》中指出，健全城乡统一的土地和劳动力市场。统筹增量建设用地与存量建设用地，实行统一规划，强化统一管理。完善城乡建设用地增减挂钩节余指标、补充耕地指标跨区域交易机制。完善全国统一的建设用地使用权转让、出租、抵押二级市场。健全统一规范的人力资源市场体系，促进劳动力、人才跨地区顺畅流动。完善财政转移支付和城镇新增建设用地规模与农业转移人口市民化挂钩政策。

建设用地使用权，是为了在国有土地上进行开发利用而设立的权利，区别于针对集体土地的土地承包权和宅基地使用权，建设用地使用权的出让、处分、登记等都是实践中较为重要的基础性问题。

详细解析

1 建设用地使用权的概念与设立原则是什么？

《民法典》第三百四十四条规定：【建设用地使用权的定义】建设用地使用权人依法对国家所有的土地享有占有、使用和收益的权利，有权利用该土地建造建筑物、构筑物及其附属设施。

建设用地使用权可以在土地的地表、地上或者地下分别设立。此为分层出让建设用地使用权，权利人在各自的空间范围中行使权力即可。

设立建设用地使用权的时候，需要遵循的原则：应当符合节约资源、保护生态环境的要求，遵守法律、行政法规关于土地用途的规定，不得损害已经设立的用益物权。

2 建设用地使用权的设立方式有哪些？

《民法典》第三百四十七条规定：【建设用地使用权的设立方式】设立建设用地使用权，可以采取出让或者划拨等方式。

工业、商业、旅游、娱乐和商品住宅等经营性用地以及同一土地有两个以上意向用地者的，应当采取招标、拍卖等公开竞价的方式出让。

严格限制以划拨方式设立建设用地使用权。

实践中的协议、招标、拍卖、挂牌四种方式都是有偿出让建设用地使用权的方式。

对于通过招标、拍卖、协议等出让方式设立建设用地使用权的，当事人应当采用书面形式订立建设用地使用权出让合同。建设用地使用权出让合同一般包括下列条款。

（1）当事人的名称和住所。

（2）土地界址、面积等。

（3）建筑物、构筑物及其附属设施占用的空间。

（4）土地用途、规划条件。

（5）建设用地使用权期限。

（6）出让金等费用及其支付方式。

（7）解决争议的方法。

设立建设用地使用权的，应当向登记机构申请建设用地使用权登记。建设用地使用权自登记时设立。登记机构应当向建设用地使用权人发放权属证书。

3 建设用地使用权的流转方式有哪些？

《民法典》第三百五十三条规定：【建设用地使用权的流转方式】建设用地使用权人有权将建设用地使用权转让、互换、出资、赠与或者抵押，但是法律另有规定的除外。

对于建设用地使用权转让、互换、出资、赠与或者抵押的，当事人应当注意如下几点。

（1）当事人应当采用书面形式订立相应的合同。使用期限由当事人约定，但是不得超过建设用地使用权的剩余期限。

（2）应当向登记机构申请变更登记。

（3）附着于该土地上的建筑物、构筑物及其附属设施一并处分。

（4）该建筑物、构筑物及其附属设施占用范围内的建设用地使用权一并处分。

（5）建设用地使用权期限届满前，因公共利益需要提前收回该土地的，应当依据第二百四十三条的规定对该土地上的房屋以及其他不动产给予补偿，并退还相应的出让金。

❓ 问题思考

（1）处分建设用地使用权必须登记吗？

（2）对建设用地使用权的几种出让方式进行对比，并说说它们各自的适用情形？

（3）建设用地使用权可以赠与他人吗？

第五节　宅基地使用权的取得、转让等若干问题

关键词索引： 用益物权　宅基地使用权

基础导入

农村的土地一般属于农民集体所有，包括宅基地和自留地、自留山。

农村宅基地是指农民依法取得的用于建造住宅及其生活附属设施的集体建设用地，一般包括居住生活用地，如住房、厨房、牲畜房、仓库、农机房、厕所用地；四旁绿化用地，如房前屋后的竹林、林木、花圃用地；其他生活服务实施用地，如水井、地窖、沼气池用地等几部分。

宅基地使用权区别于建设用地使用权，前者是设立在集体所有的土地上，后者是设立在国家所有的土地上。宅基地使用权的设立、流转等问题对于保障集体组织成员有十分重要的作用。

详细解析

1　宅基地使用权的取得、变更和消灭

宅基地属于农民集体所有，而农民对宅基地享有的是使用权。宅基地使用权是指农村集体经济组织的成员依法享有的在农民集体所有的土地上建造住宅及其附属设施以供居住的权利。

有关宅基地使用权的取得、变更等，《民法典》规定如下。

《民法典》第三百六十二条规定：【宅基地使用权的定义】宅基地使用权人依法对集体所有的土地享有占有和使用的权利，有权依法利用该土地建造住宅及其附属设施。

《民法典》第三百六十三条规定：【宅基地使用权取得、行使和转让的法律适用】宅基地使用权的取得、行使和转让，适用土地管理的法律和国家有关规定。

《民法典》第三百六十五条规定：【宅基地使用权变更和注销登记】已经登记的宅基地使用权转让或者消灭的，应当及时办理变更登记或者注销登记。

另外，宅基地使用权也是可以消灭的，这在《中华人民共和国土地管理

法》中有明确规定，主要包括被征收、不符合规划、停止使用土地等情形，规定如下。

《中华人民共和国土地管理法》第六十六条规定：有下列情形之一的，农村集体经济组织报经原批准用地的人民政府批准，可以收回土地使用权。

（1）为乡（镇）村公共设施和公益事业建设，需要使用土地的。

（2）不按照批准的用途使用土地的。

（3）因撤销、迁移等原因而停止使用土地的。

依照前款第（1）项规定收回农民集体所有的土地的，对土地使用权人应当给予适当补偿。

收回集体经营性建设用地使用权，依照双方签订的书面合同办理，法律、行政法规另有规定的除外。

2 申请宅基地的流程和限制是什么？

有关宅基地的主管部门，《中华人民共和国土地管理法》规定，国务院农业农村主管部门负责全国农村宅基地改革和管理有关工作。县级以上人民政府农业农村主管部门对违反农村宅基地管理法律、法规的行为进行监督检查。农村村民未经批准或者采取欺骗手段骗取批准，非法占用土地建住宅的，由县级以上人民政府农业农村主管部门责令退还非法占用的土地，限期拆除在非法占用的土地上新建的房屋。超过省、自治区、直辖市规定的标准，多占的土地以非法占用土地论处。

有关申请的基本要求，《中华人民共和国土地管理法》有基本的原则性要求，各地有细化的要求，《中华人民共和国土地管理法》的基本要求如下。

（1）一户一宅：农村村民一户只能拥有一处宅基地，其宅基地的面积不得超过省、自治区、直辖市规定的标准。

（2）户有所居：人均土地少、不能保障一户拥有一处宅基地的地区，县级人民政府在充分尊重农村村民意愿的基础上，可以采取措施，按照省、自治区、直辖市规定的标准保障农村村民实现户有所居。

（3）统筹规划：农村村民建住宅，应当符合乡（镇）土地利用总体规划、村庄规划，不得占用永久基本农田，并尽量使用原有的宅基地和村内空闲地。编制乡（镇）土地利用总体规划、村庄规划应当统筹并合理安排宅基地用地，改善农村村民居住环境和条件。

（4）审核批准：农村村民住宅用地，由乡（镇）人民政府审核批准；其中，涉及占用农用地的，依照《中华人民共和国土地管理法》第四十四条的规定办理审批手续。

（5）申请限制：农村村民出卖、出租、赠与住宅后，再申请宅基地的，不予批准。

（6）自愿退出：国家允许进城落户的农村村民依法自愿有偿退出宅基地，鼓励农村集体经济组织及其成员盘活利用闲置宅基地和闲置住宅。

3 非本农民集体经济组织成员取得宅基地能不能登记？

该问题在自然资源部印发的《宅基地和集体建设用地使用权确权登记工作问答》中有明确答复，具体如下。

非本农民集体经济组织成员取得宅基地，应区分不同情形予以处理。

（1）非本农民集体经济组织成员，因易地扶贫搬迁、地质灾害防治、新农村建设、移民安置等按照政府统一规划和批准使用宅基地的，在退出原宅基地并注销登记后，依法确定新建房屋占用的宅基地使用权，并办理不动产登记。

（2）非本农民集体经济组织成员（含城镇居民），因继承房屋占用宅基地的，可按规定确权登记，在不动产登记簿及证书附记栏注记"该权利人为本农民集体经济组织原成员住宅的合法继承人"。

（3）1999年《国务院办公厅关于加强土地转让管理严禁炒卖土地的通知》（国办发〔1999〕39号）印发前，回原籍村庄、集镇落户的职工、退伍军人、离（退）休干部以及回乡定居的华侨、港澳台同胞等，原在农村合法取得的宅基地，或因合法取得房屋而占用宅基地的，经公告无异议或异议不成立的，由该农民集体经济组织出具证明，可依法确权登记，在不动产登记簿及证书附记栏注记"该权利人为非本农民集体经济组织成员"。"国办发〔1999〕39号"文件印发后，城市居民违法占用宅基地建造房屋、购买农房的，不予登记。

4 农村宅基地能否由城镇户籍的子女继承？

严禁城镇居民购买宅基地的底线大家都知道，但城镇户籍的子女能否继承老家父母的宅基地问题一直困扰着大家。

2020年9月，自然资源部经商住房城乡建设部、民政部、国家保密局、最高人民法院、农业农村部、国家税务总局对"十三届全国人大三次会议第3226号建议"作出答复。就该建议中提到的"关于农村宅基地使用权登记问题"，答复明确：农民的宅基地使用权可以依法由城镇户籍的子女继承并办理不动产登记。按照房地一体原则，继承人继承取得房屋所有权和宅基地使用权，农村宅基地不能被单独继承。

问题思考

（1）城镇居民在农村购买宅基地的合同效力如何？

（2）农民进城落户后其宅基地能不能确权登记？

（3）新的《中华人民共和国土地管理法实施条例》在保障农村村民的宅基地权益上有哪些新的变化？

第六节　居住权的重要作用

关键词索引：用益物权　居住权

案例导入

徐某道与梁某威系继母子关系。梁某威的父亲于2007年购入中山市三乡镇涉案商品房。2011年，梁某威的父亲与徐某道登记结婚。2014年，梁某威的父亲去世。同年，徐某道与梁某威签订关于涉案商品房居住权的协议，约定在未取得徐某道同意的情况下，梁某威不得出售该商品房，徐某道可在该商品房内居住至百年归老，后徐某道也一直居住在该房屋。2019年，涉案商品房变更登记至梁某威名下。2021年2月，徐某道以担心日后梁某威出售或抵押房屋，其居住权没有保障，且梁某威不配合办理居住权登记为由诉至法院，要求判令徐某道享有该商品房的永久居住权，梁某威协助办理居住权登记手续。

法条链接

《民法典》第三百六十六条规定：【居住权的定义】居住权人有权按照合同约定，对他人的住宅享有占有、使用的用益物权，以满足生活居住的需要。

详细解析

法院审理认为，徐某道与梁某威之间系继母子关系，身份关系比较特殊，而且双方之间感情基础和信任基础较为薄弱，日常交往较少。双方虽然就涉案商品房的居住权签订了协议，但在居住权实际履行过程中产生多次争执，梁某威拒绝到产权登记机关办理居住权登记，双方矛盾历时多年仍未得到有效解决，且矛盾日益加深。考虑到双方之间特殊的身份关系及《民法典》第三百六十六条关于居住权制度的立法目的主要是满足特定人群的居住需求，法院认为本案最好的处理方式是调解结案。为此，法院积极主持双方进行调解，消除双方顾虑，最终促成双方达成如下调解协议：梁某威确认徐某道对涉案房屋享有永久居住权，同意到产权登记机关办理居住权登记手续；梁某威作为产权人可以定期察看房屋状态，但察看前需与徐某道提前沟通。2021年4月28日，法院出具调解书对调解协议进行确认。

本案依法适用居住权制度，积极促使双方当事人调解结案，确保老年人老有所居，维护老年人合法权益，是社会主义核心价值观融入司法的重要体现。

知识延伸

1. 居住权是什么？

《民法典》首次规定居住权制度，将居住权作为一种新型的用益物权，对于满足特定人群的居住需求，建立我国多主体供给、多渠道保障的住房制度，让全体人民居有其所具有重要意义。

居住权就是确保居住权人"住有所居"，居住权人有权按照合同约定，对他人的住宅享有占有、使用的用益物权。居住权是一项他物权，不包括因租赁、借用而产生的居住现象，也不包括基于亲属关系形成的居住现象。同时，居住权也是为特定人设定的支配性财产权。

2. 怎么设立居住权？

居住权的设立步骤包括：第一，签订居住权合同；第二，办理登记。

居住权合同的要求，必须是当事人采用书面形式订立，居住权合同一般包括下列条款。

（1）当事人的姓名或者名称和住所。

（2）住宅的位置。

（3）居住的条件和要求。

（4）居住权期限。

（5）解决争议的方法。

同时，居住权原则上是无偿免费设立的，除非当事人有约定。也就是类似给租金的方式，但不同于租金，其数额应当比租金要低。

最后，居住权需要去登记机构办理登记，一般是去当地的不动产权登记中心办理，居住权自登记设立，不登记是无效的。

3. 居住权的其他注意事项有哪些?

居住权有很强的人身属性,是给予特定人的回馈方式,这也就导致居住权不得转让、继承。设立居住权的住宅不得出租,但是当事人另有约定的除外。

居住权期限届满或者居住权人死亡的,居住权消灭。居住权消灭的,应当及时办理注销登记。以遗嘱方式设立居住权的,参照当地有关规定同样有效。

风险提示

(1)大家在买房时,需要关注查询房屋的抵押、居住权设定情况,以免买到的房屋存在居住权等,影响整体房屋的使用和价值。

(2)大家需要及时关注当地有关居住权相关具体政策文件等,按照居住权的最新要求办理登记,维护自身权益,保障老有所居。

(3)居住权的使用场景很多,如父母把房屋赠与子女时,为防止房屋过户后子女不孝,设立居住权能够保障自己老有所居;如离婚时,一方当事人设立居住权保障自己及时分得共有财产等。

问题思考

(1)请查询你所在地的居住权最新政策。
(2)口头约定居住权,但并未登记的,对后期居住权的效力有什么影响?
(3)通过继承设立居住权的,容易产生什么问题?

第七节　地役权的相关重要问题

关键词索引: 用益物权　地役权

基础导入

地役权是指土地相邻的双方当事人约定,一方当事人因同行、取水、排水、铺设管线等,需要利用另一方当事人的土地或者限制另一方当事人土地的利用,以提高自己土地效益的权利。地役权不同于相邻权,前者属于用益物权,后者属于所有权的延伸;前者只适用于土地之间的利用关系,后者适用范围更广。

详细解析

1 如何设定地役权？

《民法典》第三百七十四条规定：【地役权的设立与登记】地役权自地役权合同生效时设立。当事人要求登记的，可以向登记机构申请地役权登记；未经登记，不得对抗善意第三人。

根据相关条款规定，设立地役权，当事人应当采用书面形式订立地役权合同。地役权合同一般包括下列条款。

（1）当事人的姓名或者名称和住所。

（2）供役地和需役地的位置。

（3）利用目的和方法。

（4）地役权期限。

（5）费用及其支付方式。

（6）解决争议的方法。

土地所有权人享有地役权或者负担地役权的，设立土地承包经营权、宅基地使用权等用益物权时，该用益物权人继续享有或者负担已经设立的地役权。

土地上已经设立土地承包经营权、建设用地使用权、宅基地使用权等用益物权的，未经用益物权人同意，土地所有权人不得设立地役权。

2 地役权的几点其他问题

关于地役权的期限，不能完全由当事人约定。地役权期限可以由当事人约定，但不得超过土地承包经营权、建设用地使用权等用益物权的剩余期限。

关于地役权的转让，地役权不得单独转让。土地承包经营权、建设用地使用权等转让的，地役权一并转让，但是合同另有约定的除外。

关于地役权的抵押，地役权不得单独抵押。土地经营权、建设用地使用权等抵押的，在实现抵押权时，地役权一并转让。

关于供役地权利人可解除地役权合同的情形，地役权人有下列情形之一的，供役地权利人有权解除地役权合同，地役权消灭。

（1）违反法律规定或者合同约定，滥用地役权。

（2）有偿利用供役地，约定的付款期限届满后在合理期限内经两次催告未支付费用。

问题思考

（1）设立地役权的土地被部分转让的，地役权有影响吗？
（2）地役权需要登记的情形有哪些？
（3）什么是"需役地"？什么是"供役地"？

第十二章 担保物权相关基础

第一节 担保物权的基础概念

关键词索引：担保物权

基础导入

担保物权在民间借贷、房屋买卖等场景中应用较多，也是比较实务的问题。担保物权就是为了担保债权的实现，由债务人或第三人提供特定的物或者权利作为标的物而设定的限定物权，如抵押权、质权、留置权等。

之所以设立担保物权制度，就是为了保障债权人能及时实现其债权，通过担保的形式，确保债权人能够获得担保物的相应价值。《民法典》第三百八十六条给出了定义，即担保物权人在债务人不履行到期债务或者发生当事人约定的实现担保物权的情形，依法享有就担保财产优先受偿的权利，但是法律另有规定的除外。

详细解析

1 担保合同的订立和效力问题

设立担保物权，应当订立担保合同，而且是要式合同。

担保合同包括抵押合同、质押合同和其他具有担保功能的合同。这里的"其他具有担保功能的合同"是新的内容，也就是《九民会议纪要》中涉及的非典型担保和新类型担保，从法律层面认可了该类合同的效力及性质，同时也区分了"物权设定"和"合同效力"。

关于订立担保合同的方式问题，主要担保方式如下。

（1）在主合同中订立担保条款。

（2）在主合同之外单独订立书面的担保合同。

（3）在具有担保性质的信函、传真中表达担保意思，并被接受的。

（4）保证人在主合同中以保证人身份签字的。

如上前三种方式适用于保证、抵押、质押和定金合同，第四种适用保证合同。

担保合同是主债权债务合同的从合同。主债权债务合同无效的，担保合同无效，但是法律另有规定的除外。

担保合同被确认无效后，债务人、担保人、债权人有过错的，应当根据其过错各自承担相应的民事责任。

2 担保物权能担保的范围

《民法典》第三百八十九条规定：【担保物权的担保范围】担保物权的担保范围包括主债权及其利息、违约金、损害赔偿金、保管担保财产和实现担保物权的费用。当事人另有约定的，按照其约定。

担保物权能担保的除了要担保主债权外，还包括主债权的利息、违约金、损害赔偿金、保管担保财产和实现担保物权的费用。当事人也可以约定其他的担保物权范围。

3 实现担保物权的保障有哪些？

关于担保物权的物上代位性及代位物的提存：担保期间，担保财产毁损、灭失或者被征收等，担保物权人可以就获得的保险金、赔偿金或补偿金等优先受偿。被担保债权的履行期限未届满的，也可以提存该保险金、赔偿金或者补偿金等。

第三人提供担保，未经其书面同意，债权人允许债务人转移全部或者部分债务的，担保人不再承担相应的担保责任。

当人保和物保并存时担保权的实行规则：被担保的债权既有物的担保又有人的担保的，债务人不履行到期债务或者发生当事人约定的实现担保物权的情形，债权人应当按照约定实现债权；没有约定或者约定不明确，债务人自己提供物的担保的，债权人应当先就该物的担保实现债权；第三人提供物的担保的，债权人可以就物的担保实现债权，也可以请求保证人承担保证责任。提供担保的第三人承担担保责任后，有权向债务人追偿。

问题思考

（1）担保人和保证人各自承担什么责任？
（2）什么情形下要设定反担保？
（3）担保物权消灭的情形有哪些？

第二节　抵押权的若干重要问题

关键词索引：抵押权

基础导入

抵押权在实践中最常见的就是房屋买卖时因贷款抵押给银行的情形，如某人向银行贷款100万元，并把房子抵押给银行，该房屋仍由借款人居住，如果借款人到期不能及时还款的话，银行可以对该套房屋以折价、拍卖、变卖等方式从所获得的价款中优先受偿。

《民法典》第三百九十四条规定，为担保债务的履行，债务人或者第三人不转移财产的占有，将该财产抵押给债权人的，债务人不履行到期债务或者发生当事人约定的实现抵押权的情形，债权人有权就该财产优先受偿。前款规定的债务人或者第三人为抵押人，债权人为抵押权人，提供担保的财产为抵押财产。

详细解析

1　哪些财产可抵押？哪些财产不可抵押？

《民法典》第三百九十五条规定：【抵押财产的范围】债务人或者第三人有权处分的下列财产可以抵押：
（1）建筑物和其他土地附着物。
（2）建设用地使用权。
（3）海域使用权。
（4）生产设备、原材料、半成品、产品。
（5）正在建造的建筑物、船舶、航空器。

（6）交通运输工具。

（7）法律、行政法规未禁止抵押的其他财产。

抵押人可以将前款所列财产一并抵押。

正在建造中的建筑物、船舶、航空器同样能够抵押，对于其他半成品等，特别是企业、个体工商户、农业生产经营者现有的以及将有的生产设备、原材料、半成品、产品都可以抵押，债务人不履行到期债务或者发生当事人约定的实现抵押权的情形，债权人有权就抵押财产确定时的动产优先受偿。

以上就是"浮动抵押"的内容。浮动抵押是一种特别抵押，指抵押人在其现在和将来所有的全部财产或者部分财产上设定的担保，在行使抵押权之前，抵押人对抵押财产保留在正常经营过程中的处分权。其主要的特点是：第一，抵押人将他现在所有或者将来拥有的全部资产或者部分资产设立抵押；第二，这些资产的形态在抵押人正常经营过程中不断地发生变化；第三，在发生法定或约定的事由前抵押人对该资产享有自由处分的权利。

针对浮动抵押的确定问题，抵押财产自下列情形之一发生时确定。

（1）债务履行期限届满，债权未实现。

（2）抵押人被宣告破产或者解散。

（3）当事人约定的实现抵押权的情形。

（4）严重影响债权实现的其他情形。

《民法典》第三百九十九条规定：【禁止抵押的财产范围】下列财产不得抵押。

（1）土地所有权。

（2）宅基地、自留地、自留山等集体所有土地的使用权，但是法律规定可以抵押的除外。

（3）学校、幼儿园、医疗机构等为公益目的成立的非营利法人的教育设施、医疗卫生设施和其他公益设施。

（4）所有权、使用权不明或者有争议的财产。

（5）依法被查封、扣押、监管的财产。

（6）法律、行政法规规定不得抵押的其他财产。

上述财产在抵押的时候，需要注意以下两点。

（1）以建筑物抵押的，该建筑物占用范围内的建设用地使用权一并抵押。以建设用地使用权抵押的，该土地上的建筑物一并抵押。抵押人未依据前款规定一并抵押的，未抵押的财产视为一并抵押。

（2）乡镇、村企业的建设用地使用权不得单独抵押。以乡镇、村企业的厂房等建筑物抵押的，其占用范围内的建设用地使用权一并抵押。

2 抵押权的设立与登记注意事项

对于不动产抵押而言，建筑物和其他土地附着物、建设用地使用权、海域使用权、正在建造的建筑物是必须办理登记的。抵押权自登记时设立。

对于动产抵押而言，以动产抵押的，抵押权自抵押合同生效时设立；未经登记，不得对抗善意第三人。

3 抵押期间，抵押人可以转让抵押财产

《民法典》第四百零六条规定：【抵押财产的处分】抵押期间，抵押人可以转让抵押财产。当事人另有约定的，按照其约定。抵押财产转让的，抵押权不受影响。

抵押人转让抵押财产的，应当及时通知抵押权人。抵押权人能够证明抵押财产转让可能损害抵押权的，可以请求抵押人将转让所得的价款向抵押权人提前清偿债务或者提存。转让的价款超过债权数额的部分归抵押人所有，不足部分由债务人清偿。

本条相比之前有较大修改，此前抵押期间，抵押人转让抵押财产是需要抵押权人的同意的，但现在最新的规定不需要同意，只要通知抵押权人即可。这给与抵押相关的行业带来了较大的影响，如给银行贷后资产管理带来了新挑战。

如下是一个典型案例。

2021年2月，原告顾某某从被告A房地产公司以60万元的价格购买了某小区两间门面房。原告已支付全部购房款，被告出具了收据并将上述门面房交付原告使用。原告多次要求A房地产公司签订书面购房合同及办理房屋过户手续，但A房地产公司已于2020年10月将上述门面房抵押给第三人B公司并办理了抵押登记手续。因A房地产公司经营困难，无力解除争议房屋上的抵押权，无法签订购房合同及办理房屋过户手续，故原告向涟水法院提起诉讼，要求判令A房地产公司与原告签订商品房买卖合同，并提供资料协助原告办理房屋产权登记手续。

（改编自江苏省涟水县人民法院）

法院经审理认为，本案中，原告已支付了全部购房款并实际使用，双方之间形成了房屋买卖关系，对原告的诉讼请求，依法予以支持。故判决被告A房地产公司与原告签订符合办理产权证要求的房屋买卖合同，并提供资料协助原告办

理产权登记手续。

当今社会，大多购房者都是贷款买房，并将房屋抵押给银行。《民法典》实施前，房屋所有人如果要出售房屋，需将剩余贷款还清后让银行解押，才能实现房屋的买卖与过户。《民法典》实施后，在押房产也可以直接交易并办理过户手续，《民法典》关于抵押财产转让相关规定的转变，意在保护抵押权人权益的同时，进一步保护受让人的合法权益。本案裁判对于维护房地产市场的秩序与稳定，为设定抵押权的房屋买卖纠纷提供了新的解决方案。

4 抵押权的实现及清偿顺序问题

《民法典》第四百一十条规定：【抵押权的实现】债务人不履行到期债务或者发生当事人约定的实现抵押权的情形，抵押权人可以与抵押人协议以抵押财产折价或者以拍卖、变卖该抵押财产所得的价款优先受偿。协议损害其他债权人利益的，其他债权人可以请求人民法院撤销该协议。

抵押权人与抵押人未就抵押权实现方式达成协议的，抵押权人可以请求人民法院拍卖、变卖抵押财产。

抵押财产折价或者变卖的，应当参照市场价格。

数个抵押权、抵押权与其他权益冲突时，清偿顺序问题是大家较为关注和困惑的话题。

对应数个抵押权清偿顺序的问题，同一财产向两个以上债权人抵押的，拍卖、变卖抵押财产所得的价款依照下列规定清偿。

（1）抵押权已经登记的，按照登记的时间先后确定清偿顺序。

（2）抵押权已经登记的先于未登记的受偿。

（3）抵押权未登记的，按照债权比例清偿。

对于抵押权与质权的清偿顺序问题，同一财产既设立抵押权又设立质权的，拍卖、变卖该财产所得的价款按照登记、交付的时间先后确定清偿顺序。

对于动产购买价款抵押担保的优先权问题，动产抵押担保的主债权是抵押物的价款，标的物交付后十日内办理抵押登记的，该抵押权人优先于抵押物买受人的其他担保物权人受偿，但是留置权人除外。

5 什么是最高额抵押权？

《民法典》第四百二十条规定：【最高额抵押权的定义】为担保债务的履行，债务人或者第三人对一定期间内将要连续发生的债权提供担保财产的，债务人不履行到期债务或者发生当事人约定的实现抵押权的情形，抵押权人有权在最高债权额限度内就该担保财产优先受偿。

最高额抵押权设立前已经存在的债权，经当事人同意，可以转入最高额抵押担保的债权范围。

最高额抵押权本质在于其所担保的债权为不特定债权，且具有最高限额。抵押物登记记载的内容与抵押合同约定的内容不一致的，以登记记载的内容为准。最高额抵押所担保债权的范围可包括主债权及其利息、违约金、损害赔偿金等，但总计不得超过已登记的预定最高限额，超过部分，抵押权人不能行使抵押权。

抵押权人实现最高额抵押权时，如果实际发生的债权余额高于最高限额的，以最高限额为限，超过部分不具有优先受偿的效力。

问题思考

（1）抵押权人能否放弃抵押权？有何影响？
（2）抵押权与租赁权的关系是什么？
（3）抵押权的存续期间与主债权的期限有什么联系？

第三节　质权的若干重要问题

关键词索引：质权

基础导入

质权属于担保物权的一种，也称质押，是指为了担保债权的履行，债务人或第三人将其动产或权利移交债权人占有，当债务人不履行债务时，债权人有权就其占有的财产优先受偿的权利。质权相比抵押权，最大的区别在于质权需要将标的物转移占有，而抵押权不需要。

质权分为动产质权和权利质权两种。动产质权就是指债权人占有债务人或第三人为担保债务履行而移交的财产，在债务人不履行债务时就该财产的变卖价金优先受偿的权利；权利质权就是指债务人或者第三人将其拥有的财产权利凭证交由债权人占有或者通过登记制度将该权利出质给债权人，当债务人不履行债务时，债权人就该财产权依法享有优先受偿的权利。

详细解析

1　动产质权的设立与质权保护

首先，设立质权，当事人应当采用书面形式订立质押合同。质押合同一般包括下列条款。

（1）被担保债权的种类和数额。
（2）债务人履行债务的期限。
（3）质押财产的名称、数量等情况。
（4）担保的范围。
（5）质押财产交付的时间、方式。

其次，质权自出质人交付质押财产时设立。

质权人在质权存续期间，未经出质人同意，擅自使用、处分质押财产，造成出质人损害的，应当承担赔偿责任。质权人负有妥善保管质押财产的义务；因保管不善致使质押财产毁损、灭失的，应当承担赔偿责任。质权人的行为可能使质押财产毁损、灭失的，出质人可以请求质权人将质押财产提存，或者请求提前清偿债务并返还质押财产。

另外，有关质权保护的问题，因不可归责于质权人的事由可能使质押财产毁损或者价值明显减少，足以危害质权人权利的，质权人有权请求出质人提供相应的担保；出质人不提供的，质权人可以拍卖、变卖质押财产，并与出质人协议将拍卖、变卖所得的价款提前清偿债务或者提存。

2　动产质权的实现与及时行使

之所以设立质权，就是为了确保债务人不能履行到期债务或者发生当事人约定的实现质权的情形时，债权人有相应补偿的保障。因此，债务人履行债务或者出质人提前清偿所担保的债权的，质权人应当返还质押财产。债务人不履行到期债务或者发生当事人约定的实现质权的情形，质权人可以与出质人协议以质押财产折价，也可以就拍卖、变卖质押财产所得的价款优先受偿。质押财产折价或者变卖的，应当参照市场价格。

质押人和质权人是基于质押合同而互有权利和义务的，当债务履行期限届满，质权人也要积极行使职权。出质人可以请求质权人在债务履行期限届满后及时行使质权；质权人不行使的，出质人可以请求人民法院拍卖、变卖质押财产。出质人请求质权人及时行使质权，因质权人怠于行使权利造成出质人损害的，由质权人承担赔偿责任。

关于质押财产变卖后的处理，质押财产折价或者拍卖、变卖后，其价款超过债权数额的部分归出质人所有，不足部分由债务人清偿。

3 哪些权利可以出质？

债务人或者第三人有权处分的下列权利可以出质：①汇票、本票、支票；②债券、存款单；③仓单、提单；④可以转让的基金份额、股权；⑤可以转让的注册商标专用权、专利权、著作权等知识产权中的财产权；⑥现有的以及将有的应收账款；⑦法律、行政法规规定可以出质的其他财产权利。

4 各种权利出质的时候需要注意什么？

（1）有价证券的出质。

以汇票、本票、支票、债券、存款单、仓单、提单出质的，质权自权利凭证交付质权人时设立；没有权利凭证的，质权自办理出质登记时设立。法律另有规定的，依照其规定。

汇票、本票、支票、债券、存款单、仓单、提单的兑现日期或者提货日期先于主债权到期的，质权人可以兑现或者提货，并与出质人协议将兑现的价款或者提取的货物提前清偿债务或者提存。

（2）基金份额、股权的出质。

以基金份额、股权出质的，质权自办理出质登记时设立。

基金份额、股权出质后，不得转让，但是出质人与质权人协商同意的除外。出质人转让基金份额、股权所得的价款，应当向质权人提前清偿债务或者提存。

（3）知识产权的出质。

以注册商标专用权、专利权、著作权等知识产权中的财产权出质的，质权自办理出质登记时设立。

知识产权中的财产权出质后，出质人不得转让或者许可他人使用，但是出质人与质权人协商同意的除外。出质人转让或者许可他人使用出质的知识产权中的财产权所得的价款，应当向质权人提前清偿债务或者提存。

（4）应收账款的出质。

以应收账款出质的，质权自办理出质登记时设立。

应收账款出质后，不得转让，但是出质人与质权人协商同意的除外。出质人转让应收账款所得的价款，应当向质权人提前清偿债务或者提存。

问题思考

（1）质押权与抵押权有何区别及联系？
（2）质押期间，质押财产的孳息分配给谁？
（3）质押物未转交债权人占有，质押合同和质权是否有效？

第四节 留置权的若干重要问题

关键词索引：留置权

基础导入

什么是留置权？如张三的电脑送给李四维修，双方签订维修合同，修理结束后张三拒付修理费，此时李四就可以留置该电脑，并可以将该电脑变卖，用于偿还修理费用。

这就是典型的留置权案例。留置权是指债权人因合法手段占有债务人的财物，在由此产生的债权未得到清偿以前留置该项财物并在超过一定期限仍未得到清偿时依法变卖留置财物，从价款中优先受偿的权利。

详细解析

1 留置权人的权利和义务有哪些？

当债务人不履行到期债务时，留置权人就可以留置该动产，留置财产被折价或者拍卖、变卖后，其价款超过债权数额的部分归债务人所有，不足部分由债务人清偿。

留置权的前提是留置权人对财产的占有，当留置权人对留置财产丧失占有或者留置权人接受债务人另行提供担保的，留置权消灭。

同时，留置权人有权收取留置财产的孳息。这部分孳息应当先充抵收取孳息的费用。

另外，留置权人负有妥善保管留置财产的义务；因保管不善致使留置财产毁损、灭失的，应当承担赔偿责任。

2 留置权债务人的债务履行期限

留置权人与债务人应当约定留置财产后的债务履行期限;没有约定或者约定不明确的,留置权人应当给债务人六十日以上履行债务的期限,但是鲜活、易腐等不易保管的动产除外。债务人逾期未履行的,留置权人可以与债务人协议以留置财产折价,也可以就拍卖、变卖留置财产所得的价款优先受偿。

3 留置权、抵押权和质权竞合时的顺位问题

同一动产上已经设立抵押权或者质权,该动产又被留置的,留置权人优先受偿。

无论留置权是产生在抵押权或质权之前还是之后,无论留置权人在留置动产时是善意或恶意,留置权都优先于抵押权或质权。

❓ 问题思考

(1)债务履行到期后,留置权人不履行留置权的,债务人如何操作?
(2)哪些动产不能被留置?
(3)留置财产与债权的法律关系是什么?

第三编

《民法典》合同相关知识

第十三章 合同相关基础

第一节 合同的基础概念

关键词索引：合同

基础导入

合同在日常生活、工作中较为常见，几乎每个人都会遇到各种合同事项。《民法典》合同编中全方位规定了合同的订立、效力、履行、保全、变更和转让、权利与义务及终止和违约责任，同时对各类典型合同及准合同进行了分类规定。

详细解析

1 合同的基础概念和特点

合同是民事主体之间设立、变更、终止民事法律关系的协议。

合同是平等主体之间基于共同的意思表示，以设立、变更、终止民事法律关系为目的的协议。通过上述概念可知，合同的特点如下。

（1）平等性。合同是平等主体之间订立的协议，区别于不平等主体，如国家与个人之间的行政关系。合同的当事人是平等的民事主体。

（2）共同性。只有当事人自愿达成共同的意思表示才可以设立合同，而不是受到胁迫、欺诈等不自愿虚假做出的意思表示。

（3）目的性。合同的目的是设立、变更、终止民事法律关系，而此种民事法律关系的变化是合法的，受到法律保护和约束。

2 有名合同与无名合同

有名合同和无名合同的区别就在于《民法典》合同编或者其他法律是否有明文规定。

《民法典》第四百六十七条第（一）项规定，本法或者其他法律没有明文规定的合同，适用本编通则的规定，并可以参照适用本编或者其他法律最相类似合同的规定。

有名合同有 19 个：买卖合同，供用电、水、气、热力合同，赠与合同，借款合同，保证合同，租赁合同，融资租赁合同，保理合同，承揽合同，建设工程合同，运输合同，技术合同，保管合同，仓储合同，委托合同，物业服务合同，行纪合同，中介合同，合伙合同。

? 问题思考

（1）婚姻、收养、监护等有关身份关系的协议适用合同编的规定吗？
（2）同学之间的叫醒服务合同，怎么适用法律？
（3）举例说明自己生活中常见的合同。

第二节　订立合同的关键要点

关键词索引：合同的订立

基础导入

合同的整个过程包括合同的订立、履行、保全、变更和转让、终止等内容，每个过程都在实践中有较多的细节注意点。合同的订立是合同成立的基本前提过程，如要约和承诺是每一个合同的最基本的要素。合同订立中的法律风险同样需要防范，避免此过程产生缔约过失责任。

详细解析

1 订立合同的形式有哪些？

《民法典》第四百六十九条规定：【合同订立形式】当事人订立合同，可以采用书面形式、口头形式或者其他形式。

书面形式是合同书、信件、电报、电传、传真等可以有形地表现所载内容的形式。

以电子数据交换、电子邮件等方式能够有形地表现所载内容，并可以随时调取查用的数据电文，视为书面形式。

实践中，大部分生活中的合同是以口头方式订立的，如去菜市场买菜、朋友之间口头委托代办件事等。而在商务和重要场合中的合同主要是采用书面方式订立的。书面包括传统的合同书、信件、电报、电传、传真等形式，也包括以电子数据交换、电子邮件等方式能够有形地表现所载内容，并可以随时调取查用的数据电文，此类数据电文如微信聊天记录等新型网络数据电文。

实践中还存在不签订书面合同，仅口头约定合同事项的，此类合同的认定需要有相关佐证资料证明合同的成立，如下述案例。

2021年4月8日，阿某在贾某军的军阳砖厂购买了10 000块砖，并向贾某军全额支付5300元砖款，贾某军向阿某出具了票号为No.2009×××的收款收据第二联，该第二联收款收据的字迹是通过第一联存根与第二联之间附有蓝色复写纸，经过在第一联存根上书写后复写而出的蓝色字迹，系贾某军书写。

（改编自新疆维吾尔自治区高级人民法院伊犁哈萨克自治州分院）

本案系买卖合同纠纷，阿某在贾某军处购买了10 000块砖，并向贾某军支付了5300元货款，贾某军向阿某出具票号为No.2009×××的收款收据第二联，约定阿某持有贾某军出具的票据提货，双方之间的买卖合同已经口头形式达成，依法成立，具有法律效力，对双方当事人均具有约束力。

另外，大家需要特别关注特定行业的合同订立要求，有些合同的订立必须是书面订立的，如租赁期限六个月以上的租赁合同应当采用书面形式，如抵押合同、劳动合同、离婚协议等，具体可参照典型合同中的细化要求。

2 合同内容的主要条款有哪些？

合同的内容由当事人约定，一般包括下列条款。
（1）当事人的姓名或者名称和住所。
（2）标的。
（3）数量。
（4）质量。
（5）价款或者报酬。

（6）履行期限、地点和方式。

（7）违约责任。

（8）解决争议的方法。

当事人可以参照各类合同的示范文本订立合同。

上述合同条款的规定仅是提示性、示范性条款，合同是否具备必备条款，应视合同性质而定，在实践中不能完全按照上述要求来订立合同，也不太现实。来看一个典型案例。

2021年5月24日，原告麻某春（甲方）与被告叶某彬（乙方）签订《转让协议书》，"经甲、乙双方友好协商，现就小处场地有关统料转让事宜达成如下协议：1.地址：位于丽水市莲都区黄村乡小处村村外公路边；2.转让内容：场地地面上的全部统料，地磅、集装箱、空调、监控、计算机等全部设备；3.转让费用合计人民币15万元，本协议签订后立即一次性付清"。协议签订后，被告至今未向原告支付合同转让款。另查明，案涉场地的土地使用权由浙江盛景旅游开发有限公司拍卖取得，小处村几名村民将该土地租给原告使用，且原告用于填平地面的统料亦系从村民处购得，花费15万元。被告从2021年6月开始使用案涉场地到8月。

请问本案中，合同条款是否有问题？"全部"数量如何认定？

（改编自浙江省丽水市中级人民法院）

本案中的合同是买卖合同，当事人姓名或者名称、标的、数量是合同的必备条款，只要合同中具备前述三项条款，合同就可以成立，对质量、价款、履行地点、履行期限等条款未作约定的，可以按照《民法典》第五百一十条、第五百一十一条规定确定有关合同内容。

本案中，叶某彬主张"全部"一词并非具体数量名词，对统料和设备约定不明确，无法确认合同标的物，但案涉《转让协议书》约定的合同标的是统料及场地上的地磅、集装箱、空调、监控、计算机等设备，虽然条款中使用了"全部"一词，但"全部"一词在此仅起修饰作用，有无"全部"一词，对合同条款的理解并无实质影响，已经可以确定合同标的物。且合同标的物为砂石料统料和场地上的设备，设备具体明确，统料虽未按立方计量，但即便按照立方计量，也仅是预估的方量，当事人在交易时亦可以按照预估的方量进行计价，故案涉协议书中未载明统料方量不能认定为标的数量不明确。

3　要约的生效、撤回、撤销与无效等规定

当事人订立合同，可以采取要约、承诺方式或者其他方式。而合同能够订立的必备要素就是要约和承诺同时具备。

要约是希望与他人订立合同的意思表示，如在商务实践中的报价、发盘等就是要约。该意思表示应当符合下列条件：①内容具体确定；②表明经受要约人承诺，要约人即受该意思表示约束。如发出的报价中数量不明确，那就不是要约，而是要约邀请。同时，发出的要约对要约人是有约束力的，对受要约人是没有约束力的，也就是受要约人可以接受也可以不接受。

要约什么时候生效呢？以对话方式做出的意思表示，相对人知道其内容时生效。以非对话方式做出的意思表示，到达相对人时生效。以非对话方式做出的采用数据电文形式的意思表示，相对人指定特定系统接收数据电文的，该数据电文进入该特定系统时生效；未指定特定系统的，相对人知道或者应当知道该数据电文进入其系统时生效。当事人对采用数据电文形式的意思表示的生效时间另有约定的，按照其约定。

当然，要约也可以撤回，行为人可以撤回意思表示。撤回意思表示的通知应当在意思表示到达相对人前或者与意思表示同时到达相对人。

要约可以撤销，但是有下列情形之一的除外：①要约人以确定承诺期限或者其他形式明示要约不可撤销；②受要约人有理由认为要约是不可撤销的，并已经为履行合同做了合理准备工作。

撤销要约的意思表示以对话方式做出的，该意思表示的内容应当在受要约人做出承诺之前为受要约人所知道；撤销要约的意思表示以非对话方式做出的，应当在受要约人做出承诺之前到达受要约人。

要约失效的条件如下：①要约被拒绝；②要约被依法撤销；③承诺期限届满，受要约人未做出承诺；④受要约人对要约的内容做出实质性变更。

4　要约邀请是什么？

要约邀请是希望他人向自己发出要约的表示。拍卖公告、招标公告、招股说明书、债券募集办法、基金招募说明书、商业广告和宣传、寄送的价目表等为要约邀请。

商业广告和宣传的内容符合要约条件的，构成要约。

如商品房销售中的宣传广告、宣传资料是要约还是要约邀请是大家容易争议的问题，《最高人民法院关于审理商品房买卖合同纠纷案件适用法律若干问题

的解释》第三条规定，商品房的销售广告和宣传资料为要约邀请，但是出卖人就商品房开发规划范围内的房屋及相关设施所做的说明和允诺具体确定，并对商品房买卖合同的订立以及房屋价格的确定有重大影响的，构成要约。该说明和允诺即使未载入商品房买卖合同，亦应当为合同内容，当事人违反的，应当承担违约责任。

5 承诺的生效与撤回等规定

承诺是受要约人同意要约的意思表示。也就是同意要约人提出的条件，签订合同的意思表示。

有关承诺的做出方式，一般以通知的方式做出；但是，根据交易习惯或者要约表明可以通过行为做出承诺的除外。这里的"行为"如预付价款、工厂开始生产等履约行为。

承诺应当在要约确定的期限内到达要约人。当要约没有确定承诺期限的，承诺应当依照下列规定到达：①要约以对话方式做出的，应当即时做出承诺；②要约以非对话方式做出的，承诺应当在合理期限内到达。

有关承诺生效的时间很关键，因为承诺一旦生效，代表着合同就已经成立。以通知方式做出的承诺，其生效的时间同要约生效的时间。承诺不需要通知的，根据交易习惯或者要约的要求做出承诺的行为时生效。

另外特别指出的是，承诺可以撤回，跟要约的撤回一致。承诺不存在撤销，因为承诺一旦生效合同就成立了。

6 新要约是什么？

新要约不是承诺，那说明有新订立合同的意思表示，新要约的情形主要有两种。

（1）受要约人超过承诺期限发出承诺，或者在承诺期限内发出承诺，按照通常情形不能及时到达要约人的，为新要约；但是，要约人及时通知受要约人该承诺有效的除外。

（2）承诺的内容应当与要约的内容一致。受要约人对要约的内容做出实质性变更的，为新要约。有关合同标的、数量、质量、价款或者报酬、履行期限、履行地点和方式、违约责任和解决争议方法等的变更，是对要约内容的实质性变更。

特别说明的是，当受要约人对要约的内容做出非实质性变更的时候，为鼓励交易，此时做出的仍然是有效的承诺，不是新要约。

7 合同的成立时间是什么时候?

不同的合同的成立时间是不一样的，通常的理解是，当事人采用合同书形式订立合同的，自当事人均签名、盖章或者按指印时合同成立。但在签名、盖章或者按指印之前，当事人一方已经履行主要义务，对方接受时，该合同成立。

特别说明的是，法律、行政法规规定或者当事人约定合同应当采用书面形式订立，当事人未采用书面形式但是一方已经履行主要义务，对方接受时，该合同成立。

当事人采用信件、数据电文等形式订立合同要求签订确认书的，签订确认书时合同成立。

当事人一方通过互联网等信息网络发布的商品或者服务信息符合要约条件的，对方选择该商品或者服务并提交订单成功时合同成立，但是当事人另有约定的除外。此条对应如下典型案例。

刘先生参加某电商平台年中大促活动，花 2.7 万多元在某网店购置了两台摄影设备。谁知在刘先生确认订单后，网店却以"商品销售一空，暂时无货"为由拒不发货。不过，网店网页却长期显示该摄像设备在售。刘先生表示，可待商家有货时再发货，可是网店却仍不同意。沟通数次无果，刘先生先后与电商平台、12315 投诉交涉，网店依然态度强硬。

（改编自福建省厦门市思明区人民法院）

法院做出判决：双方网络购物合同解除，网店应返还刘先生已实际支付的 2.7 万多元货款，并赔偿刘先生损失 2 万元。商家在网络平台上发布商品销售信息、价格，即构成合同要约；买家一旦拍下该商品，即构成合同承诺，此时双方即刻成立买卖合同。在商家发布商品销售信息时未列明并提示注意商品限售件数、购买时限等条款的情形下，如买家已履行付款义务，那么商家亦应履行交货义务。商家以缺货为由拒绝发货，构成违约，应承担违约赔偿责任。因此，在买方遭遇"超卖"时，不仅可以要求商家退还货款，还有权主张商家就违约行为赔偿损失。

8 怎么确定合同成立的地点?

合同成立地点关乎合同相关纠纷解决的管辖问题，如《民事诉讼法》第三十四条规定，合同或者其他财产权益纠纷的当事人可以书面协议选择被告住所地、合同履行地、合同签订地、原告住所地、标的物所在地等与争议有实际联系的地点的人民法院管辖，但不得违反本法对级别管辖和专属管辖的规定。

合同成立的地点因约定、合同的形式等而不同，具体如下。

（1）一般情况下，承诺生效的地点为合同成立的地点。

（2）当承诺在生效地点难以确定的时候，如采用数据电文形式订立合同的，收件人的主营业地为合同成立的地点；没有主营业地的，其住所地为合同成立的地点。当事人另有约定的，按照其约定。

（3）当事人采用合同书形式订立合同的，最后签名、盖章或者按指印的地点为合同成立的地点，但是当事人另有约定的除外。

9 国家订货任务、指令性任务的合同必须订立

合同的契约自由是一个基本前提，一方当事人不能强迫另一方订立合同。只有发生特定情形，为了维护国家利益、社会利益，《民法典》才规定了强制缔约的内容。

第一，双方强制的情形。国家根据抢险救灾、疫情防控或者其他需要下达国家订货任务、指令性任务的，有关民事主体之间应当依照有关法律、行政法规规定的权利和义务订立合同。

第二，单方强制要约或承诺的情形。依照法律、行政法规的规定负有发出要约义务的当事人，应当及时发出合理的要约。依照法律、行政法规的规定负有做出承诺义务的当事人，不得拒绝对方合理的订立合同要求。如因疫情防控需要，公交公司需要运送乘客的，则公交公司必须做出承诺并履行运输合同。

10 注意缔约过失责任

违约责任是大家熟悉的，但在缔约过程中同样有可能给缔约当事人造成损失，此时就要承担缔约过失责任了。当事人在订立合同过程中有下列情形之一，造成对方损失的，应当承担赔偿责任：①假借订立合同，恶意进行磋商；②故意隐瞒与订立合同有关的重要事实或者提供虚假情况；③有其他违背诚信原则的行为。

综合上述缔约过失责任的情形，缔约过失责任的构成要件应包括以下4个。

（1）缔约人违反了以诚实信用为基础的先合同义务。在缔约阶段，双方当事人为缔结契约而进行洽商之时所产生特殊的信赖，此种信赖关系应以诚实信用为原则互负一定的义务，一般称之为附随义务，即互相协助、互相照顾、互相告知、互相诚实等义务。只有当事人违背了其所负有的附随义务，才有可能承担责任。

（2）违反先合同义务的行为给对方造成了信赖利益损失。所谓信赖利益损

失,指相对人因信赖合同会有效成立却由于合同最终不成立或无效而受到的利益损失,这种信赖利益必须是基于合理的信赖而产生的。

(3)相关行为与损害之间有因果关系即相对方的信赖利益损失是由行为人的缔约过失行为造成的,而不是其他行为造成的。

(4)行为人有过错,只要在缔约阶段违反了附随义务,并对合同最终不能成立或被确认无效或被撤销负有过错,才应当承担缔约过失责任。

以上四个要件缺一不可,否则就不构成缔约过失责任。

问题思考

(1)悬赏广告是要约还是要约邀请?
(2)以数据电文方式订立合同时需要注意什么?
(3)什么是预约合同?

第三节 霸王条款的法律效力

关键词索引: 格式条款

案例导入

邬某通过A公司经营的旅游App预定境外客房,支付方式为"到店支付",但订单下单后即被从银行卡中扣除房款,后原告未入住。原告认为应当到店后付款,A公司先行违约,要求取消订单。A公司认为其已经在服务条款中就"到店支付"补充说明了"部分酒店住宿可能会对您的银行卡预先收取全额预订费用",故不构成违约,拒绝退款。邬某将A公司起诉至法院,请求判令退还预扣的房款。

(改编自北京互联网法院)

法条链接

《民法典》第四百九十六条规定:【格式条款】格式条款是当事人为了重复使用而预先拟定,并在订立合同时未与对方协商的条款。

采用格式条款订立合同的，提供格式条款的一方应当遵循公平原则确定当事人之间的权利和义务，并采取合理的方式提示对方注意免除或者减轻其责任等与对方有重大利害关系的条款，按照对方的要求，对该条款予以说明。提供格式条款的一方未履行提示或者说明义务，致使对方没有注意或者理解与其有重大利害关系的条款的，对方可以主张该条款不成为合同的内容。

详细解析

上述案例是2022年3月最高人民法院发布的消费者权益保护典型案例。法院经审理认为，对"到店支付"的通常理解应为用户到酒店办理住宿时才会支付款项，未入住之前不需要支付。即使该条款后补充说明部分酒店会"预先收取全额预订费用"，但对这种例外情形应当进行特别提示和说明，如果只在内容复杂繁多的条款中规定，不足以起到提示的作用，A公司作为预订服务的提供者应当承担责任。最终，法院支持邬某退还房款的诉讼请求。

根据《民法典》第四百九十六条的规定，格式条款提供者有提示说明的义务，提供格式条款的一方未履行提示或者说明义务，致使对方没有注意或者理解与其有重大利害关系的条款的，对方可以主张该条款不成为合同的内容。因此，上述案例中"到店支付"的相关条款不是合同的一部分，是无效的。

知识延伸

1. 什么是格式条款？

格式条款是当事人为了重复使用而预先拟定，并在订立合同时未与对方协商的条款。

格式条款是为了促进交易的便利和高效，不至于双方每次都要磋商协议内容而采用的重复性文本。

日常生活中我们办理保险业务、电信业务、银行业务等基本上采用的都是格式条款，就是为了提高大客流下的服务效率。有关格式条款的认定，需要遵循以下几个条件。

（1）格式条款必须是在订约以前就已经预先制订出来的，而不是双方当事人在反复协商的基础上制定出来的。

（2）制定格式条款的一方多为固定提供某种商品和服务的公用事业部门、企业和有关的社会团体等，也有有关政府部门为企业制定的。

（3）格式条款的一方通常是不确定的，如果一方根据另一方的要求而起草供对方承诺的合同文件，仍然是一般合同文件而不是格式条款文件。

（4）格式条款的内容具有稳定性和不变性，普遍适用于一切要与提供格式条款的一方订立合同的不特定的相对人，相对人只能对合同内容表示完全的同意或者拒绝，不能修改、变更合同内容。格式条款只能是不能协商的条款，如果当事人在能够协商的情况下不与对方协商，或放弃协商的权利，不能将这些未协商的条款直接确定为格式条款。

（5）相对人不参加协商过程，只能对格式条款概括予以接受，在合同关系中处于附从地位。

2. 什么情况下格式条款是无效的？

格式条款并不是一开始就是无效的，格式条款不同于"霸王条款"，所谓"霸王条款"肯定是无效的，不能成为合同的一部分，也就是无效的格式条款。

格式条款无效的情形如下。

（1）行为人不具备订立合同的民事行为能力。

（2）订立合同意思表示不真实。

（3）违反法律和行政法规的强制性规定，违背公序良俗。

（4）合同双方当事人恶意串通，损害他人合法权益。

（5）造成对方人身损害的免责条款。

（6）因故意或者重大过失造成对方财产损失的免责条款。

（7）提供格式条款一方不合理地免除或者减轻其责任、加重对方责任、限制对方主要权利。

（8）提供格式条款一方排除对方主要权利。

格式条款的问题需要跟免责条款结合起来学习，当合同中的免责条款造成对方人身损害的或因故意或者重大过失造成对方财产损失的，该免责条款是无效的。

3. 提供格式条款的一方应当采取什么合理方式可避免条款无效？

《民法典》第四百九十六条第二款中规定，提供格式条款的一方应当遵循公平原则确定当事人之间的权利和义务，并采取合理的方式提示对方注意免除或者减轻其责任等与对方有重大利害关系的条款。那么此处的"采取合理的方式"是何种方式呢？

《全国法院贯彻实施民法典工作会议纪要》（法〔2021〕94号）指出：提供格式条款的一方对格式条款中免除或者减轻其责任等与对方有重大利害关系的内容，在合同订立时采用足以引起对方注意的文字、符号、字体等特别标识，并按照对方的要求以常人能够理解的方式对该格式条款予以说明的，人民法院应当认定符合《民法典》第四百九十六条所称"采取合理的方式"。提供格式条款一方对已尽合理提示及说明义务承担举证责任。

因此，实践中通常的做法是对相关重要条文以加粗、画线、字体区别等方式做出提醒，防止后期因提供格式条款一方未尽到合理提示义务而承担责任。

4. 格式条款解释存在争议如何解决？

《民法典》第四百九十八条规定：【格式条款的解释】对格式条款的理解发生争议的，应当按照通常理解予以解释。对格式条款有两种以上解释的，应当做出不利于提供格式条款一方的解释。格式条款和非格式条款不一致的，应当采用非格式条款。

针对合同条款的解释，有依据字面意思、立法本意、习惯风俗等方式，但对于格式条款的争议解释问题，需要充分考虑订立合同时双方协商的不对等性，因此对于格式条款的解释应当做出不利于提供格式条款一方的解释。

风险提示

采用格式条款订立合同的时候，提供格式条款的一方应当全面梳理格式条款的不合法、不合理部分，如加重对方责任、减轻自己义务的条款等。同时应当充分采取合理的措施尽到提醒告知义务，发挥格式条款高效、简洁、便利的价值。

问题思考

（1）你遇到的"霸王条款"有哪些？
（2）哪些行业的合同不能采用格式条款的方式？
（3）有关个人信息保护的格式条款怎么避免无效风险？

第四节　合同效力的若干问题

关键词索引：合同的效力

基础导入

通常，合同成立就代表合同生效了，但也存在一些特殊情况，比如双方当事人约定了特定期间或条件等情形。有些合同需要办理登记之后才能生效，有些合同按照法律法规有一些特殊要求才能生效等，都是需要我们在实践中特别关注的。

详细解析

1 越权订立的合同有效吗？

《民法典》第五百零四条规定：【越权订立的合同效力】法人的法定代表人或者非法人组织的负责人超越权限订立的合同，除相对人知道或者应当知道其超越权限外，该代表行为有效，订立的合同对法人或者非法人组织发生效力。

当法人的法定代表人或者非法人组织的负责人没有获得相关决议许可或授权，而擅自对外超职权订立的合同，对善意的第三方是有效的，该合同对法人或者法人组织也是发生法律效力的，除非相对人知道或者应当知道其超越权限。

以上规则需要特别注意超越职权订立担保合同的效力问题，这在《最高人民法院关于适用〈中华人民共和国民法典〉有关担保制度的解释》第七条有详细规定，即公司的法定代表人违反公司法关于公司对外担保决议程序的规定，超越权限代表公司与相对人订立担保合同，也要区分相对人是善意还是非善意，如果相对人是善意的，担保合同对公司发生效力；如果相对人是非善意的，担保合同对公司不发生效力。善意是指相对人在订立担保合同时不知道且不应当知道法定代表人超越权限。相对人有证据证明已对公司决议进行了合理审查，人民法院应当认定其构成善意，但是公司有证据证明相对人知道或者应当知道决议系伪造、变造的除外。

来看一个实践中的合同效力认定典型案例。

2017年11月14日，齐某库到九天储运公司任副总经理职务。2018年1月30日，齐某库与九天储运公司双方签订书面劳动合同。合同中约定："劳动期限为2017年11月14日起至2023年11月13日止。每月工资为税后2万元人民币。若甲方未按本合同约定及时支付乙方工资，乙方可以解除本合同，甲方应将所欠乙方工资全部结清，并支付乙方双倍赔偿金。"2018年10月9日，齐某库与九天储运公司对上述劳动合同签署了补充协议，协议中约定："若甲方无力偿还乙方工资和支付乙方双倍赔偿金，甲方则以总经理法人孙某名下企业九天物流股份有限公司和吉林九天化工供应链管理有限公司的财产偿还和支付。"该协议中九天物流、九天化工均加盖公章。齐某库在九天储运工作期间，九天储运存在拖欠工资的事实。2021年1月5日，九天储运公司为齐某库出具证明，证明内容为："经查账核实,九天储运公司共计欠齐某库工资人民币 183 200 元,给付其双倍赔偿金人民币 366 400 元。两项合计为 549 600 元。"九天储运公司在证明上加盖公章,其法定代表人孙某签字予以确认。

请问,本案中九天物流、九天化工对外签署的担保合同有效吗?

(改编自吉林省吉林市中级人民法院)

本案中,《劳动合同(补充意见)》明确约定九天化工公司、九天物流公司对九天储运公司拖欠齐某库工资承担给付责任,九天化工公司、九天物流公司加盖公章,法定代表人签字确认,因此《劳动合同(补充意见)》合法有效。且相对人齐某库是善意的,并无义务查询确保九天化工公司、九天物流公司对外担保的真实性,所以九天化工公司、九天物流公司应当承担保证责任。

2 合同无效的时候,争议解决条款有效吗?

《民法典》第五百零七条规定:【争议解决条款效力】合同不生效、无效、被撤销或者终止的,不影响合同中有关解决争议方法的条款的效力。

合同中的争议解决条款主要如仲裁条款、法院诉讼条款、检验或鉴定条款、协商解决条款等,这些条款不会因为合同不生效、无效、被撤销或者终止而效力受到影响,也就是当事人依然可以适用这些条款解决双方合同争议。

问题思考

(1)超越经营范围订立的合同有效吗?
(2)无权代理签订的合同,经被代理人的何种追认会变为有效?
(3)哪些合同必须经过登记等特定条件才能生效?

第五节 合同中条款约定不明确的补救措施

关键词索引:合同的履行

基础导入

前面提到了合同的一般性条款,但在实践中经常发生因合同条款没有约定或者条款约定不明确的情形，此种情况怎么解决往往是大家争议的话题，此时就需要相应的标准去适用。

详细解析

1 合同中没约定或不明确约定的补救措施是什么？

针对合同生效后，当事人就质量、价款或者报酬、履行地点等内容没有约定或者约定不明确的，可以协议补充；不能达成补充协议的，按照合同相关条款或者交易习惯确定。

实践中如民间借贷合同纠纷中，借条中未约定借款期限、还款时间等如何认定的问题，如下是一个典型案例。

被告叶某于2011年3月15日借原告现金20 000元，同年4月15日又借10 000元，合计30 000元（有借据1份）。几年来原告不断催要，被告2019年分两次还款4000元，之后，均以各种理由推托不还，后关机失去联系。为此，原告诉至法院，请求法院判如诉请。

原、被告通过郑某某认识，被告因做生意需要资金，原告出具的借条内容为："今借到郑某现金贰万元（20 000元整），借款人叶某，2011年3月15日。"2011年4月15日被告向原告借款10 000元，在2011年3月15日借条中载明："4月15日借10 000元，合计30 000元。"经原告催要，于2019年偿还原告4 000元，剩余26 000元至今未还。

请问，本案中的还款期间如何确定？

（改编自河北省邯郸市中级人民法院）

法院最终判决被告叶某在判决生效后十日内偿还原告郑某借款本金26 000元。因被告向原告出具借据时，双方没有约定还款时间，根据《民法典》第六百七十五条之规定，借款人应当按照约定的期限返还借款。对借款期限没有约定或者约定不明确，依照本法第五百一十条的规定仍不能确定的，借款人可以随时返还；贷款人可以催告借款人在合理期限内返还。本案原、被告没有约定还款时间，贷款人原告在合理期限内可以随时要求被告履行还款义务，故原告请求被告偿还借款的诉求，符合法律规定。

2　合同中内容约定不明确，如何履行？

当事人就有关合同内容约定不明确，不能达成补充协议的，适用下列规定。

（1）质量要求不明确的，按照强制性国家标准履行；没有强制性国家标准的，按照推荐性国家标准履行；没有推荐性国家标准的，按照行业标准履行；没有国家标准、行业标准的，按照通常标准或者符合合同目的的特定标准履行。

（2）价款或者报酬不明确的，按照订立合同时履行地的市场价格履行；依法应当执行政府定价或者政府指导价的，依照规定履行。

（3）履行地点不明确，给付货币的，在接受货币一方所在地履行；交付不动产的，在不动产所在地履行；其他标的，在履行义务一方所在地履行。

（4）履行期限不明确的，债务人可以随时履行，债权人也可以随时请求履行，但是应当给对方必要的准备时间。

（5）履行方式不明确的，按照有利于实现合同目的的方式履行。

（6）履行费用的负担不明确的，由履行义务一方负担；因债权人原因增加的履行费用，由债权人负担。

问题思考

（1）合同条款的解释存在争议的该如何选择？
（2）合同条款不明确适用的当地市场价格，如何确定？
（3）如对合同约定不明确适用的结果不同意的话，如何解决？

第六节　合同履行时可选择多项标的的选择

关键词索引： 合同的履行　选择之债

案例导入

原告有生产洗衣液、洗洁精的旧设备一套，被告愿用 50 000 元的商品进行交换，双方于 2021 年 4 月 2 日签订协议书，约定：被告用该设备生产的 1000 箱洗衣液或 30 000 元现金支付，且需在 2021 年 8 月 30 日前付清，若在规定时间内未还清，被告需以 90 000 元给付原告作为赔偿；被告同时还需向原告交付樱花灶一台、樱花热水器一台、体感油烟机一台、美的太阳能2台。协议签订后，被告将原告所有的洗涤设备拉走后，将樱花灶1台、体感油烟机一台、美的太阳能2台交付给原告，但樱花热水器未予交付原告。被告于2021年6月8日向原告交付7箱洗衣液，2021年6月15日向原告交付50箱洗衣液，后因原告对该50箱洗衣液的质量提出异议，被告未再生产并交付剩余洗衣液，双方为此产生纠纷。

请问，本案中原告可要求被告支付30 000元现金吗？

（改编自安徽省砀山县人民法院）

法条链接

《民法典》第五百一十五条：【选择之债中选择权归属与转移】标的有多项而债务人只需履行其中一项的，债务人享有选择权；但是，法律另有规定、当事人另有约定或者另有交易习惯的除外。

享有选择权的当事人在约定期限内或者履行期限届满未作选择，经催告后在合理期限内仍未选择的，选择权转移至对方。

详细解析

本案涉及选择之债的选择问题，也就是履行标的有多项而债务人只需履行其中一项的，债务人享有选择权。本案中，原、被告约定，被告可以向原告交付1000箱洗衣液或支付30 000元现金来履行合同，被告作为债务人有选择向原告交付1000箱洗衣液或支付现金30 000元的权利，且在合同履行过程中，被告选择向原告交付1000箱洗衣液，且原告表示同意，被告亦实际履行了部分交付义务，现原告要求被告支付货款30 000元及逾期付款利息，法院不予支持。

知识延伸

1. 选择之债中的选择权怎么行使和转移？

选择之债就是债的标的是两个及以上，当事人可以选择其中一个进行履行的债。对于选择权由谁行使的问题，原则上债务人享有选择权，但是，法律另有规定、当事人另有约定或者另有交易习惯的除外。

选择权也会存在转移的情形，就是享有选择权的当事人在约定期限内或者履行期限届满未作选择，经催告后在合理期限内仍未选择的，选择权转移至对方，也就是此时选择权转移至债权人。

2. 选择之债中当事人如何行使选择权？

当事人行使选择权应当及时通知对方，通知到达对方时，标的确定。标的确定后不得变更，但是经对方同意的除外。

可选择的标的发生不能履行情形的，享有选择权的当事人不得选择不能履行的标的，但是该不能履行的情形是由对方造成的除外。

风险提示

对于债务人来说，需要及时行使债务履行中的选择权，并及时通知债权人。如双方对于选择之债的选择有特殊规定的，应当提前协商并约定清楚。

问题思考

（1）选择之债中债务人行使选择权后通知对方，对方不同意怎么办？
（2）选择之债中债务人选择之后能重新选择更换吗？

第七节　按份之债和连带之债的注意要点

关键词索引： 合同的履行　按份之债　连带之债

基础导入

前面提到的选择之债是债的标的为两个及以上，而当债的一方当事人是两人及以上的，则就涉及按份之债和连带之债了。实践中存在很多类似的情形，如两人共同租房，则这两人就要承担支付租金的按份债务。如多人一起去饭店吃饭，找不到牵头人，则饭店可以向每个人要求支付全部费用。

详细解析

1　什么是按份债权和按份债务？

债权人为二人及以上，标的可分，按照份额各自享有债权的，为按份债权。

也就是两个以上的债权人对标的都享有债权，如两人对同一房屋享有物权，对于出租的收益就享有按份债权。

债务人为二人及以上，标的可分，按照份额各自负担债务的，为按份债务。如两人共同租赁一辆车，则支付租金就是按份债务。

按份债权人或者按份债务人的份额难以确定的，视为份额相同。

2 什么是连带债权和连带债务？

连带之债是指债的主体一方为多数人，多数人一方的各个当事人之间存在连带关系的债。连带之债分为连带债权和连带债务。

债权人为二人及以上，部分或者全部债权人均可以请求债务人履行债务的，为连带债权。也就是多个债权人都可以请求债务人履行债务。

债务人为二人及以上，债权人可以请求部分或者全部债务人履行全部债务的，为连带债务。此时多个债务人都有向债权人履行债务的义务。

连带债权或者连带债务，由法律规定或者当事人约定。

如上针对连带之债的规定，明确了连带债务的构成条件，如在借款合同纠纷中，此前《中华人民共和国民法通则》第八十七条和《中华人民共和国民法总则》第一百七十八条虽规定履行了连带义务的债务人有权向其他连带债务人追偿，但对于共同借款是否属于连带债务，未有明确规定。本次《民法典》中对连带之债的规定做了明确补充。如下是典型案例。

杨某某与江某某、莫某系朋友关系。2019年4月3日，三人作为共同借款人与黄某某签订《借款合同》，约定向黄某某借款11万元。借款到期后，因三人未能全部还款，黄某某遂提起诉讼，要求杨某某、江某某、莫某偿还借款，兴宾区人民法院判决杨某某、江某某、莫某共同向黄某某归还借款本金及相应利息，三人未上诉。判决生效后，杨某某为避免产生个人征信问题，主动履行判决的所有给付义务。随后，杨某某于2020年7月28日作为原告向兴宾区人民法院提起追偿权之诉，要求被告江某某、莫某返还其垫付的借款本金及利息。

（改编自广西壮族自治区来宾市中级人民法院）

法院审理认为，对于杨某某对外履行债务后，对内是否可以要求其他共同借款人承担责任以及责任如何分担的问题，本案的法律事实发生在《民法典》施行前，旧法对共同借款是否属于连带债务未作明文规定，而根据《民法典》第五百一十八条的最新规定，涉案借款的债务人为杨某某、江某某、莫某，债权人黄某某也在已生效的民间借贷纠纷案中请求三人履行全部债务，故涉案债务应认定为连带债务，杨某某、江某某、莫某三个共同借款人之间构成连带债务人。由于江某某、莫某在一、二审期间均未到庭参加诉讼，采取消极态度对待诉讼，现三人之间的债务份额难以确定，根据《民法典》第五百一十九条的规定，视为份额相同，故依法改判江某某、莫某与杨某某平均分担已偿还的借款。

3 连带债务带来什么法律效力？

首先，对内效力方面，针对连带债务份额的确定和追偿权问题，连带债务人之间的份额难以确定的，视为份额相同。实际承担债务超过自己份额的连带债务人，有权就超出部分在其他连带债务人未履行的份额范围内向其追偿，并相应地享有债权人的权利，但是不得损害债权人的利益。其他连带债务人对债权人的抗辩，可以向该债务人主张。被追偿的连带债务人不能履行其应分担份额的，其他连带债务人应当在相应范围内按比例分担。

其次，对当事人中一人所发生事项的效力方面，部分连带债务人履行、抵销债务或者提存标的物的，其他债务人对债权人的债务在相应范围内消灭；该债务人可以依据前条规定向其他债务人追偿。部分连带债务人的债务被债权人免除的，在该连带债务人应当承担的份额范围内，其他债务人对债权人的债务消灭。部分连带债务人的债务与债权人的债权同归于一人的，在扣除该债务人应当承担的份额后，债权人对其他债务人的债权继续存在。债权人对部分连带债务人的给付受领迟延的，对其他连带债务人发生效力。

最后，对外效力方面，债权人可以对连带债务的债务人一人、多人或全体请求履行，也可以向不同债务人同时或者先后请求履行，也可以请求全部或者部分履行。这都是债权人可选择的行事方式，较为自由。

❓ 问题思考

（1）连带债权人之间的份额难以确定的时候，怎么区分？
（2）在借钱给多人的时候，怎么防范债务不明确的风险？

第八节 具有合法利益的第三人代为履行规则的适用

关键词索引：合同的履行　第三人清偿

案例导入

某物流有限公司（甲方）与吴某（乙方）于2020年签订《货物运输合同》，约定该公司的郑州运输业务由吴某承接。合同还约定调运车辆、雇佣运输司机的费用由吴某结算，与某物流有限公司无关。某物流有限公司与吴某之间已结清大部分运费，但因吴某未及时向承运司机结清运费，2020年11月某日，承运司机在承运货物时对货物进行扣留。基于运输货物的时效性，某物流有限公司向承运司机垫付了吴某欠付的46万元，并通知吴某，吴某当时对此无异议。后吴某仅向某物流有限公司支付了6万元。某物流有限公司向吴某追偿余款未果，遂提起诉讼。

（改编自最高人民法院发布人民法院贯彻实施《民法典》典型案例第一批）

法条链接

《民法典》第五百二十四条规定：【第三人清偿规则】债务人不履行债务，第三人对履行该债务具有合法利益的，第三人有权向债权人代为履行；但是，根据债务性质、按照当事人约定或者依照法律规定只能由债务人履行的除外。

债权人接受第三人履行后，其对债务人的债权转让给第三人，但是债务人和第三人另有约定的除外。

详细解析

本案是适用《民法典》关于具有合法利益的第三人代为履行规则的典型案例。法院认为，某物流有限公司与吴某存在运输合同关系，在吴某未及时向货物承运司机结清费用，致使货物被扣留时，某物流有限公司对履行该债务具有合法利益，有权代吴某向承运司机履行。某物流有限公司代为履行后，承运司机对吴某的债权即转让给该公司，故依照《民法典》第五百二十四条规定，法院判决支持某物流有限公司请求吴某支付剩余运费的诉讼请求。

本案判决不仅对维护物流运输行业交易秩序、促进物流运输行业蓬勃发展具有保障作用，也对人民法院探索具有合法利益的第三人代为履行规则的适用具有积极意义。

知识延伸

1. 合同可以约定向第三人履行债务吗？

《民法典》第五百二十二条规定：【向第三人履行的合同】当事人约定由债务人向第三人履行债务，债务人未向第三人履行债务或者履行债务不符合约定的，应当向债权人承担违约责任。

法律规定或者当事人约定第三人可以直接请求债务人向其履行债务，第三人未在合理期限内明确拒绝，债务人未向第三人履行债务或者履行债务不符合约定的，第三人可以请求债务人承担违约责任；债务人对债权人的抗辩，可以向第三人主张。

合同是当事人之间基于合意而订立的，一般不涉及第三人，但特殊情况下合同中可以约定向第三人履行债务或由第三人来履行合同。合同约定向第三人履行的，请求权由债权人行使，但如果满足法律规定或者当事人约定第三人可以直接请求债务人向其履行债务，第三人未在合理期限内明确拒绝这两个条件的，则由第三人行使请求权。

2. 由第三人履行的合同，谁承担违约责任？

《民法典》第五百二十三条规定：【由第三人履行的合同】当事人约定由第三人向债权人履行债务，第三人不履行债务或者履行债务不符合约定的，债务人应当向债权人承担违约责任。

由第三人履行的合同，本质上是由第三人代替债务人履行义务。因此，如果第三人履行不到位，则还是由债务人向债权人承担违约责任。

3. 第三人可以向债权人代为履行债务吗？

此次《民法典》合同编新增了具有合法利益的第三人代为履行的规定，即《民法典》第五百二十四条规定的第三人清偿规则，这对于确保各交易环节有序运转、促进债权实现、维护交易安全、优化营商环境具有重要意义。

"具有合法利益"包括财产利益和身份利益，当债务人不履行债务，第三人对履行该债务具有合法利益且不存在根据债务性质、按照当事人约定或者依照法律规定只能由债务人履行的，第三人有权向债权人代为履行。

风险提示

有关第三人的合同突破了合同相对性的基础，需要更为规范使用，如在协议中约定清楚第三人履行债务或向第三人履行的基本规则。同时，特定情形下，第三人可以及时向债权人代为履行债务，确保合法的利益不受损失。

问题思考

（1）为什么合同中会出现第三人？

（2）由第三人履行的合同，第三人不去履行的，债务人可以最终向第三人追偿吗？

第九节　同时履行抗辩权、先履行抗辩权、不安抗辩权的行使要点

关键词索引：合同的履行　同时履行抗辩权　先履行抗辩权　不安抗辩权

基础导入

当事人之间互负债务的时候，先后履行的顺序就是主要的争议焦点。此类合同是典型的双务合同，对于当事人来说可以充分行使民法典规定的同时履行抗辩权、先履行抗辩权或不安抗辩权，维护整体的合同履行秩序。

详细解析

1　同时履行抗辩权是什么？如何行使？

《民法典》第五百二十五条规定：【同时履行抗辩权】当事人互负债务，没有先后履行顺序的，应当同时履行。一方在对方履行之前有权拒绝其履行请求。一方在对方履行债务不符合约定时，有权拒绝其相应的履行请求。

此种情景在实践中较为常见，也就是双方当事人没有约定先后履行的顺序，那么此时应当同时履行，如果一方不履行，另一方可以拒绝其相应的履行。如甲

在乙处订购了一批货物，那么当甲不支付货款的时候，乙有权拒绝交付货物。

2　先履行抗辩权是什么？如何行使？

《民法典》第五百二十六条规定：【先履行抗辩权】当事人互负债务，有先后履行顺序，应当先履行债务一方未履行的，后履行一方有权拒绝其履行请求。先履行一方履行债务不符合约定的，后履行一方有权拒绝其相应的履行请求。

此类双务合同中当事人之间是约定了债务履行的先后顺序的，那么前者不履行债务，后者可以拒绝履行其债务。如甲在乙处订购一批货物，约定货到付款，那么本案中乙必须先将货物交付甲，然后甲再支付货款。

3　不安抗辩权是什么？如何行使？

《民法典》第五百二十七条规定：【不安抗辩权】应当先履行债务的当事人，有确切证据证明对方有下列情形之一的，可以中止履行。

（1）经营状况严重恶化。

（2）转移财产、抽逃资金，以逃避债务。

（3）丧失商业信誉。

（4）有丧失或者可能丧失履行债务能力的其他情形。

当事人没有确切证据中止履行的，应当承担违约责任。

不安抗辩权是后履行的当事人发生财务状况恶化，危及先履行当事人一方的债权实现而设立的抗辩权，保障先履行当事人的合法权益。

当事人依据前条规定中止履行的，应当及时通知对方。对方提供适当担保的，应当恢复履行。中止履行后，对方在合理期限内未恢复履行能力且未提供适当担保，视为以自己的行为表明不履行主要债务，中止履行的一方可以解除合同并可以请求对方承担违约责任。

❓ 问题思考

（1）因债权人原因导致债务人履行债务困难的，债务人如何救济？

（2）债权人可以拒绝债务人提前履行债务吗？

（3）合同主体当事人信息发生变更，当事人如何履行合同义务？

第十节 因"双减"政策不能继续培训的合同履行问题

关键词索引： 合同的履行　情势变更

案例导入

某教育咨询集团有限公司系校外教育培训机构，汪某等人于2021年3月28日为各自的子女报名参加英语培训，并与该教育咨询集团有限公司签订了《阅读英语报名协议》，约定该教育咨询集团有限公司为汪某等人的子女授课160节（62节+赠送的98节），汪某等人交纳报名费9800元。签订协议后，因"双减"政策的出台，该教育咨询集团有限公司仅在培训20节课时后于2021年8月停止授课，此后汪某等人无法与该教育咨询集团有限公司取得联系。汪某等人诉至法院，请求判决该教育咨询集团有限公司退还汪某等人课时费9800元。

（改编自重庆市第二中级人民法院发布的8例涉消费者权益保护典型案例）

法条链接

《民法典》第五百三十三条：【情势变更】合同成立后，合同的基础条件发生了当事人在订立合同时无法预见的、不属于商业风险的重大变化，继续履行合同对于当事人一方明显不公平的，受不利影响的当事人可以与对方重新协商；在合理期限内协商不成的，当事人可以请求人民法院或者仲裁机构变更或者解除合同。

人民法院或者仲裁机构应当结合案件的实际情况，根据公平原则变更或者解除合同。

详细解析

本案中，某教育咨询集团有限公司与汪某等人签订了协议，汪某等人按照协议约定支付了培训费，某教育咨询集团有限公司应当按照协议的内容全面履行。因"双减"政策的出台，现该教育咨询集团有限公司已不能按合同协议继续提供教育培训，导致所签订的协议目的不能实现，符合情势变更的情形，不可归咎于双方当事人的合同履行条件发生了重大变化，但培训机构也并不能完全免责，构成违约。汪某等人主张要求退还未上课时的教育培训服务费符合法律规定，故判决由某教育咨询集团有限公司在本判决生效后十日内退还汪某等人的教育培训服务费各 8452.5 元。

本案是针对"双减"政策中校外培训机构履约过程的问题处理，发生此类情势变更的情形，培训机构应当及时协商解除合同、退还培训费用，而不是选择"跑路"，逃避责任。

知识延伸

1. 什么是情势变更？

每个合同在订立的时候都有其可信赖的合同基础条件，当这种基础条件发生重大改变，再按照原先约定的权利义务履行合同已经明显不公平，此时双方重新协商或解除合同才能实现实质的公平。这就是情势变更原则，如前面的"双减政策"、部分"疫情带来的影响"等。

需要注意的是，适用情势变更原则需要满足几点要素：①合同的基础条件发生重大变化；②合同成立后发生的变化；③此种变化是无法预见的；④不属于商业风险；⑤继续履行对当事人一方明显不公平的。

2. 符合情势变更情形的当事人如何救济？

《最高人民法院关于充分发挥司法职能作用 助力中小微企业发展的指导意见》（法发〔2022〕2 号）支持保护市场主体自主交易，特别指出对于受疫情等因素影响直接导致中小微企业合同不能履行或者继续履行合同对其明显不公的，依照《民法典》第五百九十条或者第五百三十三条的规定适用不可抗力或者情势变更规则妥善处理。

对于发生疫情等特性情形的，需要结合事件影响本身判断是否构成不可抗力还是情势变更。如果发生情势变更的情形，受不利影响的当事人可以与对方重新协商。如果在合理期限内协商不成的，当事人可以请求人民法院或者仲裁机构变更或者解除合同。如上述案例中所指出的，因"双减"政策影响的校外培训机构并不是不需要承担违约责任，在合同解除后还是要退还相应学费的。

风险提示

对于是否构成情势变更原则，要满足其构成要素，当存在情势变更情形的，当事人一方应当及时采取协商或提请法院解除合同的措施，避免自身利益遭受损失。

问题思考

（1）情势变更与不可抗力的区别与联系是什么？
（2）因情势变更解除合同的后果有哪些？

第十一节　为逃避债务恶意转移财产的债权人保障措施

关键词索引：合同的保全

案例导入

成都的王某与潘某夫妻二人系朋友关系。2019年1月，因资金周转需要，潘某夫妻二人向王某借款500万元，约定月息3.5%，借期半年，王某基于对朋友的信任并碍于情面，未要求朋友将其名下的房产为借款进行抵押登记。借款到期后，经催要，潘某夫妻二人未归还借款，王某遂起诉至法院并申请对二人名下房屋进行财产保全，却发现其朋友已将自己名下的三套房屋在当年4月和6月陆续转移登记至他人名下。

请问，本案中如何保障债权人王某的权益实现？

（改编自四川省成都市中级人民法院）

法条链接

《民法典》第五百三十八条：【无偿处分时的债权人撤销权行使】债务人以放弃其债权、放弃债权担保、无偿转让财产等方式无偿处分财产权益，或者恶意延长其到期债权的履行期限，影响债权人的债权实现的，债权人可以请求人民法院撤销债务人的行为。

《民法典》第五百三十九条规定：【不合理价格交易时的债权人撤销权行使】债务人以明显不合理的低价转让财产、以明显不合理的高价受让他人财产或者为他人的债务提供担保，影响债权人的债权实现，债务人的相对人知道或者应当知道该情形的，债权人可以请求人民法院撤销债务人的行为。

详细解析

本案中,王某对潘某夫妻二人享有合法有效债权,而潘某夫妻二人在借款即将到期时,通过虚假交易,将自己所有的三套房屋转出,导致自己丧失清偿能力,同时因潘某夫妻二人无偿转让财产,致使王某债权悬空,未得清偿。因此,王某依法有权行使撤销权。

知识延伸

1. 债权人什么时候可以行使撤销权?

债权人撤销权是合同保全制度的重要内容,旨在防止债务人责任财产不当减少,以确保债权人债权得以实现。

债权人行使撤销权需满足以下要件:首先,债权人对债务人享有合法有效债权。其次,债务人存在诈害处分其责任财产的行为。债务人的诈害行为是债权人撤销权成立的标的要件,也是撤销权诉讼中需要解决的核心问题。如债务人以无偿转让财产等方式无偿处分财产权益、债务人以明显不合理的低价转让财产等诈害行为。另外,债务人的诈害行为足以影响债权人债权的实现。此为债权人行使撤销权的因果关系要件,要求债务人的诈害行为与债权人债权实现受阻之间存在因果关系。

2. 债权人什么时候可以行使代位权?

因债务人怠于行使其债权或者与该债权有关的从权利,影响债权人的到期债权实现的,债权人可以向人民法院请求以自己的名义代位行使债务人对相对人的权利,但是该权利专属于债务人自身的除外。

代位权的行使范围以债权人的到期债权为限。债权人行使代位权的必要费用,由债务人负担。相对人对债务人的抗辩,可以向债权人主张。

债权人的代位权在特定情形下也可以提前行使,债权人的债权到期前,债务人的债权或者与该债权有关的从权利存在诉讼时效期间即将届满或者未及时申报破产债权等情形,影响债权人的债权实现的,债权人可以代位向债务人的相对人请求其向债务人履行、向破产管理人申报或者做出其他必要的行为。

当人民法院认定代位权成立的,由债务人的相对人向债权人履行义务,债权人接受履行后,债权人与债务人、债务人与相对人之间相应的权利、义务终止。债务人对相对人的债权或者与该债权有关的从权利被采取保全、执行措施,或者债务人破产的,依照相关法律的规定处理。

需要特别注意的是,撤销权自债权人知道或者应当知道撤销事由之日起一年内行使。自债务人的行为发生之日起五年内没有行使撤销权的,该撤销权消灭。

风险提示

对于是否构成情势变更原则,要满足其构成要素,存在情势变更情形的,当事人一方应当及时采取协商或提请法院解除合同的措施,避免自身利益遭受损失。

问题思考

(1)实践中,债务人的隐蔽性诈害行为有哪些?
(2)债权人行使撤销权的必要费用由谁承担?

第十二节 新规定的"债务加入"

关键词索引: 合同的变更和转让 债务加入

案例导入

原告朱某受被告王某的雇佣从事家具零售工作,被告王某欠付原告朱某2020年上半年的工资。被告王某不再雇佣原告之后,被告刘某继续雇佣原告朱某从事家具零售工作,并且被告刘某通过微信向原告朱某表示自己会承担被告王某拖欠原告朱某的工资。因被告王某未按期支付拖欠原告朱某的工资,原告朱某遂将被告王某起诉,并要求被告刘某承担连带责任。

(改编自陕西省周至县人民法院)

法条链接

《民法典》第五百五十二条:【并存的债务承担】第三人与债务人约定加入债务并通知债权人,或者第三人向债权人表示愿意加入债务,债权人未在合理期限内明确拒绝的,债权人可以请求第三人在其愿意承担的债务范围内和债务人承担连带债务。

详细解析

本案中，被告刘某通过微信向原告朱某做出意思表示，表示愿意承担被告王某拖欠原告朱某的工资，该行为符合上述并存债务承担的法律构成要件，属于债务加入。

原告朱某要求被告刘某承担连带还款责任，符合法律规定，依法应予支持。因此，法院判决被告王某支付原告朱某工资，被告刘某承担连带支付责任。

知识延伸

1.债务加入与连带保证有什么区别？

"债务加入"是本次《民法典》新增明确的法律制度，在法律没有明确规定债务加入制度之前，司法实践中，债务加入与连带保证之间经常处于混淆状态。在区别债务加入与连带保证时，最根本的是要审查第三人承担债务的内容是否具有从属性质。若第三人承诺明确表示对债务人的债务本金及利息承担还款责任，但未明确其承担的还款责任为担保责任，亦未体现债务人的债务与其所承担的还款责任之间存在主从关系，应认定为债务加入。

根据民法债务承担理论，债务承担有两种主要类型：一是免责的债务承担，即通常所称的债务转移，对应如下《民法典》第五百五十一条；二是并存的债务承担，即通常所称的债务加入。

《民法典》第五百五十一条规定：【债务转移】债务人将债务的全部或者部分转移给第三人的，应当经债权人同意。

债务人或者第三人可以催告债权人在合理期限内予以同意，债权人未作表示的，视为不同意。

同时，债务加入的主体也可以是公司，《最高人民法院关于适用〈中华人民共和国民法典〉有关担保制度的解释》第十二条规定，法定代表人依照《民法典》第五百五十二条的规定以公司名义加入债务的，人民法院在认定该行为的效力时，可以参照本解释关于公司为他人提供担保的有关规则处理。

2.债权转让的条件与要点有哪些？

合同的内容是可以变更调整的，包括债权、债务的转让。

债权人可以将债权的全部或者部分转让给第三人，但是有下列情形之一的除外：①根据债权性质不得转让；②按照当事人约定不得转让；③依照法律规定不得转让。

当事人约定非金钱债权不得转让的，不得对抗善意第三人。当事人约定金钱债权不得转让的,不得对抗第三人。

债权人转让债权,未通知债务人的,该转让对债务人不发生效力。债权转让的通知不得撤销,但是经受让人同意的除外。

债权人转让债权的,受让人取得与债权有关的从权利,但是该从权利专属于债权人自身的除外。受让人取得从权利不应该从权利未办理转移登记手续或者未转移占有而受到影响。

3. 债务转让的条件与要点有哪些?

债务转让区别于债权的转让,最大的区别在于以债权人同意为债务承担对于债权人的生效条件,也就是债务人将债务的全部或者部分转移给第三人的,应当经债权人同意。债务人或者第三人可以催告债权人在合理期限内予以同意,债权人未作表示的,视为不同意。

债务人转移债务的,新债务人应当承担与主债务有关的从债务,但是该从债务专属于原债务人自身的除外。

风险提示

涉及合同内容变更的时候,双方应当充分协商。特别是债权转让和债务转让时,需要满足转让条件,充分保障债务人或债权人的抗辩权。

问题思考

(1) 债务人什么时候可以主张债务抵销?
(2) 债务转移时,新债务人何时享有抗辩权?
(3) 当事人可以把合同中的权利义务一并转让给第三人吗?

第十三节 债权、债务终止与合同的解除

关键词索引: 合同的权利、义务终止

基础导入

当债务被履行或不需要履行的时候,就产生了债权、债务关系终止的情形。

终止后债的清偿顺序及当事人的义务是实践中重点关注的问题，合同解除的条件及解除权的行使等也是合同类案件中常见的问题。

详细解析

1. 债权、债务终止的情形有哪些？

债权、债务需要满足特定的情形才能终止，具体情形有：①债务已经履行；②债务相互抵销；③债务人依法将标的物提存；④债权人免除债务；⑤债权、债务同归于一人；⑥法律规定或者当事人约定终止的其他情形。同时，合同解除的，该合同的权利、义务关系终止。

债权、债务终止后，并不代表当事人再也没有后续义务了，当事人应当遵循诚信等原则，根据交易习惯履行通知、协助、保密、旧物回收等义务，如一方没有履行后续义务给对方造成损失的，需要赔偿相应损失。

2. 不同债的清偿抵充顺序如何确定？

债务人对同一债权人负担的数项债务种类相同，债务人的给付不足以清偿全部债务的，债的清偿抵充顺序如下。

（1）当事人有约定的按约定，没有约定的，由债务人在清偿时指定其履行的债务。

（2）债务人未做指定的，应当优先履行已经到期的债务；数项债务均到期的，优先履行对债权人缺乏担保或者担保最少的债务；均无担保或者担保相等的，优先履行债务人负担较重的债务；负担相同的，按照债务到期的先后顺序履行；到期时间相同的，按照债务比例履行。

债务人在履行主债务外还应当支付利息和实现债权的有关费用，其给付不足以清偿全部债务的，除当事人另有约定外，应当按照下列顺序履行：①实现债权的有关费用；②利息；③主债务。

3. 合同可解除的情形有哪些？

首先，当事人协商一致，可以解除合同。当事人可以约定一方解除合同的事由。解除合同的事由发生时，解除权人可以解除合同。

其次，发生法定合同解除的情形如下。

（1）因不可抗力致使不能实现合同目的。

（2）在履行期限届满前，当事人一方明确表示或者以自己的行为表明不履行主要债务。

（3）当事人一方迟延履行主要债务，经催告后在合理期限内仍未履行。

（4）当事人一方迟延履行债务或者有其他违约行为致使不能实现合同目的。

（5）法律规定的其他情形。

以持续履行的债务为内容的不定期合同，当事人可以随时解除合同，但是应当在合理期限之前通知对方。

4 合同解除权的行使与解除的程序？

合同解除权需要在一定期限内行使，具体规则如下。

（1）法律规定或者当事人约定解除权行使期限，期限届满当事人不行使的，该权利消灭。

（2）法律没有规定或者当事人没有约定解除权行使期限，自解除权人知道或者应当知道解除事由之日起一年内不行使，或者经对方催告后在合理期限内不行使的，该权利消灭。

合同解除的程序如下，主要有三种情形。

（1）当事人一方依法主张解除合同的，应当通知对方。

（2）合同自通知到达对方时解除；通知载明债务人在一定期限内不履行债务则合同自动解除，债务人在该期限内未履行债务的，合同自通知载明的期限届满时解除。对方对解除合同有异议的，任何一方当事人均可以请求人民法院或者仲裁机构确认解除行为的效力。

（3）当事人一方未通知对方，直接以提起诉讼或者申请仲裁的方式依法主张解除合同，人民法院或者仲裁机构确认该主张的，合同自起诉状副本或者仲裁申请书副本送达对方时解除。

需要特别注意如上（3）中的合同解除时间。来看一个典型案例。

东山公司因自身业务发展需要，承租了银石公司位于郊区的一套水库房屋。双方在《租赁合同》中明确约定：租赁期限自2009年6月1日至2029年5月31日，租金前五年为每年60万元，每五年增加10万元，最后五年为90万元。此外，双方还约定了违约责任，即承租方逾期60天仍未交纳当年租赁费及违约金的，出租方有权追究因承租方违约造成的各项经济损失。合同签订后，银石公司依约交付了水库房屋，东山公司按照约定支付房屋租金。然而自2013年开始，东山公司因为自身业务经营等原因开始拖欠租金，直到2017年6月才补交了部分租金。根据银行流水，东山公司欠付租金达到280万元。

银石公司将东山公司诉至法院,主张东山公司长期拖欠租金,已经违反《租赁合同》的约定,银石公司有权解除合同,并要求东山公司支付租金、违约金和占有使用费,同时将涉诉场地房屋腾退返还给原告。

东山公司则辩称,根据《租赁合同》中的约定,若东山公司逾期 60 天仍未交纳当年租赁费及违约金,本合同立即终止。东山公司逾期未交付租金已超 60 天,按照合同相关约定,本租赁合同已经终止,因此双方权利、义务关系已经消灭。另外,东山公司此前已交纳了 100 万元保证金,应当折抵相关费用。

请问,本案中《租赁合同》何时解除?

（改编自北京市第一中级人民法院）

本案中,东山公司违反《租赁合同》的约定,长期拖欠租金,银石公司在未通知东山公司解除合同的情况下,直接起诉要求解除其与东山公司之间的《租赁合同》,合同自起诉状副本或者仲裁申请书副本送达对方时解除,因此东山公司于 2020 年 7 月 15 日收到起诉状副本,《租赁合同》应于 2020 年 7 月 15 日解除。

5 合同解除后有什么效力?

合同解除后对于各方当事人都会发生法律效力,一般情况下就是合同终止履行,解除后由违约的一方承担违约责任,担保人承担担保责任,具体如下。

(1) 合同解除后,尚未履行的,终止履行;已经履行的,根据履行情况和合同性质,当事人可以请求恢复原状或者采取其他补救措施,并有权请求赔偿损失。

(2) 合同因违约解除的,解除权人可以请求违约方承担违约责任,但是当事人另有约定的除外。

(3) 主合同解除后,担保人对债务人应当承担的民事责任仍应当承担担保责任,但是担保合同另有约定的除外。

(4) 合同的权利、义务关系终止,不影响合同中结算和清理条款的效力。

问题思考

(1) 哪些情况下双方互负债务可以抵消?
(2) 什么情况下债务人可以将标的物提存?
(3) 债权人免除债务人债务会产生什么法律效果?

第十四节　违约金、定金等违约责任

关键词索引：合同的权利、义务终止　违约金　定金

基础导入

违约责任是大家较为熟悉的话题，也是合同章节中的核心问题。违约责任是因为当事人一方不履行合同义务或者履行合同义务不符合约定的，从而应当承担继续履行、采取补救措施或者赔偿损失等违约责任。

详细解析

1　当事人一方不履行债务，另一方如何救济？

此种情况要看当事人一方不履行债务的类型，即如果是金钱债务的，那另一方可以要求实际履行。当事人一方未支付价款、报酬、租金、利息，或者不履行其他金钱债务的，对方可以请求其支付；如果是非金钱债务的，对方可以请求履行，但是有下列情形之一的除外：①法律上或者事实上不能履行；②债务的标的不适于强制履行或者履行费用过高；③债权人在合理期限内未请求履行。

一方不履行的债务可以由第三方替代履行，即当事人一方不履行债务或者履行债务不符合约定，根据债务的性质不得强制履行的，对方可以请求其负担由第三人替代履行的费用。

2　约定的违约金过高，可以调整吗？

违约金在大多合同中均有约定，当事人可以约定一方违约时应当根据违约情况向对方支付一定数额的违约金，也可以约定因违约产生的损失赔偿额的计算方法。因为违约金不是惩罚性赔偿，而是一种弥补措施，所以当约定的违约金低于造成的损失的，人民法院或者仲裁机构可以根据当事人的请求予以增加。当约定的违约金过分高于造成的损失的，人民法院或者仲裁机构可以根据当事人的请求予以适当减少。当事人就迟延履行约定违约金的，违约方支付违约金后，还应当履行债务。

关于损失赔偿额，应当相当于因违约所造成的损失，包括合同履行后可以获

得的利益,及预期利益。但是,不得超过违约一方订立合同时预见到或者应当预见到的因违约可能造成的损失。比如双方签订合同的时候,一方知道对方购买该商品就是为了售卖给已确定的第三方的,那此时预期利益就是对方因售卖第三方获得的差价。

3 定金多少才合适?定金罚则是什么?

当事人可以约定一方向对方给付定金作为债权的担保。定金合同自实际交付定金时成立。而定金的数额则由当事人约定,但是,不得超过主合同标的额的百分之二十,超过部分不产生定金的效力。实践中存在一些定金过高的情形,需要大家关注并及时调整。实际交付的定金数额多于或者少于约定数额的,视为变更约定的定金数额。

同时,大家需要注意"定金"跟"订金"是不同的,前者才具有担保的作用,后者是预订费用。当是前者定金的时候,才会产生定金罚则,即债务人履行债务的,定金应当抵作价款或者收回。给付定金的一方不履行债务或者履行债务不符合约定,致使不能实现合同目的的,无权请求返还定金;收受定金的一方不履行债务或者履行债务不符合约定,致使不能实现合同目的的,应当双倍返还定金。

另外,需要注意的是,违约金和定金是不能同时约定的,即当事人既约定违约金,又约定定金的,一方违约时,对方可以选择适用违约金或者定金条款。当定金不足以弥补一方违约造成的损失的,对方可以请求赔偿超过定金数额的损失。

❓ 问题思考

(1)一方违约后,另一方放任不管导致损害扩大,要承担责任吗?
(2)合同中双方当事人均违约,如何承担违约责任?
(3)因第三人原因导致的违约,谁承担违约责任?

第十四章 典型合同的要点问题

第一节 买卖合同相关要点分析

关键词索引：典型合同 买卖合同

基础导入

买卖合同是日常实践中最为常见的合同，无论是生活中还是商事交易中。买卖合同是出卖人转移标的物的所有权于买受人，买受人支付价款的合同。我们需要重点关注合同双方当事人的权利与义务、标的物交付和所有权转移、标的物风险转移、违约责任等基础性内容。

详细解析

1. 出卖人无权处分导致无法转移标的物的，买受人如何救济？

出卖人无权处分的情形有很多，无论是在房屋买卖还是在民间借贷等各类买卖合同中均有相应案例。出卖人无权处分是指其在出卖标的物的时候，仍未取得该标的物的所有权，则导致之后的所有权无法转移，损害买受人利益，此时买受人可以解除合同并请求出卖人承担违约责任。另外，法律、行政法规禁止或者限制转让的标的物，依照其规定。

2. 出卖人的基本义务有哪些？

出卖人的基本义务就是按照合同约定向买受人交付标的物或者交付提取标的物的单证，并转移标的物所有权。

首先，出卖人应当按照约定的时间交付标的物。约定交付期限的，出卖人可以在该交付期限内的任何时间交付。

其次,出卖人应当按照约定的地点交付标的物。有关交付地点是常见的争议问题,主要规则如下。

(1) 当事人没有约定交付地点或者约定不明确的,可以协议补充,不能达成补充协议的,按照合同相关条款或者交易习惯确定。

(2) 还不能确定交付地点的,按照标的物是否需要运输进行区分,标的物需要运输的是指标的物由出卖人负责办理托运,承运人系独立于买卖合同当事人之外的运输业者的情形。具体情形是:标的物需要运输的,出卖人应当将标的物交付给第一承运人以运交给买受人;标的物不需要运输,出卖人和买受人订立合同时知道标的物在某一地点的,出卖人应当在该地点交付标的物;不知道标的物在某一地点的,应当在出卖人订立合同时的营业地交付标的物。

除了基本义务,出卖人还有如下义务。

(1) 出卖人交付有关单证和资料义务,即出卖人应当按照约定或者交易习惯向买受人交付提取标的物单证以外的有关单证和资料。

(2) 出卖人有权利瑕疵担保义务,即出卖人就交付的标的物,负有保证第三人对该标的物不享有任何权利的义务,但是法律另有规定的除外。

(3) 出卖人回收义务,即依照法律、行政法规的规定或者按照当事人的约定,标的物在有效使用年限届满后应予回收的,出卖人负有自行或者委托第三人对标的物予以回收的义务。

3 标的物毁损、灭失的风险,由谁承担?

合同成立后,因不可归责于当事人的事由导致标的物发生毁损、灭失等情形,对于谁承担该风险实务中经常发生争议。具体规则如下。

首先,对于标的物损毁、灭失的风险承担,可以由当事人约定。

其次,如果没有约定,则一般以交付为界限区分风险负担,即在标的物交付之前由出卖人承担,交付之后由买受人承担。

但是,当事人有过错的,导致标的物风险发生的需要承担风险,具体情形如下。

(1) 因买受人的原因致使标的物未按照约定的期限交付的,买受人应当自违反约定时起承担标的物毁损、灭失的风险。

(2) 出卖人出卖交由承运人运输的在途标的物,除当事人另有约定外,毁损、灭失的风险自合同成立时起由买受人承担。

(3) 出卖人按照约定将标的物运送至买受人指定地点并交付给承运人后,标的物毁损、灭失的风险由买受人承担。

（4）当事人没有约定交付地点或者约定不明确，标的物需要运输的，出卖人将标的物交付给第一承运人后，标的物毁损、灭失的风险由买受人承担。

（5）出卖人按照约定或者将不需要运输的标的物置于交付地点，买受人违反约定没有收取的，标的物毁损、灭失的风险自违反约定时起由买受人承担。

另外，出卖人按照约定未交付有关标的物的单证和资料的，不影响标的物毁损、灭失风险的转移。当出卖人违约的时候，买受人可以拒绝接受标的物或者解除合同。买受人拒绝接受标的物或者解除合同的，标的物毁损、灭失的风险由出卖人承担。

需要特别强调的是，标的物毁损、灭失的风险由买受人承担的，不影响因出卖人履行义务不符合约定，买受人请求其承担违约责任的权利。

4 买受人的基本义务有哪些？

对于买受人来说，其基本义务就是支付价款，买受人应当按照约定的数额和支付方式支付价款。

对于支付价款的地点，买受人应当按照约定的地点支付价款。对支付地点没有约定或者约定不明确，依据《民法典》第五百一十条的规定仍不能确定的，买受人应当在出卖人的营业地支付；但是，约定支付价款以交付标的物或者交付提取标的物单证为条件的，在交付标的物或者交付提取标的物单证的所在地支付。

对于支付价款的时间，买受人应当按照约定的时间支付价款。对支付时间没有约定或者约定不明确，依据《民法典》第五百一十条的规定仍不能确定的，买受人应当在收到标的物或者提取标的物单证的同时支付。

❓ 问题思考

（1）买受人收到标的物后检验期间是多久？
（2）买卖过程中标的物产生的孳息归谁所有？
（3）关于试用有哪些特殊规定？

第二节　赠与合同相关要点分析

关键词索引：典型合同　赠与合同

基础导入

赠与合同是现代理智性社会生活关系的有益补充，是指赠与人将自己的财产无偿给予受赠人，受赠人表示接受赠与的合同。无论是救灾扶贫中的公益捐赠，还是生活中的不动产、汽车、股权等赠与，都应当规范赠与流程，注意双方的合同义务。

详细解析

1　赠与后赠与人能随意撤销吗？

一般情况下，赠与人想要撤回其赠与意思表示是可以的，只要在赠与财产的权利转移之前就可以行使撤销权利。但有些特殊的赠与合同是不能撤销的，如经过公证的赠与合同或者依法不得撤销的具有救灾、扶贫、助残等公益、道德义务性质的赠与合同。

对于不能撤销的赠与合同，经过公证的赠与合同或者依法不得撤销的具有救灾、扶贫、助残等公益、道德义务性质的赠与合同，赠与人不交付赠与财产的，受赠人可以请求交付。应当交付的赠与财产因赠与人故意或者重大过失致使毁损、灭失的，赠与人应当承担赔偿责任。

如某人公开宣称自己将要捐助救灾物资，那事后是不能随意撤销的，赠与合同已经生效，受赠人可以请求交付。上述需要特别注意的是"道德义务性质的赠与合同"，如下是一个典型案例。

陈某秀与郑某勇于 2006 年 12 月 5 日协议离婚，2017 年 1 月 16 日，陈某秀与郑某勇签署房屋过户协议书，协议约定："郑某勇将广州市越秀区××××路××号401房过户给陈某秀，作为双方小孩郑某1、郑某2的抚养费及其他费用，并于郑某1年满18周岁时由陈某秀过户给郑某1，作为郑某勇留给郑某1的房屋。"同时罗某碧与陈某秀签署协议，协议约定罗某碧无条件于 2017 年 8 月 31

日前将上述 401 房屋过户给陈某秀，作为郑某 1、郑某 2 的抚养费及其他费用。2017 年 1 月 20 日，罗某碧签署承诺书对上述内容再次进行确认。2019 年 6 月 26 日，上述房屋过户登记至罗某碧名下，变更原因为赠与。

请问，本案中郑某勇可以撤销赠与吗？

（改编自广东省广州市中级人民法院）

本案经过一审、二审，最终二审法院针对赠与合同撤销的问题予以了纠正。陈某秀与郑某勇签署的房屋过户协议书是其二人的真实意思表示，罗某碧也先后两次予以确认及承诺履行；协议约定案涉房屋的过户作为郑某 1、郑某 2 的抚养费及其他费用，因小孩由陈某秀直接抚养，郑某勇未定期、直接向陈某秀支付抚养费用，协议约定郑某勇将案涉房屋过户给陈某秀，应视为郑某勇履行对小孩抚养义务的行为以及对陈某秀直接抚养小孩、郑某勇未直接支付抚养费等行为的补偿，协议约定的过户行为为具有伦理以及道德义务性质，郑某勇不能行使任意撤销权。

2 赠与人的法定撤销权如何行使？

赠与人可以撤销赠与的情形有：①受赠人严重侵害赠与人或者赠与人近亲属的合法权益；②对赠与人有抚养义务而不履行；③不履行赠与合同约定的义务。

发生如上情形的，赠与人的撤销权自知道或者应当知道撤销事由之日起一年内行使。超过这一期间，将不能再行使撤销权。

特殊情形下，因受赠人的违法行为致使赠与人死亡或者丧失民事行为能力的，赠与人的继承人或者法定代理人可以撤销赠与。赠与人的继承人或者法定代理人的撤销权自知道或者应当知道撤销事由之日起六个月内行使。

3 什么情况下赠与人可以不再履行赠与义务？

赠与人可以不履行赠与义务，一定是到了其无法履行的特殊地步。具体条件如下：①赠与合同已经成立，但赠与财产的权利尚未转移；②赠与合同成立后，赠与人的经济状况显著恶化；③赠与人的经济状况显著恶化，严重影响其生产经营或者家庭生活。

❓ 问题思考

（1）赠与人可以不履行赠与义务与赠与人不能任意行使撤销权有冲突吗？
（2）赠与合同可以附义务成立吗？
（3）赠与合同撤销后会产生什么法律效果？

第三节　借款合同相关要点分析

关键词索引：典型合同　借款合同

基础导入

借款合同是借款人向贷款人借款，到期返还借款并支付利息的合同。借款合同在商事实践和民间借贷中都较为常见，大家争议的矛盾点也较多。本部分主要分析《民法典》中有关借款合同的相关问题，即适用于金融机构与自然人、法人、非法人组织之间的借款，也适用于自然人、法人、非法人组织相互之间的借款。如果大家对民间借贷的纠纷感兴趣，可以关注 2020 年最新修正过的《最高人民法院关于审理民间借贷案件适用法律若干问题的规定》。

详细解析

1　借款合同应当采用什么形式订立？

《民法典》第六百六十八条规定：【借款合同的形式和内容】借款合同应当采用书面形式，但是自然人之间借款另有约定的除外。

借款合同的内容一般包括借款种类、币种、用途、数额、利率、期限和还款方式等条款。

对于金融借款合同，实践中必然是以书面形式订立的，也是为了更好明确合同内容、便于事后维权举证等。但对于小额的民间借贷还存在很多非书面形式订立的，如当前通过微信、短信、电话等形式形成民间借贷关系。此类非书面形式订立的借款合同，需要结合相应证据，明确法律关系。自然人之间的借款合同，自贷款人提供借款时成立。

2　借款的利息能预先扣除吗？

《民法典》第六百七十条规定：【借款利息不得预先扣除】借款的利息不得预先在本金中扣除。利息预先在本金中扣除的，应当按照实际借款数额返还借款并计算利息。

借款利息应当是在借款期间届满之时或者合同履行期间按约定分批支付，但实践中存在贷款人预先扣除利息的情形，如下是一个典型案例。

2015 年 10 月 1 日，张某向思某借款 30 万元，思某按照张某的要求将 30 万元借款通过转账的方式转入戴某的账户。2017 年 8 月 30 日，张某向思某出具借条一份，载明："今借到思某 65 万元，此借款于 2017 年 12 月 25 日前工程到账后一次性付清（此借款已包含利息）。"借款期间，张某曾向思某支付过 7 万元。

（改编自云南省德钦县人民法院）

如上案例中，借条约定借款 65 万元人民币，然而实际转账金额为 30 万元，利息已在本金中扣除了，该约定违反了上述规定，应当认定借款本金为 30 万元。借条约定借款期间的利息为 35 万元，该利息应按照禁止高利贷相关规定予以调整。

3 借款人归还借款和支付利息的期限是多久？

借款人归还借款的期间按照如下规则。

首先，借款人应当按照约定的期限返还借款。

其次，对借款期限没有约定或者约定不明确的，双方可以协议补充，不能达成补充协议的，按照合同相关条款或者交易习惯确定。

最后，还不能确定的，借款人可以随时返还。贷款人可以催告借款人在合理期限内返还。

借款人支付利息的期间按照如下规则。

首先，借款人应当按照约定的期限支付利息。

其次，对支付利息的期限没有约定或者约定不明确的，双方可以协议补充，不能达成补充协议的，按照合同相关条款或者交易习惯确定。

最后，还不能确定，借款期间不满一年的，应当在返还借款时一并支付；借款期间一年以上的，应当在每届满一年时支付，剩余期间不满一年的，应当在返还借款时一并支付。

4 借款人支付利息按照什么标准？

首先，国家禁止高利放贷，借款的利率不得违反国家有关规定。

关于民间借贷的利率要求，《最高人民法院关于审理民间借贷案件适用法律若干问题的规定》第二十五条规定：出借人请求借款人按照合同约定利率支付利息的，人民法院应予支持，但是双方约定的利率超过合同成立时一年期贷款市场报价利率四倍的除外。

前款所称"一年期贷款市场报价利率",是指中国人民银行授权全国银行间同业拆借中心自 2019 年 8 月 20 日起每月发布的一年期贷款市场报价利率。

其次,借款合同对支付利息没有约定的,视为没有利息。

最后,借款合同对支付利息约定不明确,当事人不能达成补充协议的,按照当地或者当事人的交易方式、交易习惯、市场利率等因素确定利息;自然人之间借款的,视为没有利息。

问题思考

(1)借款人没有按照约定借款用途使用,贷款人可以采取哪些措施?
(2)借款人提前还款的时候,利息怎么计算?
(3)还款期间届满,借款人可以申请展期吗?

第四节 保证合同相关要点分析

关键词索引: 典型合同 保证合同

基础导入

保证是指法人、非法人组织和公民以其信誉和不特定的财产为他人的债务提供担保,当债务人不履行其债务时,该第三人按照约定履行债务或者承担责任的担保方式。保证合同是为保障债权的实现,保证人和债权人约定,当债务人不履行到期债务或者发生当事人约定的情形时,保证人履行债务或者承担责任的合同。保证合同是主债权、债务合同的从合同,具有附从性,保障主债权、债务合同的顺利履行。

详细解析

1 哪些主体不得作为保证人?

机关法人不得为保证人,但是经国务院批准为使用外国政府或者国际经济组织贷款进行转贷的除外。以公益为目的的非营利法人、非法人组织不得为保证人。

其他市场化的主体，如各类法人、非法人组织以及自然人都可以作为保证人。

2 保证的方式有哪些？

保证的方式包括一般保证和连带责任保证。

一般保证是指当事人在保证合同中约定，债务人不能履行债务时，由保证人承担保证责任的保证。一般保证的保证人在主合同纠纷未经审判或者仲裁，并就债务人财产依法强制执行仍不能履行债务前，有权拒绝向债权人承担保证责任，但是有下列情形之一的除外：①债务人下落不明，且无财产可供执行；②人民法院已经受理债务人破产案件；③债权人有证据证明债务人的财产不足以履行全部债务或者丧失履行债务能力；④保证人书面表示放弃本款规定的权利。

连带责任保证是指当事人在保证合同中约定保证人和债务人对债务承担连带责任的保证。连带责任保证的债务人不履行到期债务或者发生当事人约定的情形时，债权人可以请求债务人履行债务，也可以请求保证人在其保证范围内承担保证责任。

一般保证与连带保证最大的区别就在于一般保证人有先诉抗辩权，而连带保证人没有。即一般保证的保证人在主合同纠纷未经审判或仲裁，并就债务人财产依法强制执行仍不能履行债务前，对债权人可以拒绝承担保证责任；连带责任保证的债务人在主合同规定的债务履行期间届满没有履行债务的，债权人可以要求债务人履行债务，也可以要求保证人在其保证范围内承担保证责任。

需要特别注意的是，当事人在保证合同中对保证方式没有约定或者约定不明确的，按照一般保证承担保证责任。这个跟此前民法典中的规定有较大变动，需要大家特别注意。以下通过一个案例说明。

自2019年1月28日至2019年1月30日，原告何某雷通过余额宝转账、银行转账、微信转账等方式先向被告刘某芳转款207 000元，被告刘某芳得款后先向原告偿还了部分借款；2019年3月26日被告刘某芳向原告出具了《证明》一份，内容为："2019年1月23日至1月29日，刘某芳与何某雷发生经济纠纷，共计113 200元整（拾壹万叁仟贰佰元整）。以前刘某芳与何某雷的一切证据、收据、欠条全部作废，以此条为准，利息1分5月息。4月份开始每月初至少还款5 000元，2019年年底还清。借款人：刘某芳。出借人：何某雷。担保人：李某波。以上所述本人已明白，如果刘某芳不按时还款，由李某波还。2019年3月26日。"此后被告刘某芳未向原告偿还借款，李某波也没有履行还款义务。

（改编自河北省永年县人民法院）

本案中，涉案《证明》上的约定"如果刘某芳不按时还款，由李某波还"，根据《民法典》生效之前的《中华人民共和国担保法》第十七条的规定，当事人在保证合同中约定，债务人不能履行债务时，由保证人承担保证责任的，为一般保证。本案协议中约定的"不按时还款由李某波还"，并不能体现出是当债务人不能还款时由保证人偿还的意思表示，故本案中在并未明确约定是一般保证方式的情况下，李某波应承担连带保证责任。如果本案发生在《民法典》实施之后，则应定性为一般保证责任了。

3 保证人可以不承担保证责任的情形有哪些？

保证人免除保证责任的情形需要区分一般保证和连带保证。一般保证的债权人未在保证期间对债务人提起诉讼或者申请仲裁的，保证人不再承担保证责任；连带责任保证的债权人未在保证期间请求保证人承担保证责任的，保证人不再承担保证责任。

满足上述条件，保证人就不用承担保证责任，如实践中某银行未在保证期间内向保证人主张保证责任，则银行就不能再上传该保证人在银行征信中心的不良信用记录了。

关于上述规定的保证期间，保证期间是确定保证人承担保证责任的期间，不发生中止、中断和延长。债权人与保证人可以约定保证期间，但是约定的保证期间早于主债务履行期限或者与主债务履行期限同时届满的，视为没有约定；没有约定或者约定不明确的，保证期间为主债务履行期限届满之日起六个月。债权人与债务人对主债务履行期限没有约定或者约定不明确的，保证期间自债权人请求债务人履行债务的宽限期届满之日起计算。

另外，一般保证的保证人在主债务履行期限届满后，向债权人提供债务人可供执行财产的真实情况，债权人放弃或者怠于行使权利致使该财产不能被执行的，保证人在其提供可供执行财产的价值范围内不再承担保证责任。

问题思考

（1）保证的范围有哪些？
（2）多个保证人共同保证时，如何确定保证份额？
（3）保证人可以向债权人行使的抗辩权有哪些？

第五节　租赁合同相关要点分析

关键词索引：典型合同　租赁合同

基础导入

租赁合同是出租人将租赁物交付承租人使用、收益，承租人支付租金的合同。如房屋租赁、汽车租赁、机器设备租赁等都是较为常见的租赁合同场景。此类合同纠纷中较为争议的是租赁期间、租赁费、转租、租赁物毁损、双方义务等问题。

详细解析

1 租赁期间的约定有哪些注意事项？

租赁期限是由双方当事人根据实际情况进行约定具体期限，但不得超过二十年。超过二十年的，超过部分无效。租赁期限届满，当事人可以续订租赁合同；但是，约定的租赁期限自续订之日起不得超过二十年。之所以约定最高二十年的上限，是因为经济社会的快速发展，过长的租赁合同并不利于双方当事人的长久利益。

如果当事人对租赁期限没有约定或者约定不明确，双方可以协议补充。不能达成补充协议的，按照合同相关条款或者交易习惯确定。还不能确定的，视为不定期租赁。当事人可以随时解除合同，但是应当在合理期限之前通知对方。

2 租金支付期限及不支付的后果是什么？

承租人应当按照约定的期限支付租金。对支付租金的期限没有约定或者约定不明确的，双方可以协议补充。不能达成补充协议的，按照合同相关条款或者交易习惯确定。还不能确定，租赁期限不满一年的，应当在租赁期限届满时支付；租赁期限一年以上的，应当在每届满一年时支付，剩余期限不满一年的，应当在租赁期限届满时支付。

承租人无正当理由未支付或者迟延支付租金的，出租人可以请求承租人在合理期限内支付。承租人逾期不支付的，出租人可以解除合同。

3 租赁合同的出租人有哪些义务?

（1）出租人应当按照约定将租赁物交付承租人，并在租赁期限内保持租赁物符合约定的用途。

（2）出租人应当履行租赁物的维修义务，但是当事人另有约定的除外。

（3）承租人在租赁物需要维修时可以请求出租人在合理期限内维修。出租人未履行维修义务的，承租人可以自行维修，维修费用由出租人负担。因维修租赁物影响承租人使用的，应当相应减少租金或者延长租期。

（4）因承租人的过错致使租赁物需要维修的，出租人不承担前款规定的维修义务。

4 租赁合同的承租人有哪些义务?

（1）承租人应当按照约定的方法使用租赁物。对租赁物的使用方法没有约定或者约定不明确的，双方可以协议补充。不能达成补充协议的，按照合同相关条款或者交易习惯确定。还不能确定的，应当根据租赁物的性质使用。

（2）承租人按照约定的方法或者根据租赁物的性质使用租赁物，致使租赁物受到损耗的，不承担赔偿责任。

（3）承租人未按照约定的方法或者未根据租赁物的性质使用租赁物，致使租赁物受到损失的，出租人可以解除合同并请求赔偿损失。

（4）承租人应当妥善保管租赁物，因保管不善造成租赁物毁损、灭失的，应当承担赔偿责任。

（5）租赁期限届满，承租人应当返还租赁物。返还的租赁物应当符合按照约定或者根据租赁物的性质使用后的状态。

5 承租人转租有什么要求?

承租人转租是实践中较为常见的情形。首先，承租人要得到出租人的同意，才可以将租赁物转租给第三人。承租人转租的，承租人与出租人之间的租赁合同继续有效；第三人造成租赁物损失的，承租人应当赔偿损失。承租人未经出租人同意转租的，出租人可以解除合同。

其次，承租人经出租人同意将租赁物转租给第三人，转租期限超过承租人剩余租赁期限的，超过部分的约定对出租人不具有法律约束力，但是出租人与承租人另有约定的除外。

另外，出租人知道或者应当知道承租人转租，但是在六个月内未提出异议的，视为出租人同意转租。

最后，承租人拖欠租金的，次承租人可以代承租人支付其欠付的租金和违约金，但是转租合同对出租人不具有法律约束力的除外。次承租人代为支付的租金和违约金，可以充抵次承租人应当向承租人支付的租金；超出其应付的租金数额的，可以向承租人追偿。

6 买卖不破租赁是什么意思？

《民法典》第七百二十五条：【所有权变动不破租赁】租赁物在承租人按照租赁合同占有期限内发生所有权变动的，不影响租赁合同的效力。

此前的《中华人民共和国合同法》中规定："租赁物在租赁期间发生所有权变动的，不影响租赁合同的效力。"最新《民法典》中对比，最大的改动就是把"租赁期间"改成"按照租赁合同占有期限"。这是因为实践中经常发生倒签租赁合同去损害房屋买受人利益的情形，所以改成"占有"这一状态，方便房屋买受人实地调查房屋，了解房屋实际占有情况，以便更好地考虑是否买卖该房屋。

同时，所有权变动并不限于出租人出售租赁物，还包括赠与、遗赠、互易、将租赁物作为合伙投资等情形。

7 房屋承租人什么时候可以行使优先购买权？

房屋承租人的优先购买权是指房屋承租人在出租人出卖房屋时，在同等条件下优先购买该房屋的权利。即出租人出卖租赁房屋的，应当在出卖之前的合理期限内通知承租人，承租人享有以同等条件优先购买的权利；但是，房屋按份共有人行使优先购买权或者出租人将房屋出卖给近亲属的除外。出租人履行通知义务后，承租人在十五日内未明确表示购买的，视为承租人放弃优先购买权。

出租人委托拍卖人拍卖租赁房屋的，应当在拍卖五日前通知承租人。承租人未参加拍卖的，视为放弃优先购买权。

出租人未通知承租人或者有其他妨害承租人行使优先购买权情形的，承租人可以请求出租人承担赔偿责任。但是，出租人与第三人订立的房屋买卖合同的效力不受影响。

❓ 问题思考

（1）租赁合同一般包括哪些条款？

（2）租赁物发生毁损、灭失的，谁承担责任？

（3）租赁期限届满返还租赁物，应当注意什么？

第六节　保管合同相关要点分析

关键词索引： 典型合同　保管合同

基础导入

保管合同是保管人保管寄存人交付的保管物，并返还该物的合同。日常在购物、就餐、住宿、车站等场所，都会有将物品存放在指定场所的行为，这一般就视为保管。这一类保管一般也没有签订书面合同，更多是口头形式订立的，实践中发生的保管合同纠纷也不少，需要关注保管双方的义务、保管物损毁灭失等问题的处理。

详细解析

1 保管费怎么确定？

首先，寄存人应当按照约定向保管人支付保管费。

其次，当事人对保管费没有约定或者约定不明确的，双方可以协议补充。不能达成补充协议的，按照合同相关条款或者交易习惯确定。还不能确定的，视为无偿保管。

另外，对于有偿的保管合同，寄存人应当按照约定的期限向保管人支付保管费。当事人对支付期限没有约定或者约定不明确的，双方可以协议补充。不能达成补充协议的，按照合同相关条款或者交易习惯确定。还不能确定的，应当在领取保管物的同时支付。

寄存人未按照约定支付保管费或者其他费用的，保管人对保管物享有留置权，但是当事人另有约定的除外。

2 保管人有哪些义务？

（1）寄存人向保管人交付保管物的，保管人应当出具保管凭证，但是另有交易习惯的除外。

（2）保管人应当妥善保管保管物。当事人可以约定保管场所或者方法。除紧急情况或者为维护寄存人利益外，不得擅自改变保管场所或者方法。

（3）保管人不得将保管物转交第三人保管，但是当事人另有约定的除外。保管人违反前款规定，将保管物转交第三人保管，造成保管物损失的，应当承担赔偿责任。

（4）保管人不得使用或者许可第三人使用保管物，但是当事人另有约定的除外。

（5）第三人对保管物主张权利的，除依法对保管物采取保全或者执行措施外，保管人应当履行向寄存人返还保管物的义务。第三人对保管人提起诉讼或者对保管物申请扣押的，保管人应当及时通知寄存人。

3 寄存人有哪些义务？

（1）寄存人交付的保管物有瑕疵或者根据保管物的性质需要采取特殊保管措施的，寄存人应当将有关情况告知保管人。寄存人未告知，致使保管物受损失的，保管人不承担赔偿责任；保管人因此受损失的，除保管人知道或者应当知道且未采取补救措施外，寄存人应当承担赔偿责任。

（2）寄存人寄存货币、有价证券或者其他贵重物品的，应当向保管人声明，由保管人验收或者封存；寄存人未声明的，该物品毁损、灭失后，保管人可以按照一般物品予以赔偿。

4 保管物毁损、灭失的，谁承担责任？

（1）对于无偿保管，无偿保管人证明自己没有故意或者重大过失的，不承担赔偿责任。

（2）对于有偿保管，因保管人保管不善造成保管物毁损、灭失的，保管人应当承担赔偿责任，但是保管人能够证明自己没有过错的除外。

❓ 问题思考

（1）保管人应当如何妥善保管保管物？
（2）寄存人可以随时领取保管物吗？
（3）保管人对保管物行使留置权的条件是什么？

第七节　物业服务合同相关要点分析

关键词索引： 典型合同　物业服务合同

基础导入

物业服务合同是本次《民法典》独立成章的内容，可见其重要性。物业服务合同中的相关争议在实践中也较多，也是本次《民法典》出台后热议的焦点问题之一。所谓物业服务合同，是指物业服务人在物业服务区域内，为业主提供建筑物及其附属设施的维修养护、环境卫生和相关秩序的管理维护等物业服务，业主支付物业费的合同。这里的物业服务人包括物业服务企业和其他管理人。物业服务合同的内容、前期物业服务合同、双方的义务等都是较为重要的问题。

详细解析

1　物业服务合同的内容有哪些？

首先，物业服务合同应当采用书面形式。

其次，物业服务合同的内容一般包括服务事项、服务质量、服务费用的标准和收取办法、维修资金的使用、服务用房的管理和使用、服务期限、服务交接等条款。

特别注意的是，物业服务人公开做出的有利于业主的服务承诺，为物业服务合同的组成部分。这是需要大家在实践中关注的问题，物业在宣传广告、官网等媒体公开承诺对业主有利的内容，同样是物业服务合同的一部分，当然如果是对业主不利的内容就不属于物业服务合同了。

2　前期物业服务合同的法律效力及终止条件是什么？

前期物业服务合同是指建设单位依法与物业服务人订立的合同。签订这种合同的时候，虽然后入驻的业主是不知情的，但前期物业服务合同对全体业主同样有法律约束力。这与一般的物业服务合同法律效力是一样的，通常的物业服务合同是业主委员会与业主大会依法选聘的物业服务人订立的物业服务合同，对业主具有法律约束力，个别业主不能以不同意为由不履行合同义务。

建设单位依法与物业服务人订立的前期物业服务合同约定的服务期限届满前，业主委员会或者业主与新物业服务人订立的物业服务合同生效的，前期物业服务合同终止。

3 业主不支付物业费，物业怎么救济？

该问题是大家较为热议的物业相关问题之一，也就是指当前物业不能因业主不缴纳物业费而采取停水停电等措施。那么当前物业公司可以采取什么合法、正当的措施呢？

首先，业主应当按照约定向物业服务人支付物业费。物业服务人已经按照约定和有关规定提供服务的，业主不得以未接受或者无须接受相关物业服务为由拒绝支付物业费。比如业主以疫情期间自己门店没开门为由不缴纳物业费是不成立的，业主以自己不需要绿化打理为由不缴纳物业费也是不成立的。

其次，业主违反约定逾期不支付物业费的，物业服务人可以催告其在合理期限内支付；合理期限届满仍不支付的，物业服务人可以提起诉讼或者申请仲裁。物业服务人不得采取停止供电、供水、供热、供燃气等方式催交物业费。因此，物业催缴物业费最终的司法救济措施就是通过诉讼或者仲裁。

4 业主解聘物业的条件是什么？

《民法典》第九百四十六条规定：【业主合同任意解除权】业主依照法定程序共同决定解聘物业服务人的，可以解除物业服务合同。决定解聘的，应当提前六十日书面通知物业服务人，但是合同对通知期限另有约定的除外。

依据前款规定解除合同造成物业服务人损失的，除不可归责于业主的事由外，业主应当赔偿损失。

业主想要解聘物业的，需要按照法定程序解聘，并提前六十日书面通知物业服务人。需要注意的是，业主有合同的任意解除权，相反对于物业来说是没有任意解除权的。

5 物业服务人的移交义务和法律责任有哪些？

《民法典》第九百四十九条规定：【物业服务人的移交义务和法律责任】物业服务合同终止的，原物业服务人应当在约定期限或者合理期限内退出物业服务区域，将物业服务用房、相关设施、物业服务所必需的相关资料等交还给业主委员会、决定自行管理的业主或者其指定的人，配合新物业服务人做好交接工作，并如实告知物业的使用和管理状况。

原物业服务人违反前款规定的，不得请求业主支付物业服务合同终止后的物业费；造成业主损失的，应当赔偿损失。

物业服务人应当移交还没有移交的，哪怕继续提供服务也是不能索要相应物业费的。同时，《物业管理条例》第五十八条规定，违反本条例的规定，不移交有关资料的，由县级以上地方人民政府房地产行政主管部门责令限期改正；逾期仍不移交有关资料的，对建设单位、物业服务企业予以通报，处1万元以上10万元以下的罚款。

问题思考

（1）物业服务合同快到期时，该如何续订？

（2）物业服务人可以转委托吗？

（3）物业服务人定期公开报告的内容包括哪些？

第十五章 准合同相关基础

第一节 无因管理相关要点分析

关键词索引：准合同　无因管理

基础导入

无因管理法律制度源于古罗马法，此前《中华人民共和国民法通则》中就有所吸收并规定。在本次《民法典》中将，"无因管理"与"不当得利"放在了"准合同"章节中。现实生活中的无因管理表现形式有很多，本质上就是一方对另一方没有帮助的义务还去帮助的，如见义勇为的行为。无因管理制度有利于弘扬互帮互助的社会公德，阻却管理行为的违法性，彰显了法律的公平与正义。

详细解析

1. 无因管理的构成要件有哪些？

无因管理的构成要件有如下几点：①管理人对所管理的事务没有法定的或者约定的义务，这是基本前提；②管理人管理他人事务；③管理人具有管理他人事务的意思，并不是为了自己的私利。

对于管理人来说，为避免他人利益受损失而管理他人事务的，可以请求受益人偿还因管理事务而支出的必要费用；管理人因管理事务受到损失的，可以请求受益人给予适当补偿。管理事务不符合受益人真实意思的，管理人不享有上述规定的权利；但是，受益人的真实意思违反法律或者违背公序良俗的除外。

有关无因管理的典型案例如下。

白某和刘某原为夫妻关系,后因夫妻感情不和于2019年离婚,2020年3月刘某因交通事故受伤昏迷,生活不能自理,白某得知刘某无人照顾便前往医院照顾,并为其支付了医药费16 284元。后双方发生矛盾,白某遂起诉刘某,要求偿还支付的医药费。

(改编自江苏省张家港市人民法院)

本案中,白某和刘某已离婚,不再存有夫妻间应互相照顾的法定义务,更不存在照顾的约定义务,白某去医院照顾刘某,系对他人事务的处理,其目的也是为了刘某的利益,该行为构成无因管理,刘某应偿还白某为其支付的医药费。

2 无因管理的管理人有哪些义务?

无因管理的管理人有如下义务。

(1)适当管理义务:管理人管理他人事务,应当采取有利于受益人的方法。中断管理对受益人不利的,无正当理由不得中断。

(2)通知义务:管理人管理他人事务,能够通知受益人的,应当及时通知受益人。管理的事务不需要紧急处理的,应当等待受益人的指示。

(3)报告和交付义务:管理结束后,管理人应当向受益人报告管理事务的情况。管理人管理事务取得的财产,应当及时转交给受益人。

❓ 问题思考

(1)管理事务不属于无因管理,但受益人有收益的,管理人可以请求相应补偿吗?

(2)无因管理之后,受益人追认会产生什么法律效果?

第二节 不当得利相关要点分析

关键词索引: 准合同 不当得利

基础导入

不当得利是指没有合法根据,使他人受到损失而自己获得利益的事实,因此，得利人没有法律根据取得不当利益的，相对应遭受损失的人可以请求得利人返还取得的利益。生活中的不当得利情形较多，如捡到别人的东西，对拾得人来说就是不当得利；收到银行误打来的钱，这也是不当得利。将别人的财物占为己有，属于违法行为，应当返还。

详细解析

1 不当得利的构成要件有哪些？

不当得利是指没有合法根据，使他人受到损失而自己获得了利益。不当得利的构成要件有如下几点：①得利人一方获得利益；②另一方受到损失；③获得利益和受到损失之间有因果关系；④获得利益没有合法根据。

得利人没有法律根据取得不当利益的，受损失的人可以请求得利人返还取得的利益，但是有下列情形之一的除外：①为履行道德义务进行的给付；②债务到期之前的清偿；③明知无给付义务而进行的债务清偿。

2 善意得利人与恶意得利人的返还义务有什么区别？

对于善意得利人来说，也就是该得利人不知道且不应当知道取得的利益没有法律根据的，此时如果取得的利益已经不存在的，则不承担返还该利益的义务。

对于恶意得利人来说，也就是得利人知道或者应当知道取得的利益没有法律根据的，受损失的人可以请求得利人返还其取得的利益并依法赔偿损失。

问题思考

（1）不当得利中因履行道德义务进行的给付，能请求返还吗？

（2）得利人已将利益无偿转让给第三人的，能请求返还吗？

第四编

《民法典》人格权相关知识

第十六章 人格权相关基础

第一节 人格权的概念与立法保护

关键词索引：人格权

基础导入

本次《民法典》中最大的亮点之一就是将"人格权"独立成编，明确了民事主体应享有的生命权、身体权、健康权、姓名权、名称权、肖像权、名誉权、荣誉权、隐私权等权利。这体现出我国对人权保护的重视程度，这不仅仅是我国民法历史上一次重大的立法飞跃与创新里程碑，更凸显了国家对每位公民个人权利的保护，彰显了个人权利的重要性。

详细解析

1　人格权是什么？有哪些特殊之处？

人格权是指民事主体依法支配其人格利益并排除他人侵害的，以维护和实现人身自由和人格尊严为目的的权利。《民法典》列举的人格权有生命权、身体权、健康权、姓名权、名称权、肖像权、名誉权、荣誉权、隐私权等权利。

除此之外，自然人享有基于人身自由、人格尊严产生的其他人格权益。如此前有个典型案例是养女墓碑刻名维权案，具体如下。

原告石某连系已故石某信夫妇养女和唯一继承人，被告石某荷系石某信堂侄。石家岭社区曾于2009年对村民坟墓进行过搬迁，当时所立石某信夫妇墓碑上刻有石某连名字。2020年夏，石家岭居委会在迁坟过程中，除进行经济补偿外，新立墓碑由社区提供并按照各家上报的名单镌刻姓名。石某荷在向居委会上报名单时未列入石某连，导致新立墓碑未刻石某连名字。石某连起诉请求判令石某荷在石某信夫妇墓碑上镌刻石某连姓名，返还墓地搬迁款，赔偿精神损失。

（改编自济南市中级人民法院）

法院认为，逝者墓碑上镌刻亲人的名字是中国传统文化中后人对亲人追思情感的体现，对后人有着重大的精神寄托。养子女在过世父母墓碑上镌刻自己的姓名，符合公序良俗和传统习惯，且以此彰显与逝者的特殊身份关系，获得名誉、声望等社会评价，故墓碑刻名关系到子女的人格尊严，相应权益应受法律保护。原有墓碑上镌刻有养女石某连的姓名，石某荷在重新立碑时故意遗漏石某连的刻名，侵害了石某连的人格权益，应承担民事责任。

人格权具有很强的人身专属性，因此人格权不得放弃、转让或者继承。比如某人声明放弃自己的健康权，在法律上是没有效力的。同时，需要注意的是随着人格权的商业化发展，如明星代言等能够使得肖像权发挥商业价值，所以《民法典》规定，民事主体可以将自己的姓名、名称、肖像等许可他人使用，但是依照法律规定或者根据其性质不得许可的除外。

2 死者的人格利益受到法律保护吗？

《民法典》第九百九十四条规定：【死者人格利益保护】死者的姓名、肖像、名誉、荣誉、隐私、遗体等受到侵害的，其配偶、子女、父母有权依法请求行为人承担民事责任；死者没有配偶、子女且父母已经死亡的，其他近亲属有权依法请求行为人承担民事责任。

自然人死亡之后，其民事权利能力消灭，人格权不存在了，但死者的人格利益仍然存在，受到法律保护。如行为人对死者发表侮辱其名誉、肖像利益的，同样可能构成侮辱罪、诽谤罪等。

问题思考

（1）为什么《民法典》中要将"人格权"独立成编？
（2）不同的人格权之间有什么关联和区别？
（3）新闻报道中可以使用个人的姓名、肖像等个人信息吗？

第二节 人格权被侵害后的救济措施

关键词索引：人格权

基础导入

当前，社会大众对人格权的保护意识越来越高，人格权被侵害后的救济措施也在逐步完善。人格权被侵害后，通常可以民事侵权的角度主张自身权益受到的损害。当然，也有可能涉及行政处罚，情节严重的，还可能涉及刑事犯罪。

详细解析

1 人格权即将受到侵害，如何请求法院介入制止？

《民法典》第九百九十七条规定：【人格权行为禁令】民事主体有证据证明行为人正在实施或者即将实施侵害其人格权的违法行为，不及时制止将使其合法权益受到难以弥补的损害的，有权依法向人民法院申请采取责令行为人停止有关行为的措施。

基于侵害人格权所造成损害的不可逆性，当人格权被侵害或即将被侵害的时候，都可能会造成极其严重的损害后果，如果不及时制止，则会引发更大的损害结果。如下是一个典型案例：

刘某与朱某系同村村民，二人在工作期间曾发生矛盾导致关系不睦，还因其他琐事发生过肢体冲突。朱某多次在村委会、村口、村内街道等人流密集场所张贴、散发损害刘某名誉的材料。公安机关曾对朱某做出了罚款五百元的行政处罚。为维护自身合法权益，刘某向法院申请人格权侵害禁令。

朱某对刘某所述张贴、散发宣传材料的情况均予以认可，并称自己家中安装了打印机，因对刘某不满，自行编辑打印了纸质材料，并进行张贴、散发。

（改编自北京市密云县人民法院）

本案中，法院认为朱某因琐事与刘某产生矛盾，为表达不满，自行打印纸质材料，多次在人流量较大区域进行张贴、散布，以降低刘某的社会评价，公安机关对其做出了行政处罚。综合现有证据、双方陈述及本案查明的情况，朱某仍存在实施侵害刘某名誉权行为的现实可能。故刘某的申请符合适用人格权侵害禁令的情形，法院依法准许。

2　人格权司法保护现状和特点是什么？

2021年，全国法院受理一审人格权纠纷案件192 675件，同比增长19.2%，其中名誉权、肖像权、姓名权等精神性人格权纠纷同比均有增长。人格权是人权在民事法律中的具体化，《民法典》将人格权法律制度独立成编，彰显了"国家尊重和保障人权"的宪法基本原则。全国各级人民法院在最高人民法院的指导下，始终坚持以习近平新时代中国特色社会主义思想为指导，深入学习贯彻习近平法治思想，不断加强人权司法保障，努力为人权事业发展做出积极贡献。

（来自最高人民法院发布的"民法典颁布后人格权司法保护典型民事案例"相关通知）

根据上海市第一中级人民法院发布的《人格权保护审判白皮书》，2019年1月1日至2022年10月31日，该院共审结人格权纠纷案件2112件，其中实体审结1734件。

从案由分布上看，实体审结的案件中生命权、身体权、健康权纠纷占比最高，占比78.95%；名誉权纠纷次之，占比15.16%。从涉诉主体看，艺人、具有一定声望的作家、学者、网络大V等公众人物涉诉的案件主要集中在名誉权、肖像权、姓名权纠纷，占此类案件总数的10%左右。

从当事人诉请看，相当一部分权利人主张精神损害赔偿，个别提出1元象征性损害赔偿请求，并要求在公共平台公开赔礼道歉。从法院判决的责任承担方式看，区别案件情况，既有按份责任，亦有连带责任、不区分份额的共同责任和补充赔偿责任。

《人格权保护审判白皮书》分析指出，近年来，人格权纠纷案件呈现以下特点：侵权行为日益复杂化、法律关系呈现综合性、新型人格权益成为焦点、网络成为精神性人格权主要维权领域。而人格权纠纷案件频发主要有网络技术迅速迭代更新、资本逐利加剧侵权发生、社会大众维权意识持续提升和人格权保护法律制度日益完善四大因素。

（来自上海市第一中级人民法院《人格权保护审判白皮书》）

？问题思考

（1）网络时代的人格权侵权行为呈现出什么样的特点？
（2）当前人格权被侵害后的救济措施还存在什么问题？

第十七章 人格权保护的要点问题

第一节　生命权、身体权和健康权相关要点分析

关键词索引：人格权　生命权　身体权　健康权

基础导入

生命权是人类固有、第一位的人格权，是其他一切权利的基础和前提。自然人的生命安全和生命尊严受法律保护。任何组织或者个人不得侵害他人的生命权。

身体权包括两部分，即维持身体完整和行动自由的权利。任何组织或者个人不得侵害他人的身体权。

健康权包括身体健康和心理健康。自然人的身心健康受法律保护。任何组织或者个人不得侵害他人的健康权。

详细解析

1　人体器官和人体组织的捐献与买卖有什么规定？

首先，完全民事行为能力人有权依法自主决定无偿捐献其人体细胞、人体组织、人体器官、遗体。任何组织或者个人不得强迫、欺骗、利诱其捐献。

其次，要符合法定形式要件。完全民事行为能力人依据前款规定同意捐献的，应当采用书面形式，也可以订立遗嘱。自然人生前未表示不同意捐献的，该自然人死亡后，其配偶、成年子女、父母可以共同决定捐献，决定捐献应当采用书面形式。

另外，禁止以任何形式买卖人体细胞、人体组织、人体器官、遗体，该买

卖行为无效，甚至可能构成组织出卖人体器官罪、故意伤害罪、侮辱尸体罪等犯罪。

2 遇到性骚扰时如何救济？

《民法典》第一千零一十条规定：【性骚扰】违背他人意愿，以言语、文字、图像、肢体行为等方式对他人实施性骚扰的，受害人有权依法请求行为人承担民事责任。

机关、企业、学校等单位应当采取合理的预防、受理投诉、调查处置等措施，防止和制止利用职权、从属关系等实施性骚扰。

性骚扰的构成要件，一是违背他人意愿，是对方拒绝的行为；二是通过言语、文字、图像、肢体行为等方式对他人实施性骚扰的，如身体接触、语言性骚扰、电话性骚扰等。遇到性骚扰的，受害人可以请求行为人承担民事责任。

本次《民法典》中特别规定了机关、企业、学校等单位有义务采取合理的预防、受理投诉、调查处置等措施，防止和制止利用职权、从属关系等实施性骚扰。

问题思考

（1）进行人体临床试验的条件有哪些？
（2）限制他人行动自由的，要承担什么民事责任？

第二节 姓名权和名称权相关要点分析

关键词索引： 人格权　姓名权　名称权

基础导入

姓名权是相对于自然人的，而名称权是相对于法人、非法人组织的。自然人享有姓名权，有权依法决定、使用、变更或者许可他人使用自己的姓名，但是不得违背公序良俗。法人、非法人组织享有名称权，有权依法决定、使用、变更、转让或者许可他人使用自己的名称。

姓名和名称对于自然人及其他组织都有着极其重要的作用，是区分不同主体的标志。名称也能提升各类组织的知名度，是企业的核心资产，有着重要的价值。

详细解析

1 侵害姓名权或者名称权的方式有哪些？

《民法典》第一千零一十四条规定：【姓名权和名称权不得被非法侵害】任何组织或者个人不得以干涉、盗用、假冒等方式侵害他人的姓名权或者名称权。

侵害他人的姓名权或者名称权的方式主要有干涉、盗用、假冒等，如假冒他人公司的名称销售商品、干涉他人使用姓名等。这种侵害行为在商事实践中经常发生，如下是一个典型案例。

某虎公司系某搜索引擎运营商，旗下拥有搜索广告业务。甲公司为宣传企业购买了上述服务，并在3年内间断使用同行业"乙公司"的名称为关键词对甲公司进行商业推广。通过案涉搜索引擎搜索乙公司关键词，结果页面前两条词条均指向甲公司，而乙公司的官网词条却相对靠后。乙公司认为甲公司在网络推广时，擅自使用乙公司名称进行客户引流，侵犯其名称权，某虎公司明知上述行为构成侵权仍施以帮助，故诉至法院，要求甲公司、某虎公司停止侵害、赔礼道歉、消除影响并连带赔偿损失30万元。

（改编自广州互联网法院）

本案中，乙公司作为具有一定知名度的企业，其名称具有一定的经济价值。甲公司擅自使用乙公司名称进行营销，必然会对其造成经济损失，已侵犯其名称权。某虎公司作为案涉搜索引擎运营商，对外开展付费广告业务，其对甲公司关键词设置的审查义务，应高于普通网络服务提供者。因某虎公司未正确履行审查义务，客观上对案涉侵权行为提供了帮助，构成共同侵权。

2 网名同样受到法律保护

《民法典》第一千零一十七条规定：【笔名、艺名等的保护】具有一定社会知名度，被他人使用足以造成公众混淆的笔名、艺名、网名、译名、字号、姓名和名称的简称等，参照适用姓名权和名称权保护的有关规定。

对于具有一定知名度的笔名、艺名、网名、译名、字号、姓名和名称的简称等，同样是使用人身份的象征，如果被干涉、盗用、假冒等，同样会给使用人造成很大的损害。因此本条特别规定了该类名称的法律保护，契合当前多元化社会的实际发展。

问题思考

（1）改名字时要办理什么手续？
（2）孩子应当跟谁姓呢？

第三节　肖像权相关要点分析

关键词索引：人格权　肖像权

基础导入

肖像是通过影像、雕塑、绘画等方式在一定载体上所反映的特定自然人可以被识别的外部形象。肖像跟我们每个人都有重要的关联，自然人享有肖像权，有权依法制作、使用、公开或者许可他人使用自己的肖像。需要特别指出的是，对自然人声音的保护，参照适用肖像权保护的有关规定。

详细解析

1　侵害肖像权的行为有哪些？

侵害肖像权的行为有如下几种。
（1）以丑化、污损，或者利用信息技术手段伪造等方式侵害他人的肖像权。
（2）未经肖像权人同意，制作、使用、公开肖像权人的肖像，但是法律另有规定的除外。
（3）未经肖像权人同意，肖像作品权利人以发表、复制、发行、出租、展览等方式使用或者公开肖像权人的肖像。

针对这些情形，实践中最常见的就是未经肖像权人的同意而擅自使用的情形，典型案例如下。

郑某与其配偶在某公司开设的照相馆拍摄照片一组，拍摄时二人并未在"同意拍摄作品用于商业宣传"的栏目上签字。某公司在其经营的微信朋友圈使用了郑某与其配偶的合照用于商业宣传，并配文字内容为"亲密照"。涉案朋友圈发布20天后，郑某及其配偶委托律师向某公司发函，某公司收到律师函后删除涉案朋友圈内容。郑某主张某公司侵犯其肖像权、隐私权等权利，请求某公司赔礼道歉、赔偿财产损失及精神损失等费用。

（改编自广东省广州市中级人民法院）

消费者依法享有肖像权和隐私权，使用消费者的肖像照片必须提前征得消费者的同意。本案中，某公司未经郑某同意使用其肖像照片用于商业宣传，侵犯了郑某的肖像权。案涉照片属于郑某与其配偶的亲密照，某公司未经同意予以公开，侵犯了郑某的隐私权。

2　什么情况下，可以不经肖像权人同意，合理使用肖像权？

合理实施下列行为的，可以不经肖像权人同意。

（1）为个人学习、艺术欣赏、课堂教学或者科学研究，在必要范围内使用肖像权人已经公开的肖像。

（2）为实施新闻报道，不可避免地制作、使用、公开肖像权人的肖像。

（3）为依法履行职责，国家机关在必要范围内制作、使用、公开肖像权人的肖像。

（4）为展示特定公共环境，不可避免地制作、使用、公开肖像权人的肖像。

（5）为维护公共利益或者肖像权人合法权益，制作、使用、公开肖像权人的肖像的其他行为。

> **问题思考**
>
> （1）用偷拍的视频作为证据提交法院诉讼的行为，有效吗？
> （2）肖像许可合同发生争议时，如何解释？

第四节　名誉权和荣誉权相关要点分析

关键词索引： 人格权　名誉权　荣誉权

基础导入

名誉是对民事主体的品德、声望、才能、信用等的社会评价。民事主体享有名誉权，侵害名誉权的情形主要有侮辱和诽谤两种方式，情节严重的还可能构成刑事犯罪。

荣誉权是公民、法人、非法人组织享有的，因自己的突出贡献或特殊劳动成果而获得的光荣称号或其他荣誉的权利。民事主体享有荣誉权。任何组织或者个人不得非法剥夺他人的荣誉称号，不得诋毁、贬损他人的荣誉。获得的荣誉称号应当记载而没有记载的，民事主体可以请求记载；获得的荣誉称号记载错误的，民事主体可以请求更正。

详细解析

1 构成名誉侵权的必要限度是什么？

对民事主体的品德、声望、才能、信用等社会评价如果超过必要限度，那就构成了侵犯名誉权。实践中如果是在维护自身权益过程中所做的负面评价未超出必要限度的，不构成名誉侵权。如下案例是最高人民法院发布的《民法典》颁布后人格权司法保护典型民事案例，依法合理划分了法人、非法人组织人格权的享有与公民行为自由的边界。

原告某物业公司为某小区提供物业管理服务，被告吴某、案外人徐某系该小区业主。2020年12月11日，徐某在业主微信群内发了15秒的短视频，并在群内发表"小区大门口动用该房屋维修金，你们签了字，同意了吗？"被告吴某接着发表"现在一点儿这个东西就花了这么多钱，到时电梯坏了、楼顶坏了等咋办？维修基金被物业套完了，拍拍屁股走人了，业主找谁去！""真要大修没钱就自生自灭了，太黑心了""所以这个小区成立业主委员会是迫在眉睫""不管怎样你们签的字违规，我们不认可，要求公示名单"等言论，物业公司工作人员在该群内制止吴某并要求吴某道歉，吴某继续发表"凭什么跟你道歉""我说的是事实"等。原告某物业公司认为被告吴某的言论侵害其名誉权，遂诉至法院，要求吴某公开赔礼道歉并赔偿损失。

（改编自江西省吉安市中级人民法院）

本案中，住宅专项维修资金的使用涉及业主的切身利益，被告吴某作为小区业主，在案涉业主微信群内围绕专项维修资金的申领、使用等不规范情形对原告某物业公司所做的负面评价，措辞虽有不文明、不严谨之处，但未超过必要的限度，不足以产生对某物业公司社会评价降低的损害后果。物业公司系为业主提供服务的企业法人，对业主在业主群内围绕其切身权益所作发言具有一定的容忍义务。因此，被告吴某不构成对原告名誉权的侵害。

2 新闻报道影响名誉权其免责的界限是什么？

行为人为公共利益实施新闻报道、舆论监督等行为，影响他人名誉的，不承担民事责任。如新闻媒体报道餐饮企业的安全隐患，内容基本属实，没有捏造歪曲事实，那就不承担民事责任。除非新闻报道存在如下情形：①捏造、歪曲事实；②对他人提供的严重失实内容未尽到合理核实义务；③使用侮辱性言辞等贬损他人名誉。

认定行为人是否尽到上述第二项合理核实义务，应当考虑下列因素：内容来源的可信度；对明显可能引发争议的内容是否进行了必要的调查；内容的时限性；内容与公序良俗的关联性；受害人名誉受贬损的可能性；核实能力和核实成本。

3 发现自己的信用评价不当的，如何救济？

在当前网络信息时代，信用评价对民事主体具有重要意义。民事主体可以依法查询自己的信用评价；发现信用评价不当的，有权提出异议并请求采取更正、删除等必要措施。信用评价人应当及时核查，经核查属实的，应当及时采取必要措施。

随着 2022 年 1 月 1 日《征信业务管理办法》正式生效，对于金融机构来说，应当履行征信相关法律法规要求，避免引发名誉权纠纷。如下是最高人民法院发布的《民法典》颁布后人格权司法保护的典型民事案例。

原告周某某为案外人莫某某向被告上林某银行的贷款提供连带保证担保，后经 2018 年做出的生效判决认定，周某某的保证责任被免除。三年后，周某某经所在单位领导提示，于 2021 年 4 月 25 日在中国人民银行征信中心查询个人信用，发现其已被列入不良征信记录，遂向上林某银行提出书面异议，并申请消除不良征信记录。但该银行在收到周某某提出的异议后未上报信用更正信息，导致周某某的不良征信记录一直未消除，周某某在办理信用卡、贷款等金融活动中受到限制。周某某遂诉至法院，要求上林某银行协助撤销周某某的不良担保征信记录，赔偿精神损失和名誉损失费，并登报赔礼道歉、消除影响。

（改编自广西壮族自治区上林县人民法院）

本案中，上林某银行作为提供信用评价信息的专业机构，具有准确、完整、及时报送用户信用信息的权利和义务,发现信用评价不当的,应当及时核查并采取必要措施。本案中,上林某银行未及时核查周某某已依法免除担保责任的情况,在收到周某某的异议申请后,仍未上报信用更正信息,造成征信系统对周某某个人诚信度做出不实记录和否定性评价,导致周某某在办理信用卡、贷款等金融活动中受到限制,其行为构成对周某某名誉权的侵害。法院判决被告向中国人民银行征信中心报送个人信用更正信息。

问题思考

(1)文学作品中的内容侵害他人名誉权的,如何认定侵权?
(2)通过诉讼方式维权,是否构成对他人的名誉权侵权?

第五节 隐私权和个人信息保护相关要点分析

关键词索引:人格权 隐私权 个人信息保护

基础导入

随着《中华人民共和国个人信息保护法》(以下简称《个人信息保护法》)、《中华人民共和国数据安全法》《中华人民共和国网络安全法》的颁布与实施以及此次《民法典》中专门规定了"隐私权和个人信息保护"专章,可见我国对个人信息保护和隐私权的重视程度。尤其是在当下数字化时代,隐私权和个人信息保护呈现出更加多元化和复杂性的趋势。

详细解析

1 隐私权和个人信息分别是什么?

本次《民法典》将隐私权和个人信息保护作为并列的两个概念予以预定,所以有必要跟大家普及一下两者的概念,因为此前大家普遍将两者合并为"个人信息隐私权"。

什么是隐私权呢?隐私是自然人的私人生活安宁和不愿为他人知晓的私密空

间、私密活动、私密信息。隐私权就是自然人享有的上述这些隐私任何组织或者个人不得以刺探、侵扰、泄露、公开等方式侵害的权利。

什么是个人信息呢？《民法典》中的概念为：个人信息是以电子或者其他方式记录的能够单独或者与其他信息结合识别特定自然人的各种信息，包括自然人的姓名、出生日期、身份证件号码、生物识别信息、住址、电话号码、电子邮箱、健康信息、行踪信息等。

《个人信息保护法》中的概念是：个人信息是以电子或者其他方式记录的与已识别或者可识别的自然人有关的各种信息，不包括匿名化处理后的信息。

《民法典》第一千零三十四条规定，个人信息中的私密信息，适用有关隐私权的规定；没有规定的，适用有关个人信息保护的规定。

2 侵犯隐私权的行为有哪些？

除法律另有规定或者权利人明确同意外，任何组织或者个人不得实施下列行为。

（1）以电话、短信、即时通信工具、电子邮件、传单等方式侵扰他人的私人生活安宁。

（2）进入、拍摄、窥视他人的住宅、宾馆房间等私密空间。

（3）拍摄、窥视、窃听、公开他人的私密活动。

（4）拍摄、窥视他人身体的私密部位。

（5）处理他人的私密信息。

（6）以其他方式侵害他人的隐私权。

如在最高人民法院此前发布的典型案例中，就有近距离安装可视门铃可构成侵害邻里隐私权的案例。

原、被告系同一小区前后楼栋的邻居，两家最近距离不足20米。在小区已有安防监控设施的基础上，被告为随时监测住宅周边，在其入户门上安装一款采用人脸识别技术、可自动拍摄视频并存储的可视门铃，位置正对原告等前栋楼多家住户的卧室和阳台。原告认为，被告可通过手机App操控可视门铃、长期监控原告住宅，侵犯其隐私，生活不得安宁。被告认为，可视门铃感应距离仅3米，拍摄到的原告家模糊不清，不构成隐私，其从未有窥探原告的意图，对方应予以理解，不同意将可视门铃拆除或移位。后原告诉至法院，请求判令被告拆除可视门铃、赔礼道歉并赔偿财产损失及精神损害抚慰金。

（改编自上海市青浦区人民法院）

本案中，被告虽是在自有空间内安装可视门铃，但设备拍摄的范围超出其自有领域，摄入了原告的住宅。而住宅具有私密性，是个人生活安宁的起点和基础，对于维护人格尊严和人格自由至关重要。可视门铃能通过人脸识别、后台操控双重模式启动拍摄，并可长期录制视频并存储，加之原、被告长期近距离相处，都为辨认影像提供了可能，以此获取住宅内的私密信息和行为现实可行，原告的生活安宁确实将受到侵扰。因此，被告的安装行为已侵害了原告的隐私权。

3 处理个人信息的原则和条件是什么？

处理个人信息应当遵循合法、正当、必要原则，不得过度处理，并符合下列条件。

（1）征得该自然人或者其监护人同意，但是法律、行政法规另有规定的除外。

（2）公开处理信息的规则。

（3）明示处理信息的目的、方式和范围。

（4）不违反法律、行政法规的规定和双方的约定。

个人信息的处理包括个人信息的收集、存储、使用、加工、传输、提供、公开等。

4 哪些情形下处理个人信息不用承担责任？

处理个人信息，有下列情形之一的，行为人不承担民事责任。

（1）在该自然人或者其监护人同意的范围内合理实施的行为。

（2）合理处理该自然人自行公开的或者其他已经合法公开的信息，但是该自然人明确拒绝或者处理该信息侵害其重大利益的除外。

（3）为维护公共利益或者该自然人合法权益，合理实施的其他行为。

5 个人信息主体对其信息有哪些权利？

个人信息主体对其个人信息享有知情同意权，以及以知情同意权为基础的查询权、复制权、更正权、删除权等信息自主控制的权能。

具体而言，自然人可以依法向信息处理者查阅或者复制其个人信息；发现信息有错误的，有权提出异议并请求及时采取更正等必要措施。

自然人发现信息处理者违反法律、行政法规的规定或者双方的约定处理其个人信息的，有权请求信息处理者及时删除。

问题思考

（1）为什么要区分个人信息和隐私权？

（2）请举例说明生活中常见的个人信息被泄漏等问题。

（3）信息处理者的义务有哪些？

第五编

《民法典》婚姻家庭相关知识

第十八章 结婚的要点问题

第一节 结婚登记前不如实告知重大疾病的婚姻撤销

关键词索引：撤销婚姻　如实告知　重大疾病

案例导入

甲与乙经人介绍相识后，很快确定了恋爱关系，订婚后双方开始同居。

2020年6月，甲怀孕，双方登记结婚。登记不久，乙终于向妻子坦白，其已身患艾滋病数年且长期服药。虽然甲坚持表示其所罹患的艾滋病已不在传染期内，传染甲及其腹内宝宝的可能性极小，且最终证明甲确实并未被传染，但丈夫的病依然让甲无法接受。尽管两人此前感情基础不错，但甲在内心几经挣扎并思量后，还是决定终止妊娠并向法院起诉要求撤销婚姻。

（改编自上海市闵行区人民法院）

法条链接

《民法典》第一千零五十三条规定：【不如实告知撤销婚姻】一方患有重大疾病的，应当在结婚登记前如实告知另一方；不如实告知的，另一方可以向人民法院请求撤销婚姻。

请求撤销婚姻的，应当自知道或者应当知道撤销事由之日起一年内提出。

详细解析

上述案例是上海首例适用《民法典》撤销婚姻关系的案件，基本事实很清楚，就是丈夫在结婚登记之前未如实告知妻子其患艾滋病的事实，妻子在知情后一年内向法院起诉要求撤销婚姻，根据《民法典》的最新规定，这是完全可以得到法院支持的。

法院会判决撤销两者婚姻关系，婚姻关系被撤销后，双方的婚姻自始没有法律约束力。

知识延伸

1. 不如实告知的"重大疾病"有哪些？

这个在《民法典》中没有细化规定，但按照我们的常识理解，重大疾病通常是指医治花费巨大且在较长一段时间内严重影响患者的正常工作和生活的疾病。

我们在实际应用的时候，可以参照《中华人民共和国母婴保健法》的相关规定。婚前医学检查包括下列疾病的检查：①严重遗传性疾病；②指定传染病；③有关精神病。经婚前医学检查，对患指定传染病在传染期内或者有关精神病在发病期内的，医师应当提出医学意见，准备结婚的男女应当暂缓结婚；患医学上认为不宜生育的严重遗传性疾病的，医师应当向男女双方说明情况，提出医学意见。严重遗传性疾病是指由于遗传因素先天形成，患者全部或者部分丧失自主生活能力，后代再现风险高，医学上认为不宜生育的遗传性疾病。指定传染病具体是指《中华人民共和国传染病防治法》中规定的艾滋病、淋病、梅毒、麻风病以及医学上认为影响结婚和生育的其他传染病。有关精神病，则是指精神分裂症、躁狂抑郁型精神病以及其他重型精神病。

我们在理解"重大疾病"的时候，可参照上述传染病、遗传性疾病以及精神病的相关认定，但也不一定仅限于上述列举，其他重大疾病也可以根据个案具体分析而定。

2. 撤销婚姻的流程是什么？

首先，请求撤销婚姻的，时间期限需要严格在自知道或者应当知道撤销事由之日起一年内提出。其次，只能向人民法院申请，提出撤销婚姻的诉讼方式，婚姻登记机关不得依职权或依申请对违反重大疾病婚前告知义务的婚姻进行撤销。

人民法院经过审理，根据当事人的请求，依法确认婚姻无效或者撤销婚姻的，应当收缴双方的结婚证书并将生效的判决书寄送当地婚姻登记管理机关[《最高人民法院关于适用〈中华人民共和国民法典〉婚姻家庭编的解释（一）》第二十一条]。

⚖ 风险提示

（1）注意一年的撤销权行使期限，不能明知道撤销事由，却不去主张自己的权利。一旦超过这个时间，那么撤销权消灭，婚姻还是有效的，届时就只能选择离婚的方式来结束婚姻关系。

（2）诚信是婚姻关系的基本原则，如果一方确实患有重大疾病，应该向另一方坦诚相告，婚前告知对方重大疾病是双方的义务，也确保对方知情，这时候另一方可以选择是否愿意结婚，这样大家都能够理性做出选择，保护双方利益。

❓ 问题思考

（1）父母能够代替子女提起撤销婚姻的诉讼请求吗？

（2）婚后才患上重大疾病但未如实告知另一方的，另一方还有撤销权吗？

（3）婚后出现重大疾病的明显症状，另外一方也知道，还能撤销婚姻吗？

第二节　有关彩礼的争议问题

关键词索引：彩礼

📖 案例导入

甲与乙系同村，确立恋爱关系后于2018年开始同居生活。甲于2020年8月16日通过支付宝转给乙20万元彩礼。双方未举行婚礼，亦未办理结婚登记手续。同居生活期间，乙怀孕。之后双方因谈论结婚事宜产生矛盾，乙多次与甲沟通有关孩子的问题，最终甲决定不要孩子，导致乙怀孕数月后流产。

本案中甲支付的20万元彩礼能要回来吗？

（改编自江苏省连云港市赣榆区人民法院）

法条链接

《民法典》婚姻家庭编司法解释（一）第五条规定：当事人请求返还按照习俗给付的彩礼的，如果查明属于以下情形，人民法院应当予以支持。

（1）双方未办理结婚登记手续。

（2）双方办理结婚登记手续但确未共同生活。

（3）婚前给付并导致给付人生活困难。

适用前款第二项、第三项的规定，应当以双方离婚为条件。

详细解析

本案中，双方自由恋爱，之后按当地习俗订立婚约关系，甲向乙转账 20 万元。从当时的情景和证据可以看出，这 20 万元是为了订立婚约，双方根据当地习俗给付的"彩礼"。双方之后没有登记结婚，按照上述法条第（1）项的规定，彩礼是可以返还的。

关于返还数额的问题，由于双方同居两年多，且乙方怀孕之后流产，造成了一定的身心伤害，法院根据具体案情综合判定返还 10 万元。

知识延伸

1. 禁止借婚姻索取财物，全面推行移风易俗

当前有关彩礼纠纷的相关案件主要发生在农村地区，关于农村地区的彩礼问题，国家多次发文推进，中共中央办公厅、国务院办公厅印发的《关于加强和改进乡村治理的指导意见》中提出，全面推行移风易俗，整治农村婚丧大操大办、高额彩礼、铺张浪费、厚葬薄养等不良习俗。《卫生健康委 农业农村部 中国计划生育协会关于服务乡村振兴促进家庭健康行动的实施意见》（国卫人口发〔2019〕53号）中提出，完善村规民约，将"婚育文明"融入文明公约、家规家训，自觉抵制封建迷信，破解农村大操大办、高额彩礼、铺张浪费等陈规陋习，推动移风易俗。

2. 彩礼能要回来的条件是什么？

通过上述法条分析可知，彩礼要想要回，首先在"彩礼"的认定上需要明确，按照当地习俗订立婚姻、为了结婚等是"彩礼"认定的条件，否则就是纯粹的赠与。

另外，当符合"彩礼"认定条件之后，要想要回彩礼，还要满足一定的法定条件，主要分为两大部分：一是双方未办理结婚登记手续；二是双方已结婚并离婚了，双方办理结婚登记手续但确未共同生活，或者婚前给付并导致给付人生活困难的。

因此满足如上"彩礼"的条件认定以及两大特定法定条件，才可以要回彩礼。现实生活中，很多案件不符合上述条件，自然也就要不回彩礼了。比如下面这个案件。

甲在2017年秋天接受彩礼款现金150 000元后，2017年10月27日按照农村习俗与乙举行了结婚仪式。2018年5月21日，乙与甲在大安市婚姻登记处登记结婚，共同生活，乙的结婚目的已达到，在2018年3月10日生育一名女孩丙。2020年9月9日，乙与甲在大安市人民法院调解离婚，离婚时未涉及彩礼款。甲与乙婚姻关系存续近二年零四个月，且生育一女，有日常生活消费。

（改编自吉林省大安市人民法院）

在上面这个案件中，符合彩礼的条件认定和已结婚并离婚的大前提，但是他们在一起生活，所以不符合"双方办理结婚登记手续但确未共同生活"这个条件，乙也未能提供证实婚前给付彩礼造成其生活困难的有效证据，因此也就不符合"婚前给付并导致给付人生活困难的"这个条件，所以法院最终驳回乙的诉讼请求，不支持要回彩礼。

风险提示

上面给大家详细讲解了彩礼能够要回的条件，因此我们要想要回彩礼，一定要跟正常的财产赠与加以区分。如何区分呢？比如我们在支付彩礼的时候，一定要有一定的"仪式感"，包括按照当地习俗举办订婚仪式、亲友共同见证、转账的时候留好备注等，总之要让它符合"彩礼"的认定条件，这也方便之后提供相应证据，否则法院是很难认定的。

另外，双方未共同生活或支付彩礼后导致生活困难等证据都应当留好，不提供证据是无法得到法院支持的。

问题思考

（1）如何支付彩礼才能规避之后的法律风险？

（2）要回彩礼的同时，能索要相应利息吗？

（3）如果彩礼是车、房子或是股权，这一类索回有什么不同？

第三节　没领结婚证就以夫妻名义共同生活的问题处理

关键词索引： 婚姻登记　事实婚姻

案例导入

甲乙双方于1987年按农村习俗举行婚礼，此后即以夫妻名义同居生活，至今未办理结婚登记手续。1987年9月30日生育长子，1991年10月20日生育次子，现均已成年且能独立生活。2017年10月18日，甲诉至法院要求与乙离婚，2017年11月22日，法院做出民事裁定书，准予甲撤回起诉。2020年11月25日，甲再次向法院起诉，要求与乙离婚。

（改编自浙江省文成县人民法院）

法条链接

《民法典》第一千零四十九条规定：【结婚登记】要求结婚的男女双方应当亲自到婚姻登记机关申请结婚登记。符合本法规定的，予以登记，发给结婚证。完成结婚登记，即确立婚姻关系。未办理结婚登记的，应当补办登记。

《民法典》婚姻家庭编司法解释（一）第七条：未依据《民法典》第一千零四十九条规定办理结婚登记而以夫妻名义共同生活的男女，提起诉讼要求离婚的，应当区别对待。

（1）1994年2月1日民政部《婚姻登记管理条例》公布实施以前，男女双方已经符合结婚实质要件的，按事实婚姻处理。

（2）1994年2月1日民政部《婚姻登记管理条例》公布实施以后，男女双方符合结婚实质要件的，人民法院应当告知其补办结婚登记。未补办结婚登记的，依据本解释第三条规定处理。

第三条　当事人提起诉讼仅请求解除同居关系的，人民法院不予受理；已经受理的，裁定驳回起诉。

当事人因同居期间财产分割或者子女抚养纠纷提起诉讼的，人民法院应当受理。

详细解析

本案中，甲向法院提起请求离婚的诉讼，离婚的前提是已经结婚，已经构成夫妻婚姻关系，那本案中双方是否是合法有效的婚姻关系呢？

双方按照农村当地风俗举办了婚礼，并共同生活多年，已生育二子，但没有领取结婚证。双方在民政部1994年2月1日《婚姻登记管理条例》公布实施时，已经符合结婚的实质要件，属于事实婚姻关系，这是受法律保护的。

知识延伸

1. "以夫妻名义同居"不同于"有配偶者与他人同居"

2001年12月24日之后取消"非法同居"这个概念，当前"同居"在法律条款中主要存在两种情形：一是以夫妻名义同居的，这个就是我们本条所讲的内容，以夫妻名义共同生活的符合条件的，人民法院也会支持；二是不以夫妻名义同居的，这在《民法典》婚姻家庭编司法解释（一）中界定为：有配偶者与婚外异性，不以夫妻名义，持续、稳定地共同居住。这种同居导致的离婚，可以要求相应损害赔偿。《民法典》第一千零四十二条也明令禁止有配偶者与他人同居。

2. 结婚登记的具体要求有哪些？

（1）法定依据：《民法典》《婚姻登记条例》《婚姻登记工作规范》。

（2）受理机关：内地居民结婚，男女双方应当共同到一方当事人常住户口所在地的婚姻登记机关办理结婚登记。

中国公民同外国人在中国内地结婚的，内地居民同香港居民、澳门居民、台湾居民、华侨在中国内地结婚的，男女双方应当共同到内地居民常住户口所在地的婚姻登记机关办理结婚登记。

（3）受理条件。

①结婚年龄，男不得早于二十二周岁，女不得早于二十周岁（《民法典》第一千零四十七条）。

②结婚应当男女双方完全自愿，禁止任何一方对另一方加以强迫，禁止任何组织或者个人加以干涉（《民法典》第一千零四十六条）。

③直系血亲或者三代以内的旁系血亲禁止结婚（《民法典》第一千零四十八条）。

④要求结婚的男女双方应当亲自到婚姻登记机关申请结婚登记（《民法典》第一千零四十九条）。

（4）应当出具的证件和证明材料。

【办理结婚登记的内地居民应当出具】：①本人的户口簿、身份证；②本人无配偶以及与对方当事人没有直系血亲和三代以内旁系血亲关系的签字声明。

【办理结婚登记的香港居民、澳门居民、台湾居民应当出具】：①本人的有效通行证、身份证；②经居住地公证机构公证的本人无配偶以及与对方当事人没有直系血亲和三代以内旁系血亲关系的声明。

【办理结婚登记的华侨应当出具】：①本人的有效护照；②居住国公证机构或者有权机关出具的、经中华人民共和国驻该国使（领）馆认证的本人无配偶以及与对方当事人没有直系血亲和三代以内旁系血亲关系的证明，或者中华人民共和国驻该国使（领）馆出具的本人无配偶以及与对方当事人没有直系血亲和三代以内旁系血亲关系的证明。

【办理结婚登记的外国人应当出具】：①本人的有效护照或者其他有效的国际旅行证件；②所在国公证机构或者有权机关出具的、经中华人民共和国驻该国使（领）馆认证或者该国驻华使（领）馆认证的本人无配偶的证明，或者所在国驻华使（领）馆出具的本人无配偶的证明。

（来自民政部官网婚姻登记便民指南）

3. 未办理结婚登记，以夫妻名义生活的，应当如何操作？

根据上述条款规定，没有办理婚姻登记手续的，应当补办手续。特别是没有办理婚姻登记，但以夫妻名义共同生活的，有个时间界限，就是1994年2月1日民政部《婚姻登记管理条例》公布实施的前后处理方法是不一样的。

1994年2月1日之前，如果男女双方已经符合法律规章等规定的基础条件的，就是符合结婚实质要件的，按事实婚姻处理，法院应将它与合法婚姻关系一样对待，就是已经成立合法有效的婚姻关系。

1994年2月1日之后，男女双方符合上述婚姻登记的受理条件，就是符合结婚实质要件的，人民法院应当告知其补办结婚登记。未补办结婚登记的，当事人提起诉讼仅请求解除同居关系的，人民法院是不予受理的。但如果当事人因同居期间财产分割或者子女抚养纠纷提起诉讼的，人民法院还是应当受理。

风险提示

男女双方应及时办理婚姻登记手续，以保障自身合法权益。"同居关系"并不是法律关系，涉及子女抚养、财产分割以及以后再婚等问题，因此，为防范因婚姻关系产生纠纷，无论是在1994年2月1日前或后，都应当及时去民政部门办理婚姻登记手续,确保夫妻双方婚姻关系合法有效。

问题思考

(1)为什么对于单纯的解除同居关系的诉讼,人民法院按规定一律不予受理?

(2)为什么因同居期间财产分割或者子女抚养纠纷提起诉讼的,人民法院又可以受理?

(3)满足什么条件可构成事实婚姻?

第四节 受胁迫结婚的婚姻撤销

关键词索引: 胁迫结婚 撤销婚姻

案例导入

李女士与王先生经朋友介绍相识。当年参加跨年派对时,二人发生关系,王先生还偷拍了李女士的裸照。后王先生多次向李女士提出结婚要求均遭拒,恼羞成怒的他遂以公开李女士裸照相威胁,李女士迫于无奈最终与王先生登记结婚。现李女士欲起诉撤销婚姻,但双方已登记结婚两年多,还能撤销吗?

(改编自宁夏回族自治区银川市兴庆区人民法院)

法条链接

《民法典》第一千零五十二条规定:【胁迫结婚】因胁迫结婚的,受胁迫的一方可以向人民法院请求撤销婚姻。

请求撤销婚姻的,应当自胁迫行为终止之日起一年内提出。

被非法限制人身自由的当事人请求撤销婚姻的,应当自恢复人身自由之日起一年内提出。

《民法典》婚姻家庭编司法解释(一)第十八条规定:行为人以给另一方当事人或者其近亲属的生命、身体、健康、名誉、财产等方面造成损害为要挟,迫使另一方当事人违背真实意愿结婚的，可以认定为《民法典》第一千零五十二条所称的"胁迫"。

因受胁迫而请求撤销婚姻的，只能是受胁迫一方的婚姻关系当事人本人。

《民法典》婚姻家庭编司法解释（一）第十九条:《民法典》第一千零五十二条规定的"一年"，不适用诉讼时效中止、中断或者延长的规定。

受胁迫或者被非法限制人身自由的当事人请求撤销婚姻的，不适用《民法典》第一百五十二条第（二）项的规定。

详细解析

本案中，王先生多次强迫李女士跟他结婚，甚至以公开李女士裸照为威胁，这就是典型的以李女士的名誉损害为要挟，迫使李女士违背真实意愿结婚，是《民法典》第一千零五十二条所称的"胁迫"。

因此，根据上述法律规定，李女士可以起诉至法院，请求撤销婚姻。虽然已经登记结婚两年多，但并没有超过《民法典》所规定的"自胁迫行为终止之日起一年内提出"的规定，所以仍然可以请求撤销婚姻。

知识延伸

1. 重大修改：受胁迫结婚请求撤销婚姻的业务，民政部门不受理了

根据《民法典》中"因胁迫结婚的，受胁迫的一方可以向人民法院请求撤销婚姻"的最新规定，《民政部关于贯彻落实＜中华人民共和国民法典＞中有关婚姻登记规定的通知》（民发〔2020〕116号）中也明确提出，婚姻登记机关不再受理因胁迫结婚的撤销婚姻申请，《婚姻登记工作规范》第四条第（三）项、第五章废止，删除第十四条第（五）项中"及可撤销婚姻"、第二十五条第（二）项中"撤销受胁迫婚姻"及第七十二条第（二）项中"撤销婚姻"的表述。

本次《民法典》相比之前的《中华人民共和国婚姻法》（以下简称《婚姻法》），做了如下调整。

《婚姻法》第十一条规定：【胁迫结婚】因胁迫结婚的，受胁迫的一方可以向婚姻登记机关或人民法院请求撤销该婚姻。受胁迫的一方撤销婚姻的请求，应当自结婚登记之日起一年内提出。被非法限制人身自由的当事人请求撤销婚姻的，应当自恢复人身自由之日起一年内提出。

而根据本次《民法典》的规定，受胁迫的婚姻撤销事宜只能去法院起诉了。

另外,《民法典》在撤销一年期的时间上也做了调整,当前的一年期是"自胁迫行为终止之日起一年内",而不是之前的"自结婚登记之日起一年内"。

在这里的一年期,都不适用诉讼时效中止、中断或者延长的规定,也不适用《民法典》第一百五十二条第(二)项(当事人受胁迫,自胁迫行为终止之日起一年内没有行使撤销权)的规定。

2. 胁迫结婚中的胁迫行为有哪些?

所谓胁迫,就是行为人以给另一方当事人或者其近亲属的生命、身体、健康、名誉、财产等方面造成损害为要挟,强迫跟另一方结婚的。比如实务中有威胁对方生命安全、公开另一方私密照片、因欠下债务催促还债等情形,均属于这里所讲的胁迫。

另外,被非法限制人身自由也属于强迫结婚的情形,严重的还有可能构成非法拘禁罪。

《中华人民共和国刑法》第二百三十八条规定:【非法拘禁罪】非法拘禁他人或者以其他方法非法剥夺他人人身自由的,处三年以下有期徒刑、拘役、管制或者剥夺政治权利。具有殴打、侮辱情节的,从重处罚。

犯前款罪,致人重伤的,处三年以上十年以下有期徒刑;致人死亡的,处十年以上有期徒刑。使用暴力致人伤残、死亡的,依照本法第二百三十四条、第二百三十二条的规定定罪处罚。

为索取债务非法扣押、拘禁他人的,依照前两款的规定处罚。

国家机关工作人员利用职权犯前三款罪的,依照前三款的规定从重处罚。

风险提示

结婚必须男女双方完全自愿,不允许任何一方对另一方加以强迫或任何第三者加以干涉,以胁迫方式结婚的,受胁迫一方可以请求法院撤销婚姻。

通过胁迫方式逼迫结婚的,情节严重的可能构成非法拘禁罪、故意伤害罪、故意杀人罪等。

问题思考

(1)以胁迫方式结婚的,之后双方都自愿了,婚姻还可以撤销吗?

(2)撤销婚姻后,受胁迫一方能否请求另一方赔偿精神损害等损失?

(3)婚姻登记时,登记机关明知双方存在胁迫情形还登记的,婚姻登记有效吗?

第五节 婚姻无效的情形与后果

关键词索引：婚姻无效 法定婚龄

案例导入

甲与乙于2018年9月在民政局办理结婚登记，婚后无子女。由于乙婚前便患有精神分裂症，婚后双方无法沟通、交流，致双方感情不睦。2018年12月甲将乙送回娘家，乙便一直随其父母一起生活至今。重庆市精神卫生中心对乙有无民事行为能力进行司法鉴定，鉴定意见为：①被鉴定人乙诊断为精神分裂症；②被鉴定人乙目前为部分民事行为能力。

请问本案中，双方的婚姻关系是有效还是无效？

（改编自重庆市合川区人民法院）

法条链接

《民法典》第一千零五十一条规定：【婚姻无效】有下列情形之一的，婚姻无效。
（1）重婚。
（2）有禁止结婚的亲属关系。
（3）未到法定婚龄。

详细解析

本案中，由于乙婚前便患有精神分裂症，根据之前《婚姻法》的相关规定，这属于"婚前患有医学上认为不应当结婚的疾病，婚后尚未治愈的"的情形，属于无效婚姻的范畴，但最新《民法典》删除了婚前医学疾病的表述，所以双方之间的婚姻依然有效，法院将会驳回甲的诉请，甲可以诉至法院申请撤销婚姻。

知识延伸

1.《民法典》将"禁止结婚的疾病"删除了

按照之前我国《婚姻法》第十条的规定，婚姻无效的情形有：①重婚的；

②有禁止结婚的亲属关系的；③婚前患有医学上认为不应当结婚的疾病，婚后尚未治愈的；④未到法定婚龄的。但根据最新《民法典》的规定，其中第三项"不应当结婚的疾病"的条款被删除了。这项改动将婚姻的选择权更多地交给当事人，更能体现对人性的尊重。

当前，婚前一方患有重大疾病，需要如实告知另一方，如未告知，另一方可申请撤销婚姻。具体查看前述婚姻可撤销的相关内容。

2. 禁止结婚的亲属关系有哪些？

《民法典》第一千零四十八条规定，直系血亲或者三代以内的旁系血亲禁止结婚。

直系血亲包括父母与子女间，祖父母、外祖父母与孙子女、外孙子女间，即父亲不能娶女儿为妻，母亲不能嫁儿子为夫，爷爷（姥爷）不能与孙女（外孙女）婚配，奶奶（姥姥）不能与孙子（外孙子）结合。

三代以内的旁系血亲包括：①同源于父母的兄弟姊妹（含同父异母、同母异父的兄弟姊妹），即同一父母的子女之间不能结婚；②不同辈的叔、伯、姑、舅、姨与侄（女）、甥（女），即叔叔（伯伯）不能和兄（弟）的女儿结婚，姑姑不能和兄弟的儿子结婚，舅舅不能和姊妹的女儿结婚，姨妈不能和姊妹的儿子结婚。

3. 法定婚龄分别是多少？

结婚年龄，男不得早于二十二周岁，女不得早于二十周岁。此前新闻所爆出的"18岁男孩迎娶14岁女孩"等类似案例，都体现出人们对法定婚龄的无知，以及对法律知识的缺失。

同时，此次《民法典》将"晚婚晚育应予鼓励"删除了，同时还删除了"计划生育"相关内容，从制度层面不鼓励晚婚晚育和计划生育了，为之后的相关配套政策出台提供了更大空间。

4. 谁可以向法院请求确认婚姻无效？

根据《民法典》婚姻家庭编司法解释（一）第九条的规定，可以请求婚姻无效的主体包括婚姻当事人及利害关系人。其中，利害关系人包括以下几种。

（1）以重婚为由的，为当事人的近亲属及基层组织。

（2）以未到法定婚龄为由的，为未到法定婚龄者的近亲属。

（3）以有禁止结婚的亲属关系为由的，为当事人的近亲属。

5. 无效婚姻对婚姻关系、财产分割、子女关系造成的后果和影响是什么？

（1）关于双方的婚姻关系：根据《民法典》第一千零五十四条的规定，无效的或者被撤销的婚姻自始没有法律约束力，当事人不具有夫妻的权利和义务。"自始没有法律约束力"是指无效婚姻或者可撤销婚姻在依法被确认无效或者被撤销时，才确定该婚姻自始不受法律保护。最直观的解释就是双方等于没有结过婚，婚姻记录里是没有这项的。当法院依法确认婚姻无效或者撤销婚姻的，应当收缴双方的结婚证书并将生效的判决书寄送至当地婚姻登记管理机关。同时，婚姻无效或者被撤销的，无过错方有权请求损害赔偿，具体查看下述离婚章节中的相关内容。

（2）关于双方的财产分割问题：同居期间所得的财产，由当事人协议处理；协议不成的，由人民法院根据照顾无过错方的原则判决。对重婚导致的无效婚姻的财产处理，不得侵害合法婚姻当事人的财产权益。被确认无效或者被撤销的婚姻，当事人同居期间所得的财产，除有证据证明为当事人一方所有的以外，按共同共有处理。

（3）关于双方的子女问题：双方所生的子女与婚生子女一样，父母与子女之间的关系不存在差别，具体查看下述离婚章节中的相关内容。

风险提示

（1）婚姻无效的情形是法定情形，即便民政部门予以婚姻登记，也是无效的婚姻。

（2）如有无效婚姻存在，相关利害关系人需要及时请求法院判决无效，以免带来更深层次的问题。

（3）重大疾病不是无效婚姻的情形，如有重大疾病，需要婚前提前告知对方，否则可以撤销婚姻，最终效力都是婚姻自始没有法律约束力。

问题思考

（1）双方存在无效婚姻的情形，但民政部门还是正常登记了，如何处理？

（2）18岁男孩迎娶14岁女孩，可能会产生刑事责任吗？

（3）无效婚姻的一方死亡的，另一方能请求婚姻无效吗？

第十九章 家庭关系的要点问题

第一节 父母出资，婚前买房、婚后买房等问题

关键词索引：婚前财产　共同财产　父母出资

案例导入

甲和乙恋爱多年，乙的父母用自己养老的积蓄以及多年打工赚来的钱，在甲和乙结婚前在某地买了一套小户型的两居室房子作为婚房。两年后甲、乙因为家庭琐事导致感情不和而协议离婚，甲认为婆婆买房子作为他们的婚房，应该属于共同财产，她应该分得这套房子的一半产权，目前这套房子价值230万元。那么甲离婚后能不能分得这套房子的一半产权呢？

法条链接

《民法典》第一千零六十三条规定：【夫妻个人财产范围】下列财产为夫妻一方的个人财产。

（1）一方的婚前财产。
（2）一方因受到人身损害获得的赔偿或者补偿。
（3）遗嘱或者赠与合同中确定只归一方的财产。
（4）一方专用的生活用品。
（5）其他应当归一方的财产。

《民法典》婚姻家庭编司法解释（一）第二十七条规定：由一方婚前承租、婚后用共同财产购买的房屋，登记在一方名下的，应当认定为夫妻共同财产。

《民法典》婚姻家庭编司法解释（一）第二十九条规定：当事人结婚前，父母为双方购置房屋出资的，该出资应当认定为对自己子女个人的赠与，但父母明

确表示赠与双方的除外。

当事人结婚后，父母为双方购置房屋出资的，依照约定处理；没有约定或者约定不明确的，按照《民法典》第一千零六十二条第（四）项规定的原则处理。

《民法典》婚姻家庭编司法解释（一）第三十一条规定：《民法典》第一千零六十三条规定为夫妻一方的个人财产，不因婚姻关系的延续而转化为夫妻共同财产。但当事人另有约定的除外。

详细解析

上述案例中案情非常清晰，为父母在子女婚前买房，现在离婚产生的财产分割纠纷。根据《民法典》婚姻家庭编司法解释（一）第二十九条的规定，婚前父母为双方购置房屋出资的，视为对自己子女个人的赠与，因此一般来说，父母婚前为子女出资买房的，房子是自己子女的婚前财产，除非父母明确表示赠与双方，而上述案件中没有这个情形。另外，根据《民法典》第一千零六十三条第一款第一项规定，一方的婚前财产是夫妻一方的个人财产。

因此，上述案例中甲是不能分到双方的婚房的，因为这是乙的父母赠与乙的房产，也就是乙的个人财产，不满足共同财产的条件，甲是无权参与分割房产的。

知识延伸

1. 婚后父母出资买房，房子归谁？

根据《民法典》婚姻家庭编司法解释（一）中第二十九条第二款的规定，当事人结婚后，父母为双方购置房屋出资的，依照约定处理；没有约定或者约定不明确的，推定为对夫妻双方的赠与，为夫妻的共同财产。

而这之前，《婚姻法》司法解释（二）规定"该出资应当认定为对夫妻双方的赠与，但父母明确表示赠与一方的除外"。《婚姻法》司法解释（三）规定"产权登记在出资人子女名下的，视为只对自己子女一方的赠与"。有关赠与合同的内容请查看赠与合同章节中的相关内容。

因此，今后父母在子女婚后出资买房的，按约定处理，没有约定或约定不明确的，无论是全额出资还是部分出资，无论是登记在一方名下还是双方名下，都优先推定为夫妻共同财产，归夫妻共同共有。

2. 父母明确赠与后反悔了，可以吗？

上述法条中多次提到"父母赠与"的意思表示，但如果父母把房子赠与子女后，而子女不孝顺，父母想要回房子，可以吗？

这需要看具体情况，因为赠与合同是实践型合同，是需要完成权力转移的，尤其是房产需要过户登记之后，赠与合同才能生效。比如父母口头承诺把房子赠与子女，但一直没有过户登记，或者即便有赠与协议，但一直没把房产证上的名字变更为子女，在这种情况下，父母是可以撤销赠与合同的。其他情况，比如房产已经过户登记，那赠与就是有效的，是不能撤销的。父母只能通过诉讼的方式来起诉子女不赡养自己了。

3. 夫妻财产协议中有关房产赠与约定的特别提醒

根据《民法典》婚姻家庭编司法解释（一）中第三十二条规定，婚前或者婚姻关系存续期间，当事人约定将一方所有的房产赠与另一方或者共有，赠与方在赠与房产变更登记之前可以撤销赠与。经过公证的赠与合同或者依法不得撤销的具有救灾、扶贫、助残等公益、道德义务性质的赠与合同，不适用前款规定。

因此，夫妻财产协议中如果涉及房产赠与的约定，在未变更登记前，赠与方有权行使撤销权，这就导致赠与的约定失去法律保护，建议大家有房产赠与内容的夫妻财产协议，应当及时变更产权登记或者及时去办理公证。

4. 父母出资，子女婚前买房、婚后买房等问题一览

近年来，有关父母出资，子女婚前、婚后买房，离婚财产认定的纠纷困扰大家，这里我们根据《民法典》及相关司法解释的规定，总结如下相关问题（见表19-1～表19-4），以便大家学习和了解。

表 19-1 婚前买房相关问题

出资情况	房屋产权证署名	司法实践
一人出资	结婚前取得房屋产权，房屋落在自己名下，并还清个人贷款或是全款买房的	房屋属于个人财产
	结婚前已还清全部贷款，但婚后才取得房本的，房屋落在自己名下的	仍认定为夫妻一人财产，另一方无权要求分割
	结婚前已支付了房屋首付款，并向银行贷款，房屋落在自己名下，婚后用夫妻共同财产还贷的	司法实践中将该房屋认定为个人财产，而夫妻共同还贷支付的款项以及房屋相对应的财产增值部分由双方平分；而尚未偿还的贷款则为产权登记一方的个人债务
	房屋落在对方名下	通常是出资方不具备购房条件的，才以对方名义购房，按共同共有处理。如果没有特殊情形，多被视为以结婚为目的的赠与，按登记方个人财产处理
	房屋落在夫妻双方名下	房屋算夫妻共同财产；离婚时不考虑出资情况，一律平分

出资情况	房屋产权证署名	司法实践
双方出资	房屋落在夫妻双方名下	房屋属于夫妻共同财产；离婚时不考虑出资状况，一律平分
	房屋只落在一人名下	如果是在同居期间购的房，那法院基本会按共同生活期间，以结婚后共同使用为目的，作为共同共有处理，通常不作为按份共有处理
		如果不是在同居期间购的房，到底是按共同财产处理还是按借款或赠与处理，不确定，司法实践中法官会综合购房背景、出资数额，尤其是从公平角度来判定，没有统一定论

表 19-2 婚后买房相关问题

出资情况	房屋产权证署名	司法实践
一人以婚前个人财产出资	房屋落在自己名下	如果已经支付了全部房款，房屋算个人财产的转化，算个人财产
		如果只支付了全部首付款，房屋按个人财产处理，只不过尚未偿还的那部分房款以及房屋增值价值的部分属于夫妻共同财产，属共同共有
	房屋落在夫妻双方名下或在对方名下	房屋算共同财产，实际算一方对另一方的赠与，夫妻双方共同共有房屋产权
双方用共同财产买房	房屋落在夫妻双方名下	典型的夫妻共同财产
	房屋只落在一方名下 夫妻落在未成年子女名下	仍然算是夫妻共同财产 一般视为未成年子女财产，由抚养方暂时管理

表 19-3 父母出资买房相关问题

时间	出资人	房屋产权证署名	司法实践
结婚前	一方父母（全额）出资	房屋落在出资方子女名下	房屋属于夫妻一方婚前个人财产
	一方父母支付了房屋首付款	房屋落在出资方子女名下	由夫妻二人共同还贷，离婚时一般会将房子判归登记方所有，由其继续支付剩余贷款。对于婚内共同还贷部分（包括本金和利息）及其产生的增值，则由得房子的一方对另一方做出补偿
		房屋落在另一方子女名下	一般情况下也认定为夫妻共同财产，而非登记方的个人财产，非登记方有权要求分割房屋。父母明确表示赠与登记方或者双方之间有其他相反约定的除外

续表

时间	出资人	房屋产权证署名	司法实践
结婚前	一方父母支付了房屋首付款	房屋落在双方子女名下	应认定为双方的共同财产。如果双方约定了共有方式是共同共有或按份共有，并进一步约定了各自份额，则按约定享有产权。如果双方对共有方式没有进行约定，则视为等份共有
	双方父母均出资	房屋落在落在夫妻双方名下	房屋属于夫妻共同财产；应当认定父母的出资是对各自子女的赠与，而不能因为产权登记在双方名下就理解为对双方的赠与
		房屋落在一方名下	房屋属于夫妻公共财产；应当认定为对各自子女的赠与，而不能简单理解为双方父母对一方的赠与。如无其他相反约定，应认定为双方按份共有
结婚后	一方父母全额出资	房屋落在出资方子女名下	有协议约定的，按照约定，没有约定或约定不明的，推定为对夫妻双方的借款，属于共同财产
		房屋落在对方名下（或双方）	房屋属于夫妻共同财产，离婚时按夫妻共同财产进行分割
	一方父母部分出资（或付首付款），婚后双方共同还贷	房屋落在出资方子女名下（或双方子女名下）	房屋应认定为夫妻共同财产，父母出资部分视为对双方的借款（实践判例）
	双方父母出资	房屋落在一人名下	这种情形较为常见，而且争议颇多，司法实践多按夫妻共同财产处理
		房屋落在双方名下	房屋属于夫妻共同财产

特别注意：父母出资买房，如未明确表示赠与，一般会视为借款。此时，如房产是共同财产则该债务为夫妻共同债务；如房产是一方个人财产，则该债务一般认定为一方的个人债务。

表19-4 离婚判决时对房产不予处理的情况

情形	司法实践
离婚时尚未取得房屋产权证：夫妻一方婚前出了部分房款，婚后共同还贷，或一方用个人财产还贷，但房屋增值，离婚时，尚未取得房产证的房屋	没有房屋产权证前先住着，有了房屋产权证后另行起诉

续表

情形	司法实践
房屋产权证上有第三人的名字	法院一般不会将其主动追加为第三人，而是采取如下措施。 （1）根据当事人的申请，对房屋部分的财产分割不予审理，由当事人另案起诉 （2）根据当事人的申请，将案件中止审理，告诉当事人另行提起析产之诉，后根据析产之诉的判决结果，对夫妻共有部分的房屋进行分割

以下是房屋分割的6种特殊情况。

（1）小产权房分割。对于已被有权机关认定为违法建筑的小产权房，不予处理；但违法建筑已经行政程序合法化的，可以对其所有权归属做出处理。

对于虽未经行政准建，但长期存在且未受到行政处罚的房屋，可以对其使用做出处理。在处理使用时，人民法院应向当事人释明变更相关诉讼请求。在处理相关房屋的使用归属时，能分割的进行分割，不能分割的可采用协商、竞价、询价等方式给予适当补偿。

在涉及小产权房分割案件中，应在判决论理部分中明确，使用法院的判决内容不代表对小产权房合法性的认定，不能以此对抗行政处罚、不能作为产权归属证明或拆迁依据等。

（2）公房承租权的分割。离婚案件中涉及公房承租权处理，属于直管公房的，可在判决中明确承租权以及承租关系的变更。

属于自管公房的，夫妻只有一方在产权单位工作，一般应把承租权确定在产权单位工作的人名下，另一方获得补偿；但经产权单位同意的，可以确定由另一方承租或共同承租。

（3）经济适用房、两限房的分割。限售期内的经济适用房、两限房在离婚诉讼中可以酌情进行分割。

经济适用房、两限房由一方在婚前申请，以个人财产支付房屋价款，婚后取得房产证的，应认定为一方个人财产；婚后以夫妻双方名义申请，以夫妻共同财产支付房屋价款，离婚后取得房产证的，应认定为夫妻共同财产。

（4）以标准价购买的公房的分割。婚姻关系存续期间以夫妻共同财产出资以标准价购买公有住房而获得的"部分产权"，该"部分产权"应认定为夫妻共同财产，可以在综合考虑房产来源、工龄折算等因素，并征求原产权单位意见，经确定产权单位权利比例后，予以公平分割。

（5）约定服务条件房产的分割。夫妻一方在婚后通过与用人单位约定服务条件取得的房产为夫妻共同财产，但离婚时服务条件尚未实现的，一般应判归约定服务条件的一方。

（6）优惠购房权性质与折算。农村拆迁补偿中按所涉人口数取得的优惠购房权系基于特定身份获得的优惠安置利益，但并非优惠取得的物权本身。

离婚时优惠购房权价值折算可考虑优惠取得的房产性质、能否上市交易、能否取得房屋产权证等因素，在不高于市场价格与优惠价格的差价范围之内予以确定。

（来自问律、法制网、上海审判研究、法律一讲堂）

风险提示

上面列举了婚前、婚后以及父母出资等各种情形下的实务处理。如果大家无法确认财产归属的话，为避免之后产生纠纷，最好提前有协议约定，写清楚双方出资情况以及财产归属、份额等内容。因为有约定是按照约定来处理的，没有约定或约定不明，才按照上述法律规定推定处理。比如婚后父母出资购房只想给自己子女的，为避免产生争议，一定要及时签订书面协议，明确约定只赠与自己子女。

另外，当出现此类纠纷时，应本着真诚协商沟通的原则，协商处理，协商不成的，通过法院诉讼的方式，由人民法院根据法律法规规定，裁判分割财产。

问题思考

（1）夫妻一方的个人财产可能变成夫妻共同财产吗？
（2）夫妻婚前财产约定协议书怎么写？需要注意哪些内容？

第二节　孩子姓名的起名规则

关键词索引： 姓氏　起名规则

案例导入

冒某与骆某生育一子，取名冒某铜。之后，冒某与骆某协议离婚并签署离婚协议书，约定：因冒某已半百之年，故冒某铜归骆某抚养，但骆某不得改冒某铜的姓名，必须满足冒某临时带冒某铜在身边生活的要求，必须能让冒某保持与冒某铜的正常联系。若骆某违约，冒某将带回冒某铜，并收回财产。抚养费由骆某承担。其后，骆某为冒某铜向其户口登记机关报出生，并以"骆某发"为姓名、"汉族"为民族为冒某铜申请办理户口登记。

冒某是否有权依据离婚协议书中相关约定，主张变更孩子现用姓名，并且在离婚协议书中对孩子民族未做约定的情况下，主张变更孩子现在填写的民族？

（改编自北京市第一中级人民法院）

法条链接

《民法典》第一千零一十五条规定：【子女姓氏】自然人应当随父姓或者母姓，但是有下列情形之一的，可以在父姓和母姓之外选取姓氏。

（1）选取其他直系长辈血亲的姓氏。

（2）因由法定扶养人以外的人扶养而选取扶养人姓氏。

（3）有不违背公序良俗的其他正当理由。

少数民族自然人的姓氏可以遵从本民族的文化传统和风俗习惯。

《民法典》第一千零一十二条规定：【姓名权】自然人享有姓名权，有权依法决定、使用、变更或者许可他人使用自己的姓名，但是不得违背公序良俗。

《民法典》婚姻家庭编司法解释（一）第五十九条规定：父母不得因子女变更姓氏而拒付子女抚养费。父或者母擅自将子女姓氏改为继母或继父姓氏而引起纠纷的，应当责令恢复原姓氏。

《公安部关于父母离婚后子女姓名变更有关问题的批复》（公治[2002]74号）写有：对于离婚双方未经协商或协商未达成一致意见而其中一方要求变更子女姓名的，公安机关可以拒绝受理；对一方因向公安机关隐瞒离婚事实，而取得子女姓名变更的，若另一方要求恢复子女原姓名且离婚双方协商不成，公安机关应予恢复。

《中国公民民族成份登记管理办法》第七条规定：公民民族成份经确认登记后，一般不得变更。

未满十八周岁的公民，有下列情况之一的，可以申请变更其民族成份一次。

（1）父母婚姻关系发生变化，其民族成份与直接抚养的一方不同的。

（2）父母婚姻关系发生变化，其民族成份与继父（母）的民族成份不同的。

（3）其民族成份与养父（母）的民族成份不同的。

年满十八周岁的公民,在其年满十八周岁之日起的两年内,可以依据其父或者其母的民族成份申请变更一次。

详细解析

本案中,双方签署的离婚协议书是双方自行协商、自愿签写的,内容没有违反法律、行政法规的强制性规定,所以是合法有效的。根据离婚协议书中的约定,双方婚生子应当取名为"冒某铜",但其户口登记、出生医学证明、入学信息以及日常生活中等使用的都是"骆某发",且本案中孩子(年满17周岁)发声明称自己不愿意改姓氏和民族。

首先,离婚协议中涉及子女姓名、抚养等人身关系的内容应适用与人身关系相关的法律予以判定。我国《民法典》上述条款规定了孩子应当随父姓或随母姓,所以本案中孩子姓氏没有违反法律规定。关于民族问题,《关于中国公民确定民族成份的规定》中规定,孩子可以随父亲民族,也可以随母亲民族。《中国公民民族成份登记管理办法》第七条规定了未成年子女可以变更民族的情形,本案不符合上述情形要求,所以不能变更民族成份。

其次,根据《公安部关于父母离婚后子女姓名变更有关问题的批复》的有关精神,本案中,双方的孩子不愿意变更自己的姓名和民族成份,应当尊重未成年人的意见,保护未成年人身心健康,不予变更姓名和民族成份。

知识延伸

1. 离婚协议中有关财产分割、子女姓名等内容,有效吗?

离婚协议是男女双方就解除婚姻关系、财产处理、子女抚养等问题达成的协议。协议的内容主要为两类,一是涉及财产分割等财产关系的内容,二是涉及子女姓名、抚养等人身关系的内容。对于前者财产关系的内容,可以参照《民法典》中合同编相关的内容进行处理,但对于后者人身关系的内容,因具有人身属性而不适用合同法,也不适用相关诉讼时效,所以这时候只能适用与人身关系相关的法律来处理了。

2. 孩子应当随父或随母姓,除了父母,孩子还能跟其他人姓吗?

针对这个问题,我们先来看一个案例。

姚某跟李某是夫妻,1995年5月经法院判决离婚,所生男孩姚某达由李某抚养。1996年9月前,李某将孩子"姚某达"改名为"马某达"至今。现姚某以李某侵犯孩子姓名权和自己探视权为由诉至法院，要求李某恢复孩子原姓氏。

这个案件中，法院会支持将孩子的姓氏由"马"姓改为父姓或母姓的请求吗？

（改编自云南省昆明市中级人民法院）

上述案件中法院肯定会判令孩子恢复原姓氏的，因为当前《民法典》以及之前的《婚姻法》等均规定，孩子应当随父姓或者母姓。那除了父母，孩子能跟其他人姓吗？

符合以下三种情形之一的，孩子可以在父姓和母姓之外选取姓氏。

（1）选取其他直系长辈血亲的姓氏。

（2）因由法定扶养人以外的人扶养而选取扶养人姓氏。

（3）有不违背公序良俗的其他正当理由。

另外，少数民族自然人的姓氏可以遵从本民族的文化传统和风俗习惯。

要想跟其他人姓肯定是有严格的条件的，从社会管理和发展的角度来看，子女承袭父母姓氏有利于提高社会管理效率，便于管理机关和其他社会成员对姓氏使用人的主要社会关系进行初步判断。如果任由公民仅凭个人意愿喜好，随意选取姓氏甚至自创姓氏，则会造成对文化传统和伦理观念的冲击，违背社会善良风俗和一般道德要求。

3. 孩子不跟自己姓了，就不用付抚养费了吗？

这一点肯定是不行的，《民法典》婚姻家庭编司法解释（一）第五十九条规定得很清楚，父母不得因子女变更姓氏而拒付子女抚养费。因为父母对于未成年子女有监护义务，即使夫妻之间已经离婚，依然要支付抚养费用，这是作为父母的抚养义务。

4. 把子女姓氏改成继父或继母的，可以吗？

这一点同样不可以。《民法典》婚姻家庭编司法解释（一）第五十九条规定，父或者母擅自将子女姓氏改为继母或继父姓氏而引起纠纷的，应当责令恢复原姓氏。通过上述分析，我们可知子女原则上应当随父或随母姓，只有特殊情形下才能跟父母之外的其他人姓。但继父母不属于上述特殊情形，肯定是不能跟继父母姓的，法院会判令恢复原姓氏。

5. 孩子的姓名，自己能随意做主吗？

《民法典》第一千零一十二条规定了姓名权，我们每个人都享有姓名权，但是不得违背公序良俗。我们同样来看一个最高人民法院发布的指导性案例。

父亲名为吕某峰，母亲名为张某峥。因酷爱诗词歌赋和中国传统文化，夫妇二人决定给爱女起名为"北雁云依",并以"北雁云依"为名办理了新生儿出生证明和计划生育服务手册及新生儿落户备查登记。之后吕某峰前往派出所为女儿申请办理户口登记,被民警告知不符合办理出生登记条件,拒绝办理户口登记。

那"北雁"是姓,"云依"是名,这样的姓名你觉得可以登记吗?

(改编自最高人民法院第17批指导性案例89号)

父母给孩子起名字,需要遵守法律法规的强制性规定,同时也不能够违背社会公序良俗。之前还有人因为给孩子起的名字中有生僻字,导致孩子不能顺利保研等,因此,父母给孩子起名应当谨慎,不能"任性"。

风险提示

(1)离婚协议中不能随意对子女姓名、抚养等问题进行约定,应注意符合法律法规的基本要求。

(2)孩子出生登记姓名的时候,就应当了解清楚公安部门有关姓名登记和民族成份等相关规定,以免登记被拒或引发后续其他问题。

(3)姓名中诸如生僻字等非常规用字,需要谨慎使用,避免因为系统字库不匹配等问题而受到影响。

问题思考

(1)举例说明孩子可以跟除父母之外其他人姓的情形。

(2)曾用名需要遵守上述规则吗?小名呢?

(3)经常变更孩子姓名,对未成年人的影响有哪些?

第三节 对亲子关系有异议的处理

关键词索引: 亲子关系 非婚生子女

案例导入

甲与乙登记结婚,生育一子丙。之后甲与乙协议离婚,丙由甲抚养,之后乙与甲再次登记结婚。后乙发现其血型为 AB 型、丙及甲均为 O 型，根据血型遗传规律，认为丙与其不存在亲子关系，故诉至法院，要求确认其与丙不存在父子关系，但丙坚决不同意提出亲子关系鉴定申请。

请问法院会支持乙，认定乙与丙不存在父子亲子关系吗？

（改编自浙江省湖州市中级人民法院）

法条链接

《民法典》第一千零七十三条规定：【亲子关系】对亲子关系有异议且有正当理由的，父或者母可以向人民法院提起诉讼，请求确认或者否认亲子关系。

对亲子关系有异议且有正当理由的，成年子女可以向人民法院提起诉讼，请求确认亲子关系。

《民法典》婚姻家庭编司法解释（一）第三十九条规定：父或者母向人民法院起诉请求否认亲子关系，并已提供必要证据予以证明，另一方没有相反证据又拒绝做亲子鉴定的，人民法院可以认定否认亲子关系一方的主张成立。

父或者母以及成年子女起诉请求确认亲子关系，并提供必要证据予以证明，另一方没有相反证据又拒绝做亲子鉴定的，人民法院可以认定确认亲子关系一方的主张成立。

详细解析

本案中，法院认为，根据血型遗传规律，父母一方血型为 AB 型，另一方为 O 型，其子女会出现的血型为 A 或 B，不会出现的血型为 O 或 AB。乙为提起亲子关系否认之诉已穷尽举证手段，且其提供的本人血型证明、其与第三人多年的感情状况、婚姻矛盾证明，以及其申请一审法院调取的甲、丙血型证明等证据已形成合理的证据链条，应视为其已提供法律规定的必要证据。但本案中丙坚决不同意提出亲子关系鉴定申请，所以应当承担举证不能的后果。

因此本案情符合上述法条的规定，乙向人民法院起诉请求否认亲子关系，并已提供必要证据予以证明，另一方没有相反证据又拒绝做亲子鉴定，人民法院可以认定否认亲子关系一方的主张成立。本案中法院会支持乙，判定乙与丙不存在父子亲子关系。

📖 知识延伸

1. 谁可以提起亲子关系诉讼，保护非婚生子女权益？

根据《民法典》的规定，有权提起亲子关系确认之诉的主体分别为父、母以及成年子女。而之前的规定是，如果要确认亲子关系不存在，必须是夫妻中的一方，这就导致非婚生子女的父母和成年人是无法起诉的。

另外，要提起亲子关系相关诉讼，必须满足对亲子关系有异议且有正当理由这两个条件，如果只有异议，但没有正当理由的，是无权提起亲子关系相关诉讼的。

2. 成年子女不能提起亲子关系否认之诉

我国《民法典》只规定了成年子女如对亲子关系有异议且有正当理由的，可以向法院提出确认之诉，但不能提起否认之诉，也就是成年子女不能请求否认亲子关系。这是因为子女对父母有赡养扶助的义务，如果赋予成年子女提起亲子关系否认之诉的主体资格，就会有助于成年子女借诉讼逃避赡养义务，这与我国传统文化中的道德伦常相悖。

⚖ 风险提示

（1）亲子关系鉴定程序需要遵循自愿原则，在诉讼过程中，只能经一方当事人申请，且在双方自愿的前提下，才能够启动此程序，法院才会同意并委托进行。

（2）提起亲子关系之诉需要满足两个条件，一是对亲子关系有异议，二是有正当理由，缺一不可。这里的正当理由就是必须有足够的必要证据予以证明，形成证据链条，否则法院会驳回申请。

❓ 问题思考

（1）提起亲子关系之诉的证据有哪些？
（2）亲子关系被否认后，带来的法律后果是什么？

第四节　夫妻有相互扶养义务的扶养费计算

关键词索引： 夫妻关系　扶养费

案例导入

甲与乙系夫妻关系，因家庭问题导致甲精神失常。2019年2月病情严重的甲被其父亲送至精神病院住院治疗，甲的父亲支付首期医疗费用。因甲的父亲已逾70周岁，无力垫付甲的后续医疗及生活费用。住院期间，甲的父亲多次要求乙履行夫妻扶养义务，支付甲的住院治疗费用，但乙一直拒绝支付。

无奈之下，甲的父亲以甲的法定代理人身份，将乙诉至法院，请求判令乙支付自2019年2月起至2020年6月治疗期间的扶养费共计10 200元，并从2020年7月起每月支付扶养费600元。

请问：法院会支持甲父亲的请求吗？

（改编自福建省仙游县人民法院）

法条链接

《民法典》第一千零五十九条规定：【夫妻相互扶养】夫妻有相互扶养的义务。

需要扶养的一方，在另一方不履行扶养义务时，有要求其给付扶养费的权利。

详细解析

本案中，甲与乙是夫妻关系，有相互扶养的义务，现在甲因精神病住院治疗，无收入来源，乙作为甲的丈夫应当履行扶养义务，为甲支付住院期间的医疗费及生活费。因此，甲父亲的主张完全符合法律规定，法院会予以支持。

本案比较简单，妻子需要扶养，而丈夫有能力扶养而不扶养，完全可以要求丈夫给付抚养费。且本案中，妻子精神失常，其父亲作为法定代理人身份起诉，符合法律规定。

近年来，因夫妻一方患病导致夫妻感情淡化，因意外事故导致婚姻难以维系，一方离家不离婚以及一方坚决离婚、不尽扶养义务的纠纷层出不穷，婚内扶养案件也愈来愈多。婚内扶养义务不仅仅是一个道德问题，更是夫妻之间的法定义务。

知识延伸

1. 夫妻之间给付的扶养费数额应当是多少？

夫妻扶养义务是婚姻关系存续期间夫妻双方在物质上、生活上、精神上相互帮助、相互照顾、相互扶养的法定义务，以夫妻人身关系的存在为前提。

目前对于夫妻抚养费数额还没有明确的法律规定，实践中一般会综合考虑以下因素。

（1）双方的经济能力，即双方的收入状况、财产来源及给付扶养费一方的负担能力（包括监护照顾未成年子女和赡养老人的情况）和受扶养人的经济需要。

（2）双方婚姻存续时间的长短。

（3）配偶双方对家庭内部的分工及对婚姻贡献的大小（包括对家庭财产的贡献，也包括抚养子女、赡养老人、料理家务的贡献）。

（4）双方当事人的年龄及目前的健康状况。

（5）双方分居前后的生活水平的差异影响程度。

（6）婚姻双方当事人各自的谋生能力和手段。

通常情况下，审判人员会在综合考量上述因素的基础上，行使自由裁量权，确认一个合理数额。

（参考自辽宁法大律师事务所）

2. 夫妻一方在交通事故中受伤，配偶能否主张其生活费？

关于此类问题，我们先来看一个最新案例解析。

甲驾驶机动车与乙发生碰撞，造成乙摔倒受伤，构成十级伤残。乙的丈夫丙为残疾人，丧失大部分劳动能力且无其他生活来源，虽然二人育有一子且已成年，但丙主要是依赖乙的工资生活。

本案中，乙能主张丙的生活扶养费吗？

[改编自北京盈科（天津）律师事务所]

在本案中，丙已经丧失了劳动能力，又没有其他生活来源，完全符合法律规定"被扶养人"的条件。因此，本案中乙能向交通事故侵权人及保险公司主张丙的扶养生活费。

风险提示

（1）夫妻之间的扶养义务只适用于夫妻关系存续期间，如离婚后则不适用此规则。

（2）夫妻之间的扶养费的请求条件是：①夫妻关系存续期间；②一方需要扶养；③另一方不履行扶养义务；④另一方有扶养能力的。

（3）注意请求支付抚养费、赡养费或者扶养费的，是不适用诉讼时效的限制的。且根据《民事诉讼法》的规定，在判决做出前，因生产或生活的迫切需要，当事人可以申请人民法院做出先予执行的裁定，要求另一方当事人执行给付诉讼请求的一部分或者全部，或者立即实施或者停止某一行为。

问题思考

（1）夫妻离婚后，一方分得的财产难以维系其生活的，怎么办？

（2）上述交通事故案例中，被扶养人生活费数额如何计算？向谁主张？

第五节 夫妻共同财产的认定

关键词索引：共同财产

案例导入

甲与乙于2007年2月登记结婚。丙系乙之女，甲与乙婚后丙随二人共同生活。2010年甲与乙共同购买房屋一套，房屋登记在乙一人名下。2019年8月，乙与丙签订《青海省二手房买卖合同》，将该房屋以290 000元的价格出让给丙，并于当日将房屋产权登记过户至丙名下。乙与丙自认该房屋过户名为买卖实为赠与，丙并未支付房款。甲表示对该房屋过户事宜不知情、不同意。现该房屋由乙、丙共同居住。

请问本案中，房屋产权应该归谁所有？

（改编自青海省西宁市中级人民法院）

法条链接

《民法典》第一千零六十二条规定：【夫妻共同财产】夫妻在婚姻关系存续期间所得的下列财产，为夫妻的共同财产，归夫妻共同所有。

（1）工资、奖金、劳务报酬。

（2）生产、经营、投资的收益。

（3）知识产权的收益。

（4）继承或者受赠的财产，但是本法第一千零六十三条第三项规定的除外。

（5）其他应当归共同所有的财产。

夫妻对共同财产，有平等的处理权。

详细解析

本案中，甲与乙在2010年购买的这套房子是夫妻在婚姻关系存续期间所得的财产，根据上述《民法典》的规定，这套房产为夫妻的共同财产，归夫妻共同所有，那么甲和乙是共同享有和平等处理的。本案中乙擅自处理该房产，甲对该事宜不知情、不同意，那么乙售卖且过户房产的行为就是无权处分的行为，甲没有事后追认，且丙也不是善意第三人，不符合善意取得的构成要件，那么乙把房子卖给（赠与）丙签订的房屋买卖合同就是无效的，所以法院判令丙向两位产权人返还房屋。

知识延伸

1. 夫妻共同财产有了新变化

相比之前《婚姻法》的相关规定，本次《民法典》扩大了夫妻共同财产的范围，新增如下。

（1）劳务报酬：婚后夫妻一方或双方利用空闲时间的劳务付出获得的报酬就是劳务报酬，那具体有哪些呢？

依据《中华人民共和国个人所得税法实施条例》第六条第二款规定：劳务报酬所得，是指个人从事劳务取得的所得，包括从事设计、装潢、安装、制图、化验、测试、医疗、法律、会计、咨询、讲学、翻译、审稿、书画、雕刻、影视、录音、录像、演出、表演、广告、展览、技术服务、介绍服务、经纪服务、代办服务以及其他劳务取得的所得。

当前，夫妻双方或一方在婚后带来的劳务报酬明确属于夫妻共同财产。

（2）投资收益：婚后各类财产产生的投资收益都属于夫妻共同财产，这包括婚后财产产生的投资收益，当然也包含婚前一方的个人财产在婚后的投资收益。

《民法典》婚姻家庭编司法解释（一）第二十六条规定：夫妻一方个人财产在婚后产生的收益，除孳息和自然增值外，应认定为夫妻共同财产。

根据上述司法解释的规定，我们要区分孳息、自然增值以及投资收益这几个概念。

投资收益是资本产生的剩余价值，是区别于资金的自然增值，带有风险性、不确定性和主观性，比如夫妻一方婚后投资开设公司，投入资金和人力、物力之后产生的收益就是投资收益，属于双方共同财产。

孳息最突出的特性在于定期性，通常按法律规定或法律关系即可定期地获得收益，无需大量的人力、资本投入，因此婚前一方的资金产生的固定利息收益是不属于共同财产的。

2. 夫妻共同财产具体有哪些？

（1）工资、奖金、劳务报酬。

关于工资奖金的相关规定，在《关于工资总额组成的规定》中有明确的规定，工资总额由下列六个部分组成：①计时工资；②计件工资；③奖金；④津贴和补贴；⑤加班加点工资；⑥特殊情况下支付的工资。

奖金是指支付给职工的超额劳动报酬和增收节支的劳动报酬，包括：①生产奖；②节约奖；③劳动竞赛奖；④机关、事业单位的奖励工资；⑤其他奖金。

（2）生产、经营、投资的收益。

生产、经营收益是指从事个体生产劳动，或在工业、农业、服务业、信息业、金融证券业等领域中从事组织管理、承包、租赁、投资等经营活动所获得的收益。

（3）知识产权的收益。

知识产权是指人们就其智力劳动成果所依法享有的专有权利，通常是国家赋予创造者对其智力成果在一定时期内享有的专有权或独占权。其主要包括著作权、商标权和专利权。

在确定知识收益的时候，需要明确两点：①知识产权的财产性收益是在婚姻关系存续期间，而不论知识产权本身的取得是在婚前还是婚后；②这种收益一定是在婚姻关系存续期间，实际取得或者已经明确可以取得的财产性收益。因为知识产权属于无形资产，因在其未投入市场时，无法衡量其价值，所以当其财产性收益无法无确定的时候，是无法予以分割的。

（4）继承或者受赠的财产，但是遗嘱或者赠与合同中确定只归一方的财产除外。

（5）其他应当归共同所有的财产，包括：①一方以个人财产投资取得的收益；②男女双方实际取得或者应当取得的住房补贴、住房公积金；③男女双方实际取得或者应当取得的基本养老金、破产安置补偿费。

风险提示

夫妻对共同财产有平等的处理权。一方擅自处理的行为是无权处分行为，很可能导致合同无效、过户无效等后续行为的问题。

问题思考

（1）一方婚前所有的房产在婚后出租产生的租金，是夫妻共同财产吗？
（2）对于婚内财产归属协议，应该注意什么问题？

第六节　夫妻个人财产的认定

关键词索引：个人财产

案例导入

甲与乙系夫妻关系，2019年10月，甲驾驶电动二轮车与他人驾驶的车辆发生交通事故，造成身体受伤，车辆受损。甲受伤住院治疗支出医疗费52 518.46元，其中乙支付38 500元。2020年6月，甲向法院提起诉讼要求交通事故赔偿。2020年7月，甲获得各项赔偿款共计138 522元，其中医疗费39 762元、残疾赔偿金79 098元、误工费12 841元、护理费4 531元、交通费450元、精神损害抚慰金1 000元，住院伙食补助费840元，上述赔偿款全部打款至其名下的银行卡内。之后甲身体康复后发现银行卡内的赔偿款被他人提走遂报警。乙承认提取了上述款额但拒绝返还。

请问本案中甲获得的交通事故赔偿款应该归谁所有？

（改编自山东省沂南县人民法院）

法条链接

《民法典》第一千零六十三条规定:【个人财产】下列财产为夫妻一方的个人财产。

（1）一方的婚前财产。

（2）一方因受到人身损害获得的赔偿或者补偿。

（3）遗嘱或者赠与合同中确定只归一方的财产。

（4）一方专用的生活用品。

（5）其他应当归一方的财产。

《民法典》婚姻家庭编司法解释（一）第三十一条规定:《民法典》第一千零六十三条规定为夫妻一方的个人财产，不因婚姻关系的延续而转化为夫妻共同财产。但当事人另有约定的除外。

详细解析

本案中，甲因交通事故获得残疾赔偿金79 098元、精神损害抚慰金1 000元，这两项赔偿金是对受害人未来生活的填补，也是其维持未来生活的一种保障，具有人身专属性，根据上述《民法典》的规定，这是甲一方的个人财产。同时，《民法典》婚姻家庭编司法解释也规定，夫妻一方的个人财产，不因婚姻关系的延续而转化为夫妻共同财产。所以乙在本案中不能擅自套取甲的这部分赔偿金，必须返还甲的个人财产。

知识延伸

1. 夫妻一方的个人财产具体有哪些?

（1）一方的婚前财产。

婚前财产是指夫妻各自在结婚登记前取得的财产。

（2）一方因受到人身损害获得的赔偿或者补偿。

一方获得的人身赔偿或补偿，需要有明确的人身专属性才归一方所有，上述案例已详细分析过了。另外，需要特别注意的是，军人的伤亡保险金、伤残补助金、医药生活补助费属于个人财产。

（3）遗嘱或者赠与合同中确定只归一方的财产。

当遗嘱或者赠与合同中明确财产只归一方的，则为夫妻一方的个人财产，这也充分体现了尊重遗嘱人或赠与人的自由意志。

（4）一方专用的生活用品。

一方专用的生活用品是指夫或妻一方日常生活中自己使用的物品，如衣物、鞋帽、化妆品以及其他专用物品等。

（5）其他应当归一方的财产。

2. 夫妻可以签订财产协议，明确财产的各自归属

根据《民法典》的规定，男女双方可以约定婚姻关系存续期间所得的财产以及婚前财产归各自所有、共同所有或者部分各自所有、部分共同所有。约定应当采用书面形式。没有约定或者约定不明确的，适用《民法典》有关夫妻共同财产和个人财产通用性规定。

夫妻对婚姻关系存续期间所得的财产以及婚前财产的约定，对双方具有法律约束力。

风险提示

（1）在主张一方个人财产的时候，要注意收集相关证据，避免因证据不足而财产权属不清。

（2）为避免夫妻之间在财产归属上产生纠纷，提前通过书面协议的方式约定好各类财产的归属分配非常重要，签订财产协议可以寻求专业法律人士的帮助。

问题思考

（1）夫妻一方在交通事故中所获得的误工费、医疗费等属于共同财产还是个人财产？

（2）夫妻一方擅自处理对方个人财产应如何定性和处理？

（3）夫妻一方专用的奢侈品属于个人财产还是夫妻共同财产？

（4）夫妻婚前财产协议、婚姻期间财产协议签署的要点有哪些？

第七节 夫妻共同债务和个人债务的认定

关键词索引： 共同债务　个人债务

案例导入

2020年10月25日，邵某向毛某借款51 000万元，用于给孩子和老人治病，并出具借条，借条内容为："借款人邵某于2020年10月25日向出借人毛某借款人民币（大写）伍万壹仟元整，小写51 000.00元，借款期限为15天，于2020年11月10日归还本息，如不按时归还，愿承担所有产生的一切法律责任。借款人：邵某，日期：2020年10月25日。"邵某与李某于2018年5月8日登记结婚。借款至今邵某偿还借款本金24 000元，尚有27 000元借款未偿还。

请问本案中这笔借款属于双方共同债务，还是邵某的个人债务？

（改编自山东省沂南县人民法院）

法条链接

《民法典》第一千零六十四条规定：【夫妻共同债务】夫妻双方共同签名或者夫妻一方事后追认等共同意思表示所负的债务，以及夫妻一方在婚姻关系存续期间以个人名义为家庭日常生活需要所负的债务，属于夫妻共同债务。

夫妻一方在婚姻关系存续期间以个人名义超出家庭日常生活需要所负的债务，不属于夫妻共同债务；但是债权人能够证明该债务用于夫妻共同生活、共同生产经营或者基于夫妻双方共同意思表示的除外。

详细解析

本案中，邵某向毛某借款的事实清楚、合法，关键的争议就在于这笔借款产生的债务是邵某的个人债务还是夫妻双方的债务。

邵某与李某系夫妻关系，这笔借款的用途是给孩子和老人治病，那么根据《民法典》上述法条的规定，这就是"夫妻一方在婚姻关系存续期间以个人名义为家庭日常生活需要所负的债务"，应当属于夫妻的共同债务，由邵某与李某共同偿还。

> 📖 **知识延伸**

1. 夫妻共同债务的满足条件有哪些?

夫妻共同债务的认定问题一直是大家热议的话题,此次《民法典》也有一定的调整,回应社会关切。在夫妻共同债务认定的条件方面,主要标准如下。

(1)夫妻双方共同签名。比如双方在借款合同上共同签名就表示双方共同认可此项债务。

(2)夫妻一方事后追认。之前没有共同签名,但之后一方追认的,产生同等的法律效力。

(3)以个人名义为家庭日常生活需要。夫妻一方在婚姻关系存续期间是有"家事代理权"的,所负的债务用于日常家庭生活所需的,那就属于夫妻共同债务。超出家庭日常生活需要所负的债务,不属于夫妻共同债务。但是,这里还规定了债权人的举证条款,也就是债权人能够证明该债务用于夫妻共同生活、共同生产经营或者基于夫妻双方共同意思表示的,这笔债务还属于共同债务。下面会着重分析"共同生活""共同生产经营"等概念的界定。

2. 实行"共债共签"原则,反对"被负债"

此前在2003年年底,《最高人民法院关于适用<中华人民共和国婚姻法>若干问题的解释(二)》中第24条(以下简称"24条"司法解释)规定:"债权人就婚姻关系存续期间夫妻一方以个人名义所负债务主张权利的,应当按夫妻共同债务处理。"

"24条"司法解释本来是为了防止"假离婚、真逃债"而设立的规则,但在实践中却引发了另一个饱受质疑的后果,那就是很多配偶在不知情的情况下"被负债",甚至是巨额债务。之后新的司法解释在夫妻债务问题上做出了调整,即增加了两款特殊规定。

(1)夫妻一方与第三人串通,虚构债务,第三人主张权利的,人民法院不予支持。

(2)夫妻一方在从事赌博、吸毒等违法犯罪活动中所负债务,第三人主张权利的,人民法院不予支持。

这就避免了之前的"一刀切",而融入了"共债共签"原则,明确和强调了夫妻双方共同签字或者夫妻一方事后追认以及以其他共同意思表示形式所负的债务,属于夫妻共同债务,保障婚姻当事人对共同债务的决定权和同意权。当前

《民法典》在夫妻共同债务的认定标准方面，体现为三个维度，即夫妻双方共同签名、夫妻一方事后追认、以个人名义为家庭日常生活需要。

3. "家庭日常生活""共同生活""共同生产经营"的认定标准分别是什么？

（1）家庭日常生活：学理上称之为日常家事。婚姻是夫妻生活的共同体，在处理家庭日常事务的范围内，夫妻互为代理人，这是婚姻的当然效力，属于法定代理，即《民法典》中的下列规定。

《民法典》第一千零六十条规定：【日常家事代理权】夫妻一方因家庭日常生活需要而实施的民事法律行为，对夫妻双方发生效力，但是夫妻一方与相对人另有约定的除外。

国家统计局的有关统计资料显示，我国城镇居民家庭消费种类主要分为八大类，分别是食品、衣着、家庭设备用品及维修服务、医疗保健、交通通信、文娱教育及服务、居住、其他商品和服务。家庭日常生活的范围，可以参考上述八大类家庭消费，根据夫妻共同生活的状态（如双方的职业、身份、资产、收入、兴趣、家庭人数等）和当地一般社会生活习惯予以认定。

（2）共同生活：是超出家庭日常生活需要所负债务的一种，是指夫妻关系存续期间，夫妻双方或一方因共同生活的需要而引起的债务，包括抚养子女、赡养老人、医疗疾病、建造房屋、购置家用物品等引起的债务。在夫妻双方分居期间，缺乏劳动能力或者缺少经济来源的一方，为了维持分居期间个人生活的必需而引起的债务，虽为一人单独所负，也应作为夫妻共同生活债务认定和处理。

（3）共同生产经营：是指夫妻关系存续期间，夫妻一方或双方出于共同生活的目的，从事经营活动所负的债务。夫妻共同生产经营的情形较为复杂，要根据夫妻双方共同决定生产经营事项，或者虽由一方决定但另一方进行了授权的情形等综合判定。

4. 债权人的举证责任是什么？

首先，对于夫妻共签债务以及家庭日常生活需要所负的债务，债权人是不需要举证的，由法官根据相关证据及情形判定。

其次，对于超出家庭日常生活需要所负的债务，债权人需要证明该债务用于夫妻共同生活、共同生产经营或者基于夫妻双方共同意思表示，如果能够证明，那该债务也是夫妻共同债务，否则则由一方偿还。

风险提示

（1）债权人在形成债务尤其是大额债务时，为避免事后引发不必要的纷争，应加强事前风险防范，尽可能要求夫妻共同签字。

（2）夫妻一方对于婚姻关系存续期间不知情的债务，可拒绝承担，防止被负债。

（3）债权人要关注债务的流向，收集好用于夫妻共同生活、共同生产经营或者基于夫妻双方共同意思表示的相关书面及电子等证据，维护自身权益。

问题思考

（1）赌博欠债算不算夫妻共同债务？
（2）丈夫打赏女主播，妻子要一起还债吗？
（3）作为债权人，如何证明债务是用于夫妻共同生活和经营？

第八节　婚内财产协议中"净身出户"约定的效力

关键词索引： 婚内财产协议

案例导入

张某（女）与李某（男）于2006年相识，当年12月登记结婚。婚后生育一子。张某、李某共同购置了房屋一套，以及小轿车一辆。婚后初期，双方感情尚可，2015年开始因男方出轨，双方经常发生争吵，感情产生隔阂。2015年年底，张某发现李某有出轨行为后，李某亲笔书写保证书一份，主要内容为："本人因在婚内出轨，特向老婆（张某）保证，如再犯此事，将放弃所有财产，净身出户。"2016年年初，张某、李某签订婚内财产协议，约定：双方购置的上述房屋、车辆均归张某所有，属于张某的婚内个人财产，不作为夫妻共同财产分割；双方婚后的存款、股票、股权、理财产品等一切财产，均归张某所有，不作为夫妻共同财产，李某在协议签订后7日内将名下的存款约65万元转至张某名下。2019年9月，张某、李某因感情不和开始分居。2020年6月，张某认为夫妻感情破裂，起诉至法院要求离婚。

李某写的保证书和婚内财产协议有效吗？

（改编自湖北省武汉市汉阳区人民法院）

法条链接

《民法典》第一千零六十五条规定：【夫妻约定财产制】男女双方可以约定婚姻关系存续期间所得的财产以及婚前财产归各自所有、共同所有或者部分各自所有、部分共同所有。约定应当采用书面形式。没有约定或者约定不明确的，适用本法第一千零六十二条、第一千零六十三条的规定。

夫妻对婚姻关系存续期间所得的财产以及婚前财产的约定，对双方具有法律约束力。

夫妻对婚姻关系存续期间所得的财产约定归各自所有，夫或者妻一方对外所负的债务，相对人知道该约定的，以夫或者妻一方的个人财产清偿。

详细解析

本案中，有关保证书和婚内财产协议的效力应该区分来分析。

首先是保证书，保证书的主要内容是"本人因在婚内出轨，特向老婆（张某）保证，如再犯此事，将放弃所有财产，净身出户"，这也就是大家俗称的"净身出户保证书"，这一类保证书具有鲜明的特征，那就是属于道德性质的保证书，本质上是无法履行的，违反了社会公序良俗，不符合保证的本意。而且从男方写保证书的本意上看，也不是自己真实意思表示，而是自己被发现出轨之后为了挽留婚姻而被迫承诺的。因此，李某写的保证书是无效的，不发生法律效力，更不可能按照保证书上写的净身出户。

其次是关于婚内财产协议，是双方真实意思表示，该协议内容未违反法律法规的禁止性规定，合法有效。根据财产协议的约定内容，房屋、车辆、婚后存款、股票、股权、理财产品等一切财产，均归张某所有，不作为夫妻共同财产。法院尊重双方当事人之间的约定，判令财产归张某所有。

知识延伸

1. 婚内财产协议如何约定才能有效？

首先，做为一个协议，应当遵守订立合同的基本原则，双方平等自愿、真实地订立合同，不能够违反法律法规的强制性规定，不能违背公序良俗等。另外，存在欺诈、胁迫等情形时也可以撤销合同。

其次，作为婚内财产协议，不同于其他协议，只能是针对婚后所得的财产以及婚前财产的归属问题，不能涉及人身自由、婚姻自由、子女抚养、父母赡养等，更不能设定前提条件，比如上述案例中的"忠诚义务"、以抚养子女为交换条件等。

该协议跟离婚协议不一样，根据《民法典》的相关规定，离婚协议应当载明双方自愿离婚的意思表示和对子女抚养、财产以及债务处理等事项协商一致的意见。

2. 不能借签订婚内财产协议躲避个人债务

现实生活中，有人借婚内财产协议，把自己的财产都转让给配偶等，以此来躲避债务，这个是不可行的。根据《民法典》第五百三十八条的规定，债务人以放弃其债权、放弃债权担保、无偿转让财产等方式无偿处分财产权益，或者恶意延长其到期债权的履行期限，影响债权人的债权实现的，债权人可以请求人民法院撤销债务人的行为。

风险提示

（1）签订婚内财产协议，能够有效避免夫妻之间的财产纠纷，明晰财产归属，规避后续风险。

（2）有关"净身出户"的条款，并不一定都有效，特别是承诺书中的表述方式需要谨慎，只有符合婚内财产协议的条件才能够确保财产分配有效。

问题思考

（1）婚内财产协议跟婚前财产协议的区别是什么？
（2）婚内可以针对子女的抚养、老人的赡养等人身内容进行规定吗？
（3）婚内财产协议的模板自己可以草拟吗？

第二十章 离婚的要点问题

第一节 诉讼离婚的情形

关键词索引：家庭暴力　诉讼离婚　感情破裂　损害赔偿

📖 案例导入

甲与乙于 2005 年登记结婚，双方均系再婚，婚后未生育子女。双方婚后因拆迁利益分配产生矛盾并分居，甲 2019 年 4 月向法院起诉请求离婚被驳回，2020 年 10 月甲再次起诉要求离婚，主张双方自 2015 年 6 月起分居，乙对其缺少关心和照顾，不履行夫妻义务，第一次起诉离婚判驳后，双方仍然处于分居状态，关系并未改善，再次起诉坚决要求离婚。乙不同意离婚，经法院主持调解，双方各执己见未能达成一致意见。

上述案例中，双方能被法院判决离婚吗？

（改编自北京市第一中级人民法院）

📋 法条链接

1. 家庭暴力及与他人同居等问题

《民法典》第一千零四十二条第二款和第三款规定：禁止重婚。禁止有配偶者与他人同居。

禁止家庭暴力。禁止家庭成员间的虐待和遗弃。

《民法典》婚姻家庭编司法解释（一）第一条规定：持续性、经常性的家庭暴力，可以认定为《民法典》第一千零四十二条、第一千零七十九条、第一千零九十一条所称的"虐待"。

《民法典》婚姻家庭编司法解释（一）第二条规定：《民法典》第一千零四十二条、第一千零七十九条、第一千零九十一条规定的"与他人同居"的情形，是指有配偶者与婚外异性，不以夫妻名义，持续、稳定地共同居住。

2. 可以诉讼离婚的情形认定

《民法典》第一千零七十九条规定：【诉讼离婚的情形】夫妻一方要求离婚的，可以由有关组织进行调解或者直接向人民法院提起离婚诉讼。

人民法院审理离婚案件，应当进行调解；如果感情确已破裂，调解无效的，应当准予离婚。

有下列情形之一，调解无效的，应当准予离婚。

（1）重婚或者与他人同居。

（2）实施家庭暴力或者虐待、遗弃家庭成员。

（3）有赌博、吸毒等恶习屡教不改。

（4）因感情不和分居满二年。

（5）其他导致夫妻感情破裂的情形。

一方被宣告失踪，另一方提起离婚诉讼的，应当准予离婚。

经人民法院判决不准离婚后，双方又分居满一年，一方再次提起离婚诉讼的，应当准予离婚。

《民法典》婚姻家庭编司法解释（一）第二十三条规定：夫以妻擅自中止妊娠侵犯其生育权为由请求损害赔偿的，人民法院不予支持；夫妻双方因是否生育发生纠纷，致使感情确已破裂，一方请求离婚的，人民法院经调解无效，应依照《民法典》第一千零七十九条第三款第五项的规定处理。

《民法典》婚姻家庭编司法解释（一）第六十三条规定：人民法院审理离婚案件，符合《民法典》第一千零七十九条第三款规定"应当准予离婚"情形的，不应当因当事人有过错而判决不准离婚。

3. 离婚能够请求损害赔偿的情形

《民法典》第一千零九十一条规定：【离婚损害赔偿】有下列情形之一，导致离婚的，无过错方有权请求损害赔偿。

（1）重婚。

（2）与他人同居。

（3）实施家庭暴力。

（4）虐待、遗弃家庭成员。

（5）有其他重大过错。

《民法典》婚姻家庭编司法解释（一）第八十七条规定：承担《民法典》第

一千零九十一条规定的损害赔偿责任的主体，为离婚诉讼当事人中无过错方的配偶。

人民法院判决不准离婚的案件，对于当事人基于《民法典》第一千零九十一条提出的损害赔偿请求，不予支持。

在婚姻关系存续期间，当事人不起诉离婚而单独依据《民法典》第一千零九十一条提起损害赔偿请求的，人民法院不予受理。

《民法典》婚姻家庭编司法解释（一）第八十八条规定：人民法院受理离婚案件时，应当将《民法典》第一千零九十一条等规定中当事人的有关权利义务，书面告知当事人。在适用《民法典》第一千零九十一条时，应当区分以下不同情况。

（1）符合《民法典》第一千零九十一条规定的无过错方作为原告基于该条规定向人民法院提起损害赔偿请求的，必须在离婚诉讼的同时提出。

（2）符合《民法典》第一千零九十一条规定的无过错方作为被告的离婚诉讼案件，如果被告不同意离婚也不基于该条规定提起损害赔偿请求的，可以就此单独提起诉讼。

（3）无过错方作为被告的离婚诉讼案件，一审时被告未基于《民法典》第一千零九十一条规定提出损害赔偿请求，二审期间提出的，人民法院应当进行调解；调解不成的，告知当事人另行起诉。双方当事人同意由第二审人民法院一并审理的，第二审人民法院可以一并裁判。

《民法典》婚姻家庭编司法解释（一）第八十九条规定：当事人在婚姻登记机关办理离婚登记手续后，以《民法典》第一千零九十一条规定为由向人民法院提出损害赔偿请求的，人民法院应当受理。但当事人在协议离婚时已经明确表示放弃该项请求的，人民法院不予支持。

《民法典》婚姻家庭编司法解释（一）第九十条规定：夫妻双方均有《民法典》第一千零九十一条规定的过错情形，一方或者双方向对方提出离婚损害赔偿请求的，人民法院不予支持。

详细解析

本案中，双方因拆迁利益分配产生矛盾，致使感情出现裂痕，之后就开始一直分居至今。其中 2019 年诉讼离婚被法院驳回，双方关系未有明显缓和或改善，且一方持续提起诉讼解除婚姻关系意志坚决，现在又提起诉讼离婚，双方也不同意调解，所以法院认为夫妻感情破裂，根据《民法典》关于解除婚姻关系的新规定判决准予离婚。

《民法典》第一千零七十九条第五款的情形在现实生活中还是相对普遍的，

即存在两次诉讼离婚，经人民法院第一次判决不准离婚后，双方又分居满一年，一方再次提起离婚诉讼的，这时候人民法院应当准予离婚。

司法实践中，夫妻一方起诉离婚，没有上述规定中的重婚、与他人同居、家庭暴力等法定离婚事由，亦无明确证据证明夫妻感情确已破裂的初次起诉离婚案件，人民法院本着维护婚姻家庭稳定的原则，一般判决不准离婚。在司法实践中，初次起诉离婚判决驳回的夫妻确有部分未再诉讼离婚，但仍有部分夫妻之后再行起诉，且解除婚姻关系的态度坚决。本着尊重婚姻自由，维护家庭的出发点，《民法典》增加了"经人民法院判决不准离婚后，双方又分居满一年，一方再次提起离婚诉讼的，应当准予离婚"这一新规定。

本案中无其他离婚情形发生，也没有可以提出损害赔偿的情形，所以相对简单。在《民法典》正式实施之后，已发生多起类似判决案例。

知识延伸

1. 家庭暴力达到什么程度才可以离婚？

有关于家庭暴力，《民法典》规定了禁止家庭暴力，禁止家庭成员间的虐待和遗弃。这只是原则性规定，但具体如何操作和实施呢？这在《民法典》婚姻家庭编司法解释（一）中继续规定，持续性、经常性的家庭暴力，可以认定为《民法典》第一千零四十二条、第一千零七十九条、第一千零九十一条所称的"虐待"，那具体在实务中是如何认定家庭暴力的"持续性、经常性"的呢？

我们一般认为"持续性"是家庭成员间的暴力持续6个月以上，"经常性"是发生3次以上。所以，有上述这些家庭暴力情形发生的，就是我国《民法典》中认定的可以请求诉讼离婚的情形，也是无过错方可以请求损害赔偿的情形。

2. 面对家庭暴力，可以申请人身安全保护令

我们先来看2021年首份人身安全保护令案件。

甲与乙系再婚夫妻，甲婚前育有一子，乙无子女。甲称，乙长期实施家庭暴力，多次对其进行威胁和殴打，使其感觉人身安全没有保障。为了证明自己的主张，甲提交了2020年9月26日、2020年11月10日拍摄的照片7张，证明因遭受乙家庭暴力导致身体受伤。甲还提交了乙发送的短信记录，证明乙对其进行威胁、辱骂和骚扰。甲称，曾因遭遇家庭暴力问题于2020年3月9日、2020年8月13日、2020年10月5日三次报警，派出所出警予以劝解。

（改编自北京市密云县人民法院）

本案中，法院根据现有证据、双方陈述及法院调查情况，可以证明乙对甲实施过家庭暴力，进行过威胁、辱骂和骚扰，符合人身安全保护令的法定条件。裁定：（1）禁止被申请人乙对申请人甲实施家庭暴力；（2）禁止被申请人乙威胁、辱骂、骚扰申请人甲。法院向双方当事人送达了人身安全保护令，同时也向辖区派出所、村委会、镇妇联进行了送达，由辖区派出所、村委会协助执行。

人身安全保护令是指人民法院做出的，旨在保护申请人人身安全，防止暴力发生或再次发生的裁定，能够在施暴者和受害者之间设立一把"保护伞"、一道"隔离墙"，能够在很大程度上预防家庭暴力的发生或者再次发生。

3. 有配偶者与他人同居，可能构成重婚罪

根据上述法条中"与他人同居"的情形认定，"与他人同居"是指有配偶者与婚外异性，不以夫妻名义，持续、稳定地共同居住。有配偶者与他人同居是构成离婚成立的条件以及请求损害赔偿的条件。

另外，《中华人民共和国刑法》当中对"重婚罪"的认定，其中有一项就是"有配偶者与第三人以夫妻名义进行同居"的条件，构成重婚罪的处二年以下有期徒刑或者拘役。

4. 诉讼离婚的条件和流程有哪些？

（1）提起诉讼离婚的情形如下。

①重婚或者与他人同居。

②实施家庭暴力或者虐待、遗弃家庭成员。

③有赌博、吸毒等恶习屡教不改。

④因感情不和分居满二年。

⑤其他导致夫妻感情破裂的情形。

那第⑤项中的其他情形有哪些呢？这主要在后续司法解释和司法实践中不断补充，比如下面要讲到的"侵犯生育权引发离婚纠纷"的，就可以认定为这一项。还有在适用这一项的时候，法院不会因为当事人有过错而判决不准离婚，离婚是以双方感情破裂能否继续生活为主要判定标准的，而非根据过错大小来认定，过错的因素是在离婚中请求损害赔偿的主要因素。

还有一种情形就是，一方被宣告失踪，另一方提起离婚诉讼的，法院会准予离婚。

（2）诉讼离婚的主要流程如下。

①夫妻一方要求离婚的，可以选择由有关组织（妇联、人民调解委员会、村居民委员会等基层调解组织）进行调解或者直接向人民法院提起离婚诉讼。

②人民法院受理之后，会进行调解。只有确认感情确已破裂，达到上述离婚

情形的，调解也无效的，才会准予离婚。

③法院判决不准离婚的，半年之后才能再次去法院起诉离婚。半年后再起诉离婚从判决生效的第二日开始计算期限。

《民事诉讼法》第一百二十四条第一款第七项：判决不准离婚和调解和好的离婚案件，判决、调解维持收养关系的案件，没有新情况、新理由，原告在六个月内又起诉的，不予受理。

④满足双方又分居满一年，一方再次提起离婚诉讼的，法院会准予离婚。

5. 侵犯生育权，能让另一方赔偿并离婚吗？

关于"生育权"相关的纠纷近年来时有发生，如夫妻之间的、女员工跟单位之间的等。下面我们看一个夫妻之间关于生育权纠纷的经典案例。

甲与乙系夫妻关系，乙平时与婆婆关系不和，经常发生口角。2006年7月5日，乙持余姚市人口和计划生育局出具的证明到余姚市人民医院，将腹中已有35周的胎儿进行了流产手术。乙在做流产之前，到余姚市梨洲街道办事处办理相关证明，当时街道工作人员曾打电话给甲，甲因工作繁忙未去。2006年8月21日，乙向法院提出离婚诉讼，要求与甲离婚。

（改编自浙江省余姚市人民法院）

婚姻存续期间，妻子未经丈夫同意而进行的流产行为是否构成对丈夫生育权的侵犯？生育权作为一种选择性权利，当夫妻双方享有的生育权发生冲突时该如何取舍？

法院认为，生育权是公民享有的一项基本权利，男女公民应当享有平等的生育权。同时，生育权又是一种选择性权利，享有生育权的公民都有选择生育或者不生育的权利。对于女性来说生育权的实现在于人身权中的生命健康权，而男性生育权的实现是以身份权中配偶权的实现为基础。当男女双方在生育权这一选择性权利上出现冲突时，法律应当优先保护女性的人身权，而非男性的配偶权。所以，妻子未经丈夫同意而进行的流产行为不宜认定为是对丈夫生育权的侵犯。

另外，根据《民法典》婚姻家庭编司法解释（一）的规定，丈夫以妻子擅自中止妊娠侵犯其生育权为由请求损害赔偿的，也不会得到法院支持。只有当夫妻双方因是否生育发生纠纷，致使感情确已破裂，一方请求离婚的，人民法院经调解无效，才会认定为准许离婚的情形。

6. 离婚案件中无过错一方有权请求损害赔偿的情形和流程

（1）由以下这些过错情形导致离婚的，无过错的一方有权请求损害赔偿。

①重婚；②与他人同居；③实施家庭暴力；④虐待、遗弃家庭成员；⑤有其

他重大过错。

关于这里的第五项"有其他重大过错"的认定,请看如下典型案例。

甲和乙于2018年登记结婚,同年育有一子。2020年6月某日乙自述其有精神疾病患病史,并按照父母要求向甲隐瞒了这一事实。当晚,乙狂躁症发作并殴打、抓挠他人,后在安定医院治疗。2020年10月,甲向门头沟法院提起诉讼,请求法院判决双方离婚,并要求被告乙支付损害赔偿5万元。乙表示,认可甲关于结婚及婚后生育子女的陈述,同意离婚。但是,婚前医生曾告知乙如果保持治疗则不影响结婚生子,此次发病之前病情一直稳定,故不同意甲主张的损害赔偿。

(改编自北京市门头沟区人民法院)

那本案中甲是否可以主张损害赔偿呢?法院审理认为,乙隐瞒所患疾病的行为直接影响甲做出是否与乙深入发展及是否缔结婚姻的决定。从乙出院后,甲即带着孩子到其父母家中居住,后又提起离婚诉讼的情况来看,乙隐瞒病情的行为确实给甲带来了伤害,属于上述第五点规定"有其他重大过错"的情形。

因此,有其他重大过错的情形需要根据个案来判定,即必须是有过错方的行为有一定危害性。导致离婚的直接原因,是给无过错方造成一定伤害,则这样的行为就是其他重大过错行为。

(2)关于提起离婚的损害赔偿,这里有几点注意事项。

①离婚案件中有过错的一方向无过错的一方赔偿。

②如果法院判决不准离婚的,那也自然不能请求损害赔偿,损害赔偿的前提是离婚。

③此处的损害赔偿不能单独提起,不能脱离离婚诉讼,必须在离婚诉讼的同时提出。

④有过错的一方起诉无过错的一方离婚的,无过错一方作为被告不同意离婚也不提起损害赔偿请求的,可以就此单独提起诉讼。

⑤当事人在婚姻登记机关办理离婚登记手续后,也可以再向人民法院提出损害赔偿请求,除非之前当事人放弃请求。

⑥夫妻双方都有上述过错的,都不能提出离婚损害赔偿请求。

风险提示

(1)家庭暴力情节严重的,可能构成"虐待罪",如有此类情况要及时报案。《中华人民共和国刑法》第二百六十条规定:虐待家庭成员,情节恶劣的,处二年以下有期徒刑、拘役或者管制。

犯前款罪，致使被害人重伤、死亡的，处二年以上七年以下有期徒刑。

第一款罪，告诉的才处理。但被害人没有能力告诉，或者因受到强制、威吓无法告诉的除外。

（2）婚姻中无过错方要注意收集相关证据，以便起诉并主张损害赔偿。

通过上述分析可知，无论是家庭暴力、非法同居等情形，还是可以诉讼离婚的各类情形，婚姻中的无过错方都应当收集并固定好证据，这能够确保后期申请人身保护令、提起离婚诉讼以及向有过错方主张损害赔偿。

问题思考

（1）谁可以申请人身安全保护令？申请的流程是什么？
（2）举例说明导致离婚的可以主张损害赔偿的其他重大过错情形。
（3）婚姻中对于无过错的一方，如何合法且科学地收集证据？
（4）女方擅自生孩子或终止妊娠，是否侵犯男方的知情权？

第二节　离婚后孩子的抚养与探望问题

关键词索引：离婚　抚养权　抚养费　探望子女

案例导入

2013年，王某和史某经人介绍相识，然后便开始了同居生活，但同居期间一直未办理结婚登记手续。两年后，二人生了一个孩子，取名王小某。王小某出生后随史某（母亲）一起生活至今。近日，双方对王小某的抚养权发生争议，王某（父亲）便向法院起诉史某，希望自己抚养王小某。

请问本案中，王某能要回孩子的抚养权吗？

（改编自重庆市江北区人民法院）

法条链接

《民法典》第一千零八十四条规定：【抚养权】父母与子女间的关系，不因父母离婚而消除。离婚后，子女无论由父或者母直接抚养，仍是父母双方的子女。

离婚后，父母对于子女仍有抚养、教育、保护的权利和义务。

离婚后，不满两周岁的子女，以由母亲直接抚养为原则。已满两周岁的子女，父母双方对抚养问题协议不成的，由人民法院根据双方的具体情况，按照最有利于未成年子女的原则判决。子女已满八周岁的，应当尊重其真实意愿。

《民法典》婚姻家庭编司法解释（一）第四十四条：离婚案件涉及未成年子女抚养的，对不满两周岁的子女，按照《民法典》第一千零八十四条第三款规定的原则处理。母亲有下列情形之一，父亲请求直接抚养的，人民法院应予支持。

（1）患有久治不愈的传染性疾病或者其他严重疾病，子女不宜与其共同生活。

（2）有抚养条件不尽抚养义务，而父亲要求子女随其生活。

（3）因其他原因，子女确不宜随母亲生活。

《民法典》婚姻家庭编司法解释（一）第四十六条：对已满两周岁的未成年子女，父母均要求直接抚养，一方有下列情形之一的，可予优先考虑。

（1）已做绝育手术或者因其他原因丧失生育能力。

（2）子女随其生活时间较长，改变生活环境对子女健康成长明显不利。

（3）无其他子女，而另一方有其他子女。

（4）子女随其生活，对子女成长有利，而另一方患有久治不愈的传染性疾病或者其他严重疾病，或者有其他不利于子女身心健康的情形，不宜与子女共同生活。

详细解析

本案中，孩子跟母亲一直在一起生活至今，父亲起诉要回抚养权是得不到法院支持的。关于未成年子女抚养权的处理，应当按照最有利于未成年子女的原则确定，最大限度保护未成年子女身心健康和合法权益。这是适用了《民法典》婚姻家庭编司法解释（一）中的"子女随其生活时间较长，改变生活环境对子女健康成长明显不利"这一款规定。

法院会结合孩子的成长环境及生活状况，认定由母亲抚养孩子更有利于其成长，体现了《民法典》对未成年人的特殊人文关怀，融入了社会主义核心价值观，切实保护家庭中未成年人等弱势一方的合法权益。

> 知识延伸

1. 离婚后，父母与子女间的关系依然存续，即便子女变更姓氏

根据《民法典》的规定，父母与子女间的关系，不因父母离婚而消除。离婚后，子女无论由父或者母直接抚养，仍是父母双方的子女。所以实务中有些人离婚后对孩子不管不问，不给抚养费、不进行教育和保护孩子，都是没有尽到父母抚养义务的体现。

另外，父母不能因子女变更姓氏而拒付子女抚养费。

2. 离婚后孩子归谁抚养的几点情形处理

之前的有关规定是以"是否是在哺乳期内"作为分界点的，这次《民法典》将其修改为"两周岁"这个分界点，具体如下。

（1）不满两周岁的子女，以由母亲直接抚养为原则。但也有例外，比如父母双方协议不满两周岁子女由父亲直接抚养，并对子女健康成长无不利影响的，也可以由父亲直接抚养。再者，就是母亲有下列情形之一的，父亲可以请求直接抚养。

①患有久治不愈的传染性疾病或者其他严重疾病，子女不宜与其共同生活。

②有抚养条件不尽抚养义务，而父亲要求子女随其生活。

③因其他原因，子女确不宜随母亲生活。

（2）人民法院根据双方的具体情况，按照最有利于未成年子女的原则判决。当父母均要求直接抚养，一方有下列情形之一的，可予优先考虑。

①已做绝育手术或者因其他原因丧失生育能力。

②子女随其生活时间较长，改变生活环境对子女健康成长明显不利。

③无其他子女，而另一方有其他子女。

④子女随其生活，对子女成长有利，而另一方患有久治不愈的传染性疾病或者其他严重疾病，或者有其他不利于子女身心健康的情形，不宜与子女共同生活。

另外需要注意的是，子女已满八周岁的，应当尊重其真实意愿，这是此次《民法典》新增的内容。

同时，在父母抚养子女的条件基本相同，双方均要求直接抚养子女，但子女单独随祖父母或者外祖父母共同生活多年，且祖父母或者外祖父母要求并且有能力帮助子女照顾孙子女或者外孙子女的，可以作为父或者母直接抚养子女的优先条件予以考虑。

在有利于保护子女利益的前提下，父母双方也可以协议轮流直接抚养子女。

3. 离婚后孩子的抚养费怎么算？

首先，抚养费是由不直接抚养且不跟孩子在一起的这一方付给直接抚养的一方的，"抚养费"包括子女生活费、教育费、医疗费等费用。具体抚养费的多少由双方协议约定，如果协议不成，只能去法院起诉了。

但是即便是约定了或者法院判决了具体的抚养费，因为一些其他特殊情形发生的，子女需要增加抚养费的，也是可以的。具体来看一个案例。

甲与乙在民政局协议离婚，离婚协议中孩子丙归其母亲乙抚养，当时未约定给付抚养费，这些年丙一直由其母亲独自抚养，2018年丙小腿上长了一个小粉瘤，花费医药费8000余元。且现丙渐渐长大，生活、学习等各方面花销颇高，母亲乙一人已无力支撑，此时丙起诉父亲甲至法院，要求给付抚养费。

（改编自辽宁省义县人民法院）

在本案中，父母离婚时并没有在协议中约定抚养费给付内容，当时即视为抚养费由孩子的母亲自愿负担。但后来孩子上学，实际花费有所增加，这时候则可以请求孩子父亲承担抚养费，所以最终法院综合孩子的实际需要以及孩子父亲的负担能力和当地的实际生活水平，判决孩子父亲每月给付400元抚养费。

（1）孩子的抚养费如何计算？

根据最新司法解释的相关规定，抚养费的数额可以根据子女的实际需要、父母双方的负担能力和当地的实际生活水平确定。

有固定收入的，抚养费一般可以按其月总收入的百分之二十至三十的比例给付。负担两个以上子女抚养费的，比例可以适当提高，但一般不得超过月总收入的百分之五十。

无固定收入的，抚养费的数额可以依据当年总收入或者同行业平均收入，参照上述比例确定。

有特殊情况的，可以适当提高或者降低上述比例。

（2）抚养费如何给？给多长时间？

抚养费应当定期给付最常见的就是每月分期给一定数额，但有条件的可以一次性给付。

抚养费的给付期限一般至子女十八周岁为止。十六周岁以上不满十八周岁，以其劳动收入为主要生活来源，并能维持当地一般生活水平的，父母可以停止给付抚养费。

如果父母一方无经济收入或者下落不明的，无法支付抚养费的，可以用其财物折抵抚养费。

在现实中还存在一种情况就是，父母双方协议由一方直接抚养子女并由直接抚养方负担子女全部抚养费，但是，直接抚养方的抚养能力明显不能保障子女所需费用，影响子女健康成长的，那子女同样可以向另一方主张抚养费。

（3）子女要求有负担能力的父或者母增加抚养费的情形。

①原定抚养费数额不足以维持当地实际生活水平。

②因子女患病、上学，实际需要已超过原定数额。

③有其他正当理由应当增加。

4. 父母对孩子的探望权如何实现？

探望权是离婚后不直接抚养子女的父或者母对子女探望的权利。行使探望权利的方式、时间由当事人协议，协议不成的，由人民法院判决。

对于有些父或者母探望子女，不利于子女身心健康的，人民法院也会依法中止探望。

对于直接抚养孩子的一方拒不协助另一方探望的，这时候可以由人民法院依法采取拘留、罚款等强制措施，但是不能对子女的人身、探望行为进行强制执行。

风险提示

（1）在处理离婚中子女抚养问题的时候，需要遵循的原则如下。

①即便离婚后，父母对于子女仍有抚养、教育、保护的权利和义务。

②按照最有利于未成年子女的原则处理。

（2）离婚协议中关于子女直接抚养、抚养费等约定都要详细，不要疏漏，以免后续引发矛盾和纠纷。且协议的条款也需要遵循上述两个原则，否则也可能不被法院支持。

（3）在再婚案件中，情形相对复杂，但也要遵守上述两个原则，即生父与继母离婚或者生母与继父离婚时，对曾受其抚养教育的继子女，继父或者继母不同意继续抚养的，仍应由生父或者生母抚养。

问题思考

（1）父母双方在离婚期间都拒绝抚养子女的，怎么办？

（2）父母双方协议变更子女抚养关系的，应当遵循什么限制？

（3）协议约定一方不承担抚养费，但当出现什么情形时，这一方仍然要付抚养费？

第三节　全职太太离婚时的家务劳动补偿

关键词索引： 离婚经济补偿

案例导入

闫某与马某（女）于2001年登记结婚，双方均系再婚，婚后未生育子女。闫某与前妻育有一子，随闫某、马某共同生活多年，由闫某、马某共同抚养成人。后双方产生矛盾，闫某多次起诉要求离婚未果。后闫某再次提起离婚诉讼，马某在诉讼中主张闫某向其支付离婚经济补偿。

（改编自天津市河东区人民法院）

法条链接

《民法典》第一千零八十八条：【离婚经济补偿】夫妻一方因抚育子女、照料老年人、协助另一方工作等负担较多义务的，离婚时有权向另一方请求补偿，另一方应当给予补偿。具体办法由双方协议；协议不成的，由人民法院判决。

详细解析

本案中，马某与闫某再婚后未生育子女，马某多年来抚养闫某之子，助其成家立业，人民法院充分肯定马某为家庭的付出，支持其主张经济补偿的诉讼请求，让妇女在家庭中投入较多时间精力的"无形付出"转化为"有形财产"，依法保障了妇女在婚姻家庭关系中的合法权益。人民法院最终判决准予双方离婚，并在依法分割夫妻共同财产的基础上，根据双方实际情况，酌定由闫某支付马某经济补偿款5万元。

知识延伸

离婚时一方生活困难的，可获得经济补偿吗？

《民法典》第一千零九十条：【离婚经济补偿】离婚时，如果一方生活困难，有负担能力的另一方应当给予适当帮助。具体办法由双方协议；协议不成的，由人民法院判决。

此前江西省高级人民法院发布的典型案例"邱某与张某离婚纠纷案"即对应本条规定。夫妻之间相互扶养、相互帮助，既是重要的法律义务，也是我们崇尚的社会公德。离婚经济帮助、离婚经济补偿、离婚损害赔偿是法律赋予夫妻双方在离婚时可诉请的三大救济措施。离婚经济帮助是指当存在离婚后一方生活将陷入困难的情况时，由具备负担能力的另一方对其给予适当的帮助，以保护困难一方的基本生存利益。

风险提示

一方在婚姻期间付出较多或生活困难的，要及时主张自己的经济补偿，先通过协议方式约定，协议不成要及时举证，以争取更多的经济补偿。

问题思考

（1）离婚时给一方的经济补偿的标准是什么？
（2）离婚时孩子身患重病所需的费用由谁承担？

第六编

《民法典》继承相关知识

第二十一章 继承相关基础

第一节 继承相关的基础性知识

关键词索引： 继承　继承权

基础导入

国家保护自然人的继承权。本次《民法典》继承编专门规定了继承的相关问题，同时《最高人民法院关于适用〈中华人民共和国民法典〉继承编的解释（一）》自 2021 年 1 月 1 日起施行。

本次继承编在原先《中华人民共和国继承法》（以下简称《继承法》）的基础上，进行了较大修改，使我国的继承制度有了很大程度上的完善。这对于保障自然人死亡后，其遗产按照自己支配遗产的意愿进行分配，使其继承人的继承权、受遗赠人的受遗赠权以及债权人的债权得到实现，具有重要的价值。

详细解析

1　相互有继承关系的数人在同一时间死亡的先后顺序如何确定？

继承从被继承人死亡时开始，自然人死亡的情形包括自然死亡和宣告死亡。

关键就在于相互有继承关系的数人在同一时间死亡的先后顺序的疑难问题，关乎多方的继承关系确定。此前《继承法》并没有明确规定，而是出现在相关的司法解释中。本次《民法典》有了明确规定，主要分为两部分：第一，相互有继承关系的数人在同一事件中死亡，都有其他继承人，如果他们的辈分不同，则推定长辈先死亡，晚辈后死亡，在他们之间存在正常的继承关系，即长辈先死亡，同一事件中死亡的晚辈继承人就可以继承其遗产，晚辈继承人继承的遗产和他自己的遗产由他的继承人继承；第二，如果同一事件中死亡的人辈分相同，则推定他们同时死亡，使他们在相互之间不发生继承关系，他们的遗产由他们各自的继承人分别继承。

2 哪些财产可以被继承？

《民法典》第一千一百二十二条规定：【遗产的定义】遗产是自然人死亡时遗留的个人合法财产。

依照法律规定或者根据其性质不得继承的遗产，不得继承。

针对遗产的范围，本次《民法典》采用了"概括＋排除"的立法模式，全面保护自然人的合法财产，即只要属于个人的合法财产，在其死亡时，就全部转化为被继承人的遗产。因此，著作权、股东资格、游戏高级装备等都可以被继承。而如人寿保险金、死亡抚恤金、宅基地使用权等是不能被继承的。

3 哪些情况下继承人丧失继承权？

此次《民法典》增加规定丧失继承权和被继承人的宽宥权，也就是继承人并不是完全会丧失继承权，当得到被继承人的宽恕的时候，同样不丧失继承权。具体丧失继承权的行为如下。

（1）故意杀害被继承人。

（2）为争夺遗产而杀害其他继承人。

（3）遗弃被继承人，或者虐待被继承人情节严重。

（4）伪造、篡改、隐匿或者销毁遗嘱，情节严重。

（5）以欺诈、胁迫手段迫使或者妨碍被继承人设立、变更或者撤回遗嘱，情节严重。

继承人有上述第三项至第五项行为，确有悔改表现，被继承人表示宽恕或者事后在遗嘱中将其列为继承人的，该继承人不丧失继承权。

受遗赠人有上述第一项规定行为的，丧失受遗赠权。

根据司法解释的规定，上述第三项所规定的"虐待被继承人情节严重"，可以从实施虐待行为的时间、手段、后果和社会影响等方面认定。虐待被继承人情节严重的，不论是否追究刑事责任，均可确认其丧失继承权。

问题思考

（1）宅基地可以被继承吗？
（2）继承人想要放弃继承，需要在什么时候提起？
（3）继承的哪些环节容易引发争议？

第二节　法定继承的顺序和注意要点

关键词索引：法定继承

基础导入

继承开始后，按照法定继承办理；有遗嘱的，按照遗嘱继承或者遗赠办理；有遗赠扶养协议的，按照协议办理。

比如继承章节中的第一个规定就是继承权男女平等，有些地方传统观念还存在重男轻女的思想，认为出嫁的女儿就没有继承权，这都是错误的观点。法定继承就是保障自然人的继承权，确保继承人分得适当的遗产，解决法定继承中的争端矛盾。法定继承是实践中较为常见的继承方式，也是兜底的法律继承保障，掌握本部分的要点内容非常关键。

详细解析

1　法定继承的顺序是什么？

法定的遗产继承顺序如下。

第一顺序：配偶、子女、父母；第二顺序：兄弟姐妹、祖父母、外祖父母。

继承开始后，由第一顺序继承人继承，第二顺序继承人不继承；没有第一顺序继承人继承的，由第二顺序继承人继承。

如上所称子女，包括婚生子女、非婚生子女、养子女和有扶养关系的继子女。

如上所称父母，包括生父母、养父母和有扶养关系的继父母。

如上所称兄弟姐妹，包括同父母的兄弟姐妹、同父异母或者同母异父的兄弟姐妹、养兄弟姐妹、有扶养关系的继兄弟姐妹。

对于被收养人，如果对养父母尽了赡养义务，同时又对生父母扶养较多的，除可以继承养父母的遗产外，还可以分得生父母适当的遗产。

2　代位继承的范围扩大了，哪些人可以代位继承？

《民法典》第一千一百二十八条规定：【代位继承】被继承人的子女先于被继承人死亡的，由被继承人的子女的直系晚辈血亲代位继承。

被继承人的兄弟姐妹先于被继承人死亡的，由被继承人的兄弟姐妹的子女代位继承。

代位继承人一般只能继承被代位继承人有权继承的遗产份额。

首先，代位继承只适用于法定继承，不适用于遗嘱继承等。

其次，本次代位继承相比较于之前的《继承法》最大的变化在于侄、甥可以作为代位继承人参加法定继承。原先只规定了被继承人的子女的晚辈直系血亲可以代位继承，范围比较窄。此次新的规定使侄、甥能够成为代位继承的法定继承人，代位继承其伯、叔、姑、舅、姨的遗产，减少了形成无人继承遗产的概率。

3　儿媳、女婿什么时候可以成为公婆、岳父母的法定继承人？

《民法典》第一千一百二十九条规定：【丧偶儿媳、丧偶女婿的继承权】丧偶儿媳对公婆，丧偶女婿对岳父母，尽了主要赡养义务的，作为第一顺序继承人。

首先，儿媳、女婿不在法定继承的两大顺序中的，如果要成为公婆、岳父母的法定继承人，需要满足上述法条规定的：①丧偶儿媳、丧偶女婿；②对公婆、岳父母尽了主要赡养义务。

其次，"尽了主要赡养义务"主要是指对被继承人的生活提供了主要经济来源，或在劳务等方面给予了主要扶助的。当然，这里也不能对丧偶儿媳、丧偶女婿做严格过分的要求，满足日常需要，合理尽到赡养义务即可。

需要另外指出的是，丧偶儿媳对公婆、丧偶女婿对岳父母，无论其是否再婚，当其作为第一顺序继承人时，不影响其子女代位继承。

4　法定继承的份额如何确定？

（1）同一顺序继承人继承遗产的份额，一般应当均等。这是建立在各继承人的生活状况条件大体一致，都尽了主要扶养义务的前提下。

（2）对生活有特殊困难又缺乏劳动能力的继承人，分配遗产时，应当予以照顾。

（3）对被继承人尽了主要扶养义务或者与被继承人共同生活的继承人，分配遗产时，可以多分。有扶养能力和有扶养条件的继承人，不尽扶养义务的，分配遗产时，应当不分或者少分。

此外，继承人的继承份额也可以不均等，继承人可以协商达成一致同意即可，继承人可以自主自愿处分自己的继承权。

5 法定继承人以外的人可以分得遗产吗？

《民法典》第一千一百三十一条：【酌情分得遗产权】对继承人以外的依靠被继承人扶养的人，或者继承人以外的对被继承人扶养较多的人，可以分给适当的遗产。

在法定继承中，除了继承人可获得相应继承权，其他人符合条件也可以分得适当的遗产，主要的情形有两个：①继承人以外的依靠被继承人扶养的人；②继承人以外的对被继承人扶养较多的人。

相比之前《继承法》的规定，情形一是对继承人以外的依靠被继承人扶养的缺乏劳动能力又没有生活来源的人，情形二是继承人以外的对被继承人扶养较多的人。此次删去了"缺乏劳动能力又没有生活来源"，也就是只要是依靠被继承人扶养的人，就可以分得适当的遗产，能够更好地保障这些依靠被继承人扶养的人的生活。

❓ 问题思考

（1）继父母子女之间有继承权吗？
（2）对遗产继承的份额和办法有争议的，如何解决？

第三节 新规中的打印、录音录像遗嘱

关键词索引：遗嘱继承和遗赠　打印遗嘱　录音录像遗嘱

基础导入

除了前面的法定继承，还有以遗嘱继承和遗赠等形式处分自己的遗产，指定

遗嘱执行人。通过立遗嘱的方式，自然人可以立遗嘱将个人财产指定由法定继承人中的一人或者数人继承，也可以立遗嘱将个人财产赠与国家、集体或者法定继承人以外的组织、个人。此外，自然人可以依法设立遗嘱信托。

2022年3月21日，中华遗嘱库正式发布《2021中华遗嘱库白皮书》。越来越多的年轻人加入立遗嘱行列，白皮书首次公布"00后"立遗嘱情况。在2020—2021年的立遗嘱人群中，"00后"一共有223人，近一年增长了14.42%。支付宝、微信、QQ、游戏账号等虚拟财产是"00后""90后"遗嘱中常见的财产类型。

设立遗嘱的形式有自书遗嘱、代书遗嘱、打印遗嘱、录音录像遗嘱、口头遗嘱、公证遗嘱等，尤其是打印遗嘱、录音录像遗嘱是结合近年来现实需求而新增的遗嘱形式。本部分最重要的就是各类遗嘱的生效要件需要特别注意，避免因构成要件达不到而造成遗嘱无效。

详细解析

1 什么是遗赠和遗赠扶养协议？

遗赠是指公民以遗嘱方式将个人财产赠与国家、集体或者法定继承人以外的组织、个人，而于其死亡时发生法律效力的民事行为。

《民法典》第一千一百五十八条：【遗赠扶养协议】自然人可以与继承人以外的组织或者个人签订遗赠扶养协议。按照协议，该组织或者个人承担该自然人生养死葬的义务，享有受遗赠的权利。

此前，本书在"意定监护"部分中所提出的案例，其中也有"遗赠扶养协议"的问题，即上海一独居老人，老伴和儿子均已过世，平日受小区水果摊主小游一家颇多照料，老人便决定把自己的晚年和遗产都托付给小游，其中包括自己价值300万元的房产，双方到公证处办理了意定监护，并且签订了遗赠抚养协议。如果该老人具有相应的民事行为能力，签订的遗赠抚养协议有效的话，那该协议是受到法律保护的，水果摊主小游享有受遗赠的权利。

2 自书遗嘱需要注意哪些问题？

《民法典》第一千一百三十四条规定：【自书遗嘱】自书遗嘱由遗嘱人亲笔书写，签名，注明年、月、日。

自书遗嘱是遗嘱人自己书写的遗嘱，书写时需要注意如下几点问题。

（1）遗嘱人亲笔书写，不能代写，且书写内容是明确清晰的内容。

（2）注明年、月、日。实践中很多自书遗嘱中并没有写全年、月、日，如遗漏其中一项，容易引发纠纷。

（3）签名。法律规定的是签名，也就是即便是按手印也是不行的。

3 代书遗嘱需要注意哪些问题？

《民法典》第一千一百三十五条：【代书遗嘱】代书遗嘱应当有两个以上见证人在场见证，由其中一人代书，并由遗嘱人、代书人和其他见证人签名，注明年、月、日。

代书遗嘱是立遗嘱以外的人代为书写的遗嘱，需要注意如下几点问题。

（1）应当有两个以上见证人在场见证，由其中一人代书，有关见证人的要求见下述规定。

（2）遗嘱人、代书人和其他见证人都要签名，并不是遗嘱人不用签字了，实践中经常因为缺少遗嘱人签字而无效。因此当遗嘱人是文盲或无法签字的，则应当考虑立其他遗嘱，或者让其有可能写出自己的名字并按手印，同时进行录像以加强证据效力。

（3）注明年、月、日，不要遗漏。

4 打印遗嘱需要注意哪些问题？

《民法典》第一千一百三十六条：【打印遗嘱】打印遗嘱应当有两个以上见证人在场见证。遗嘱人和见证人应当在遗嘱每一页签名，注明年、月、日。

当前打印的方式是常态，打印遗嘱填补了我国遗嘱形式的空白，适应了社会生活和司法实践需要。对于此种新型遗嘱形式，需要严格按照打印遗嘱的构成要件来确定其效力问题，需要注意如下几点问题。

（1）应当有两个以上见证人在场见证，这里需要注意的是，见证是全过程的见证，也就是立打印遗嘱的全流程见证，不是把打印好的遗嘱只让见证人签字，否则很可能不发生效力。

（2）遗嘱人和见证人应当在遗嘱每一页签名。

（3）注明年、月、日，不要遗漏。

如下是广东省高级人民法院发布的一个典型案例。

黄某明和方某贞为夫妻，育有黄某智、黄某杰等三名子女。2003年8月26日，黄某明与方某贞共同订立一份遗嘱，约定在黄某明去世后，方某贞由黄某杰夫妇养老送终；在两遗嘱人均去世后，涉案房产归黄某杰夫妇所有；该遗嘱在两遗嘱人中任何一人去世后均生效，但只能生效属于去世者遗产部分。该遗嘱系打印件，在两位律师的见证下作出，遗嘱人和见证人均在该遗嘱上签名、确认时间。黄某明于2003年9月去世。方某贞于2016年3月10日订立一份公证遗嘱，称其去世后将涉案房产其名下的份额归黄某杰夫妇所有，后又于2016年3月25日以公证声明的方式撤销了该遗嘱。黄某杰与黄某智因涉案房产的权属发生争议，黄某杰夫妇诉至法院，要求将涉案房产黄某明名下的1/2份额确认归其所有。

（改编自深圳市罗湖区人民法院）

本案中，这份在2003年8月26日订立的遗嘱，从形式上看，符合打印遗嘱的形式要件；从内容上看，系遗嘱人对其个人合法财产死后的处分，且黄某杰夫妇已履行了遗嘱所附的赡养义务，尽管方某贞撤销了其在2016年3月10日所做的遗嘱，但本案所涉及的遗产系黄某明的遗产，两遗嘱人对共有的涉案房产所做的处分并无相互制约、互为条件的意思，方某贞的撤回行为不影响黄某明遗嘱效力。2021年1月29日，判决涉案房产中的1/2产权归黄某杰夫妇所有，黄某智等配合办理房屋产权变更登记手续。

5 录音录像遗嘱需要注意哪些问题？

《民法典》第一千一百三十七条规定：【录音录像遗嘱】以录音录像形式立的遗嘱，应当有两个以上见证人在场见证。遗嘱人和见证人应当在录音录像中记录其姓名或者肖像，以及年、月、日。

本次新规定的录音录像遗嘱是一种新型的遗嘱方式，是指以录音录像方式录制下来的遗嘱人的口述遗嘱，其实就是视听遗嘱。录制录音录像遗嘱时需要注意如下两点。

（1）应当有两个以上见证人在场见证，同样也是需要全过程见证。

（2）遗嘱人和见证人应当在录音录像中记录其姓名或者肖像，以及年、月、日。

如下是天津市高级人民法院发布的一个典型案例。

被继承人王某、张某生育张某一、张某二、张某三子女三人。王某、张某去世后，张某三随即去世，张某三应继承的父母遗产份额转由其妻子赵某及两个子女继承。张某住院期间于2019年10月31日将张某一、张某二、张某三及张某的两个弟弟叫到病房，由张某的两个弟弟作为见证人，经案外人录像，张某口述表示将其名下的房产于其过世后留给长女张某一，张某一根据该录像向法院起诉，要求继承张某名下的诉争房产。

（改编自天津市津南区人民法院）

本案中，法院经审查当事人提交的录像内容，录像现场有立遗嘱人张某及两个见证人的肖像，各方当事人均认可录制时间为 2019 年 10 月 31 日，可以确认录制时间和见证人身份，该录像符合《民法典》规定的录音录像遗嘱的形式要件，应为录音录像遗嘱。因此，法院认定录像遗嘱有效，并在此基础上确认了张某一应继承的诉争房产份额。

6 口头遗嘱需要注意哪些问题？

《民法典》第一千一百三十八条规定：【口头遗嘱】遗嘱人在危急情况下，可以立口头遗嘱。口头遗嘱应当有两个以上见证人在场见证。危急情况消除后，遗嘱人能够以书面或者录音录像形式立遗嘱的，所立的口头遗嘱无效。

口头遗嘱只有在遗嘱人危急情况下才可以使用，其他情况不能使用口头遗嘱。订立口头遗嘱时需要注意如下几点问题。

（1）危急情况下使用。

（2）有两个以上见证人在场见证。

（3）危急情况消除后，遗嘱人能够以书面或者录音录像形式立遗嘱的，所立的口头遗嘱无效。如果此时遗嘱人没有订立其他形式遗嘱的，那只能适用法定继承了。

7 公证遗嘱效力不优先了

公证遗嘱由遗嘱人经公证机构办理。有关遗嘱公证的申请和具体办法请参照《遗嘱公证细则》的相关规定。

此处需要特别注意的是，本次《民法典》删除了公证遗嘱效力优先的规定，也就是说如果遗嘱人先立一份遗嘱并公证，之后又立一份新遗嘱但没公证，那么原先是以公证为准的，但现在是按照后立的遗嘱为准。立有数份遗嘱，内容相抵触的，以最后的遗嘱为准。

此次变化充分尊重了遗嘱人自由意思表示，避免出现后立遗嘱来不及公证而无效的情况发生。

8 哪些人不能作为遗嘱见证人？

前面论述的代书遗嘱、打印遗嘱、录音录像遗嘱、口头遗嘱都需要有两个以上见证人在场见证，防止遗嘱被伪造、篡改等情形发生。见证人需要满足见证要求，以免导致遗嘱不成立的情形发生。不能作为遗嘱见证人的有如下几类。

（1）无民事行为能力人、限制民事行为能力人以及其他不具有见证能力的人。

（2）继承人、受遗赠人。

（3）与继承人、受遗赠人有利害关系的人。

问题思考

（1）在打印遗嘱、录音录像遗嘱实践中容易发生无效情况的原因有哪些？

（2）遗嘱立完之后还能撤回吗？

（3）遗嘱继承或者遗赠可以附有义务吗？

第二十二章 遗产的处理要点

第一节 遗产管理人制度

关键词索引： 遗产的处理　遗产管理人

基础导入

本次《民法典》创设了遗产管理人制度，有助于妥善管理和保护遗产，对于维护遗产权利人利益、实现遗产公平分配、保障交易安全具有重要意义。

遗产管理人就是对去世之人的财产进行清理、保存、管理和分配的人，并在管理过程中防止遗产遭受转移、隐藏、侵占、变卖等侵害行为。遗产管理人可以适用法定继承、遗嘱继承、无人继承等其他情形。

详细解析

1. 遗产管理人如何产生？

被继承人死亡后，对于如何处分遗产可能会发生争议和矛盾，甚至遗产被侵吞和毁坏，因此确定遗产管理对保管遗产、维护相关利害关系人的利益有重要作用。

遗产管理人的产生方式如下。首先，继承开始后，遗嘱执行人为遗产管理人；其次，没有遗嘱执行人的，继承人应当及时推选遗产管理人；再次，继承人未推选的，由继承人共同担任遗产管理人；最后，没有继承人或者继承人均放弃继承的，由被继承人生前住所地的民政部门或者村民委员会担任遗产管理人。

对确定遗产管理人有争议，即对指定谁为遗产管理人有不同意见、不能统一的，利害关系人可以申请指定遗产管理人。这里的利害关系人包括继承人、受遗赠人、被继承人的债权人等。

如下是江西省高级人民法院发布的维护遗产债权人合法权益之案例。

2019年5月11日，李某生骑自行车不慎摔倒致头部及全身多处外伤，经路人拨打急救电话被送往上饶市和康医院治疗，2020年3月30日，李某生经抢救无效死亡，在此期间，其一直在上饶市和康医院接受治疗，欠下医药费30余万元。经查，李某生在多家银行共有存款17万余元。为主张债权，上饶市和康医院将上饶市信州区民政局、上饶市信州区西市街道办事处民政所及银行（第三人）诉至法院。本案审理过程中，为查明李某生是否有继承人，承办法官到李某生生前住所地及籍贯所在地的公安机关、民政部门、社区进行调查，均无果。后法院向外发布公告，截至判决做出之日，无李某生的继承人向法院申报。

（改编自江西省上饶市信州区人民法院）

本案中，经穷尽方式调查，无法查询到李某生有继承人，依法应由信州区民政部门担任遗产管理人。街道民政所系民政局的下属机构，且民政局承担的职能较民政所更为全面，认定民政局为遗产管理人更有利于债权的实现，故认定被告上饶市信州区民政局为李某生的遗产管理人。李某生所负债务应由上饶市信州区民政局负责处理，第三人银行应当协助上饶市信州区民政局处理李某生所负的债务。

2 遗产管理人的职责有哪些？

遗产管理人应当履行的职责如下。
（1）清理遗产并制作遗产清单。
（2）向继承人报告遗产情况。
（3）采取必要措施防止遗产毁损。
（4）处理被继承人的债权债务。
（5）按照遗嘱或者依照法律规定分割遗产。
（6）实施与管理遗产有关的其他必要行为。
遗产管理人应当按照上述规定的职责范围履行管理职责。

遗产管理人在管理遗产时，需要对遗产采取必要的处理措施。如果因故意或者重大过失造成继承人、受遗赠人、债权人损害的，应当承担民事责任。

此外，遗产管理人可以依照法律规定或者按照约定获得报酬。

> 问题思考
>
> （1）遗嘱执行人与遗产管理人有什么区别？
> （2）遗产管理人采取必要措施防止遗产毁损、灭失的界限在哪里？

第二节　遗产的析产继承问题处理

关键词索引： 转继承　遗产继承

案例导入

2005年，甲的丈夫乙离世，并没有留下遗嘱。这套原本属于夫妻双方的商品房，房产证上写的是乙的名字。丈夫去世后，甲因怕麻烦，没有到公证处办理相关手续，更没有到房产部门过户。因小学入学报名的需要，甲想将孙子的户口迁入这套商品房中，但由于房产证上还是乙的名字，导致房产过户手续未能顺利办理。

为了尽快过户，甲来到某地公证处寻求帮助。经咨询，公证员告诉甲这套商品房目前有十几名继承权人。这究竟是为什么？

（改编自羊城晚报、羊城派、金羊网）

法条链接

《民法典》第一千一百五十二条规定：【转继承】继承开始后，继承人于遗产分割前死亡，并没有放弃继承的，该继承人应当继承的遗产转给其继承人，但是遗嘱另有安排的除外。

详细解析

本案中由于乙没有留下遗嘱，那他留下的遗产应该按照法定继承程序操作。根据法定继承的相关规定，乙的配偶、父母、子女都有继承份额。但之后乙的母亲去世，这就导致其母亲的其他三个儿子可以继承相应份额，之后乙的大哥去世，那他的继承份额是可以让其妻子和子女继承的。所以我们可以看到下面的逻辑图（见图22-1），最终乙的房产被甲（乙的妻子）和丁（乙的儿子）各继承1/3，而另外1/3是由乙的二哥和三哥，以及乙的大哥的妻子和儿子继承。

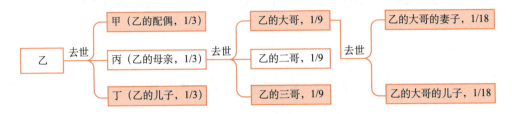

图22-1 转继承案件的继承逻辑图

根据《民法典》的上述规定，由于乙的母亲作为乙的继承人，在遗产分割前死亡，同时其也没有放弃继承，则此时她享有的继承份额是转继承给她的继承人，也就是乙的大哥、二哥和三哥，这是发生的第一次转继承。接下来乙的大哥去世，也同样再次发生转继承，由乙的大哥的妻子和子女继承。故本案中发生了两次转继承，比如我们假设乙的大哥的妻子去世，则此时会再次发生转继承，如此继承人的份额会逐步降低。

本案中甲是通过公证的方式，由乙的两位兄弟与乙的大哥的妻儿在他们当地的公证处办理一份放弃继承遗产的声明公证书，再寄回给甲。同时，办理好了乙的母亲和乙的大哥的相关死亡证明材料，最终公证处出具继承房产的公证书，凭着公证书去房管局办理房产过户。

知识延伸

1. 转继承的法定条件是什么？

通过对法条的研读，我们可以得知，转继承跟法定继承或遗嘱继承是没有关系的，符合条件的，同样都会发生转继承。这里的条件如下。

（1）继承已经开始后。那什么时候继承才开始呢？《民法典》第一千一百二十一条规定，继承从被继承人死亡时开始，《民法典》继承编司法解释（一）第一条进一步规定，继承从被继承人生理死亡或者被宣告死亡时开始。

（2）继承人于遗产分割前死亡。也就是继承人死亡的时候，其继承的遗产还没有分割，如果已经分割，则不符合本条件。

（3）继承人没有放弃继承。

（4）遗嘱没有特殊安排。如果遗嘱中对遗产进行了安排，比如上述案件中乙立遗嘱把遗产都留给其妻子甲，那也就不会发生转继承了。

2. 转继承的次数有限制吗？

转继承的次数是没有限制的，这是因为只要符合上述转继承的条件，就会出现转继承。只是越往下转，可能继承人会越多，所得的遗产份额势必会越来越少，这也就会引发一系列析产相关问题，影响财产的过户变卖等。

风险提示

（1）及时通过公证方式办理析产继承手续（先析产，后继承）。

通过上述分析可知，转继承会引发诸如上述案件中的一系列过户登记等财产问题。因此，当有家人去世后，继承人应当及时办理析产和继承相关手续，避免引发后续一连贯的财产纠纷问题。这里面尤其是被继承人单独享有的财产，比如登记在被继承人名下的房产，当被继承人死亡后，配偶没有及时办理析产过户手续，默认是自家财产，其实这种想法就是错误的。

那如何办理遗产的析产继承手续呢？通过公证的方式是最佳的解决途径。像上述案件中的做法，让其他继承人出具放弃继承的声明并进行公证，那这时候有了继承公证书，就可以去房管局办理过户变更登记手续了。

这里面可能会出现的问题是：如果其他继承人不愿意放弃继承呢？

这时候协商无果后，只能通过法院诉讼的方式解决了。由法院根据实际情况裁判，可能最终判决其他继承人不继承，也可能判决其他继承人可以继承，将遗产折价补偿给其他继承人等。

（2）提前立好遗嘱能够避免此类纠纷。

通过对转继承的条件分析可知，如果提前有遗嘱的话，那这时候是不发生转继承的。

所以，当被继承人的继承人较多、较复杂的时候，被继承人在生前最好通过订立有效的遗嘱安排好后续遗产继承的相关问题，避免后续引发继承中的麻烦，尤其在发生多项转继承时，时间越久就会越复杂。

问题思考

（1）为什么法律会制定"转继承"这个制度？
（2）上述案件中，乙如何设立遗嘱才能避免后续转继承的问题？
（3）转继承中，其他继承人不放弃继承的，法院会如何判决？

第三节　遗产分割的原则和方法

> **关键词索引：** 遗产的处理　遗产分割

基础导入

在遗产分割之前，存有遗产的人应当妥善保管遗产，任何组织或者个人不得侵吞或者争抢。继承开始后，知道被继承人死亡的继承人应当及时通知其他继承人和遗嘱执行人。继承人中无人知道被继承人死亡或者知道被继承人死亡而不能通知的，由被继承人生前所在单位或者住所地的居民委员会、村民委员会负责通知。

详细解析

1 胎儿也可以获得遗产继承份额

《民法典》第十六条规定：涉及遗产继承、接受赠与等胎儿利益保护的，胎儿视为具有民事权利能力。但是，胎儿娩出时为死体的，其民事权利能力自始不存在。

在遗产分割时，应当为尚在腹中的胎儿保留相应的份额，当胎儿出生时为活体的，可以继承这部分财产；若胎儿娩出时为死体的，保留的份额应根据《民法典》继承编的规定，按照法定继承办理。

2 处理遗产的具体方法是什么？

《民法典》第一千一百五十六条规定：【遗产分割的原则和方法】遗产分割应当有利于生产和生活需要，不损害遗产的效用。

不宜分割的遗产，可以采取折价、适当补偿或者共有等方法处理。

处理遗产的具体方法如下。

（1）实物分割：对于能实体分割的遗产还是进行实体分割，特别是对于可分物，可以按照数量、体积等进行分割。对于不可分物，可以采取折价补偿的方式分割。

（2）折价：对于不宜实物分割的遗产，可以采取变卖折价的方式，由各继承人分得相应价金。

（3）补偿：对于不宜分割的遗产，其中一人取得该遗产，并给予其他继承人相应补偿金。如房子归一方所有，其他继承人获得相应房款。

（4）保留共有：遗产为各继承人共同共有，按照各自份额享有权利和义务。

3 分割遗产时的税款和债务缴纳义务是什么？

首先，分割遗产应当清偿被继承人依法应当缴纳的税款和债务；但是，应当为缺乏劳动能力又没有生活来源的继承人保留必要的遗产。

其次，继承人以所得遗产实际价值为限清偿被继承人依法应当缴纳的税款和债务。超过遗产实际价值部分，继承人自愿偿还的不在此限。

此外，执行遗赠不得妨碍清偿遗赠人依法应当缴纳的税款和债务。也就是只有在清偿税务和债务后，还有剩余遗产时，遗赠才可以得到执行。

4 放弃继承可以吗？

首先，关于放弃继承的时限要求，即继承开始后，继承人放弃继承的，应当在遗产处理前，以书面形式做出放弃继承的表示；没有表示的，视为接受继承。受遗赠人应当在知道受遗赠后六十日内，做出接受或者放弃受遗赠的表示；到期没有表示的，视为放弃受遗赠。

其次，继承人放弃继承的，对被继承人依法应当缴纳的税款和债务可以不负清偿责任。

特别说明的是，继承人不能以放弃继承为由，而拒绝履行赡养义务。

❓ 问题思考

（1）法定继承的适用范围有哪些？

（2）无人继承又无人受遗赠的遗产，该如何处理？

第七编

《民法典》侵权责任相关知识

第二十三章 侵权相关基础

第一节 承担侵权责任的归责原则

关键词索引： 侵权责任　归责原则

基础导入

侵权在日常生活中较为常见，关联度也很高。所谓侵权行为，就是指侵害民事主体相关民事权益的行为。这里的民事权益包括自然人和法人的人身和财产权益。

本部分需要重点关注侵权的归责原则、损害赔偿、责任主体的特殊规定及特定场景下的侵权损害赔偿问题。

详细解析

1 侵权的构成要件有哪些？

行为人因过错侵害他人民事权益造成损害的，应当承担侵权责任。侵权行为需要满足如下四要件。

（1）侵权行为。行为人的积极行为给别人造成损害，或者不作为导致别人受到损害，都是这里的侵权行为。

（2）行为人存在过错或过失。一般侵权归责原则需要有过错，但一些特殊的归责原则是不需要的，如过错推定原则、无过错责任原则。

（3）造成损害。行为人的行为造成受害人财产损失或人身伤害。

（4）侵权人的行为与损害结果存在因果关系。也就是损害结果是由行为人的行为造成的，不存在因果关系是不需要承担侵权责任的。

2 侵权责任的归责原则有哪些？

侵权责任的归责原则有过错责任原则、过错推定原则、无过错责任原则。过错责任原则是一般的归责原则，上述已经论述过，下面我们介绍其他两个归责原则。

（1）过错推定原则。过错推定原则是指在侵权行为中，被侵权人能证明侵权人违法行为与损害事实之间存在因果关系的情况下，如果侵权人不能证明对于损害的发生自己无过错的，那就推定侵权人有过错。过错推定原则在《民法典》中的情形有：①无民事行为能力人在幼儿园、学校或者其他教育机构学习、生活期间受到人身损害的；②医疗机构违反法律、行政法规、规章以及其他有关诊疗规范的规定，隐匿或者拒绝提供与纠纷有关的病历资料，遗失、伪造、篡改或者违法销毁病历资料，造成患者损害的；③动物园的动物造成他人损害的；④建筑物、构筑物或者其他设施及其搁置物、悬挂物发生脱落、坠落造成他人损害的；⑤堆放物倒塌、滚落或者滑落造成他人损害的；⑥因林木折断、倾倒或者果实坠落等造成他人损害的。

（2）无过错责任原则。无过错责任原则是指在特殊情况下即使行为人对损害的发生完全没有过错的，但依然要承担侵权责任。也就是行为人造成他人民事权益损害，不论行为人有无过错，法律规定应当承担侵权责任的，依照其规定。无过错责任原则在《民法典》中的情形如下。

①无民事行为能力人、限制民事行为能力人造成他人损害的，由监护人承担侵权责任。

②完全民事行为能力人因醉酒、滥用麻醉药品或者精神药品对自己的行为暂时没有意识或者失去控制造成他人损害的，应当承担侵权责任。

③用人单位的工作人员因执行工作任务造成他人损害的，由用人单位承担侵权责任。

④个人之间形成劳务关系，提供劳务一方因劳务造成他人损害的，由接受劳务一方承担侵权责任。

⑤因污染环境、破坏生态造成他人损害的，侵权人应当承担侵权责任。

⑥从事高度危险作业造成他人损害的，应当承担侵权责任。

⑦饲养的动物造成他人损害的，动物饲养人或者管理人应当承担侵权责任。

3 多人侵权的责任如何划分和承担？

多人侵权的，各侵权人可能承担按份责任或连带责任，具体要看侵权行为造成损害的因果关系大小和责任的可分性。

（1）连带责任。

①二人以上共同实施侵权行为，造成他人损害的，应当承担连带责任。如机动车所有人把车辆借给无驾驶证的人使用，发生交通事故造成损害，则车辆所有人和无证驾驶人就是共同侵权，承担连带责任。

②二人以上实施危及他人人身、财产安全的行为，其中一人或者数人的行为造成他人损害，能够确定具体侵权人的，由侵权人承担责任；不能确定具体侵权人的，行为人承担连带责任。

③二人以上分别实施侵权行为造成同一损害，每个人的侵权行为都足以造成全部损害的，行为人承担连带责任。

④教唆、帮助他人实施侵权行为的，应当与行为人承担连带责任。

（2）按份责任。

二人以上分别实施侵权行为造成同一损害，能够确定责任大小的，各自承担相应的责任；难以确定责任大小的，平均承担责任。

? 问题思考

（1）为什么要设定无过错归责原则和过错推定原则？
（2）被侵权人对损害发生或扩大有过错的，如何承担责任？
（3）受害人自己故意造成损害的，行为人承担责任吗？

第二节　参加文体活动受伤的赔偿问题

关键词索引： 文体活动　自甘冒险　侵权赔偿

案例导入

甲和乙是羽毛球业余爱好者，在一场羽毛球比赛中，甲被乙击打的羽毛球击中右眼，后被诊断为右眼人工晶体脱位、前房积血等。

甲认为自己七十多岁，而乙还大力扣球，致使其右眼受伤，接近失明，构成重大过失。乙则认为甲应知道自己身体条件是否适宜继续参加比赛及其风险，且事发时乙并没有重力扣杀，是平打过去的，不应承担责任。

请问：本案中对于甲的受伤，乙要赔偿吗？

（改编自北京市朝阳区人民法院）

法条链接

《民法典》第一千一百七十六条规定：【自甘冒险规则】自愿参加具有一定风险的文体活动，因其他参加者的行为受到损害的，受害人不得请求其他参加者承担侵权责任；但是，其他参加者对损害的发生有故意或者重大过失的除外。

活动组织者的责任适用本法第一千一百九十八条至第一千二百零一条的规定。

详细解析

"自甘冒险规则"能够保护正常参加文体竞赛活动中的参加者们，不至于让大家担惊受怕，不敢放手参加活动。在本案中，符合"自甘冒险规则"中的条件，一般来说乙不用承担赔偿责任。关键就是例外，根据上述法条的规定，我们要看乙是不是故意或者重大过失。

在羽毛球比赛活动中，大家都处于高度紧张的竞技氛围中，我们不能拿事后的角度来反观当时的情景，我们很难要求参赛者的行为都是经过慎重考虑的。如果参赛者的行为符合体育道德和竞赛规则，那这时候一般就认为他不存在故意或者重大过失。因此，在本案中乙正常地击打羽毛球，符合体育竞赛规则，且多次跟球友一起参加活动，不存在故意或者重大过失的行为，所以乙不需要承担赔偿责任。

知识延伸

"自甘冒险规则"适用的条件如下。

1. 自愿参加

自愿就是自己参加活动是已经充分了解文体活动的风险的，不是不情愿或受胁迫等参加的。比如某人多次参加篮球比赛，那他肯定是知晓当中的比赛风险的。如果是一个新人参加某项文体活动，这时候就需要其他人告知其风险和竞赛规则，他知晓后参加就是自愿行为。

2. 具有一定风险的文体活动

这种风险是来自于活动本身内在的风险，而不是外在环境或人为导致的。比如蹦床、篮球、足球、羽毛球等文体活动均具有一定的内在风险性，正常的阻挡、击打球等都可能给球友造成一定伤害。但如果是参赛者故意或者重大过失行为导致的，那就不适用本规则。

3. 因其他参加者的行为受到损害的

这里要注意损害的对象是其他参加者，也就是一起参加文体活动的队友，而非其他第三人。比如常见的在文体活动中受伤是因为活动的组织者、经营者没有提供安全保障措施等造成的，这里就不适用"自甘冒险规则"，而是适用《民法典》第一千一百九十八条至第一千二百零一条的规定，具体查看特殊主体的侵权责任。

> **风险提示**
>
> 日常生活中，羽毛球、足球、马拉松、蹦极、跳伞等活动具有一定的风险性，这就需要参加者除了了解自身的身体状况之外，还需要了解对方身体状况、活动竞技规则、基本的体育道德规范等，如果对这些不加以注意或者违反，那就可能构成故意或者重大过失的行为，造成对方损害，同样不能免责，是需要赔偿的。

> **问题思考**
>
> （1）参加活动时，因活动组织者的原因受伤，能要求活动组织者赔偿吗？
> （2）队友违反比赛规则导致我受伤，队友应赔偿多少呢？
> （3）参加活动时，因自己身体不适而受伤，由谁赔偿？
> （4）如何开展一场有安全保障的活动？

第三节 合法权益受损时的紧急自助行为

关键词索引： 侵权责任　自助行为

案例导入

王阿姨在超市购物时拿了一块腊肉没有付款就打算离开，被超市工作人员发现后阻拦，交涉过程中双方发生拉扯，王阿姨不慎摔伤，于是将超市诉至法院索赔 16 万余元。苏州工业园区人民法院依法审结了这起健康权纠纷案，认定超市工作人员的阻止行为未超出合理限度，属于合法的自助行为，最终判决驳回了王阿姨的全部诉讼请求。

（改编自江苏省苏州市中级人民法院）

法条链接

《民法典》第一千一百七十七条规定：【自助行为】合法权益受到侵害，情况紧迫且不能及时获得国家机关保护，不立即采取措施将使其合法权益受到难以弥补的损害的，受害人可以在保护自己合法权益的必要范围内采取扣留侵权人的财物等合理措施；但是，应当立即请求有关国家机关处理。

受害人采取的措施不当造成他人损害的，应当承担侵权责任。

详细解析

行为人是否要承担侵权责任应从行为人是否存在过错、其行为是否具有违法性以及其行为与损害后果之间是否有因果关系进行分析判断。本案中，超市工作人员与王阿姨的交涉行为不具有违法性，且与王阿姨的损害后果之间亦不具有因果关系，所以超市不承担侵权责任。

本案中，原告的行为涉嫌侵害超市的财产权，超市为防止事后无法举证和追索，致使自己权益遭受难以弥补的损害，阻止其离开的行为未超出合理限度，属于合法的自助行为。

知识延伸

如何控制自助行为的必要范围？

有顾客吃"霸王餐"，饭店老板能扣人吗？有人欠债不还，债权人可以擅自搬走东西或者直接扣留债务人的物品抵债吗？日常生活中，遇到类似自身合法权益受到侵害时，如果来不及请求国家机关及时保护，能自己"出手"吗？"出手"的合理界限在哪里？

判断行为人的自助行为是否必要合理，需要综合考虑，也就是行为人是否要承担侵权责任应从行为人是否存在过错、其行为是否具有违法性以及其行为与损害后果之间是否有因果关系进行分析判断。

如顾客吃"霸王餐"，饭店老板所扣留的物品价值只能与所欠餐费的价值相当，而不能悬殊太大，不然就不是合理范围。超市有人偷盗商品，超市工作人员正常阻止其离开，并没有过激的违法和违规行为，那就是在合理范围内，此时行为人如果反应过激而受到伤害，超市是不用担责的。

风险提示

自助行为做出的前提是合法权益受到侵害，且情况紧迫，如果是事前或事后做出的预防或打击报复行为是不算的。另外，行为人做出的自助行为要在合理必要范围内，同时应当请求国家机关及时处理。

问题思考

（1）自助行为与正当防卫有何区别？

（2）当不合法利益受到侵害时，能采取相应自助措施吗？

第四节　损害赔偿的范围和数额确定

关键词索引： 侵权责任　损害赔偿

基础导入

在各类侵权纠纷中，所造成的损害结果可能是财产损失或是人身损害，那此时就涉及损害赔偿的问题。有关损害赔偿的范围有哪些、赔偿的具体数额如何计算等问题一直是实践中大家争议的焦点。

特别需要指出的是，最新修正的《最高人民法院关于审理人身损害赔偿案件适用法律若干问题的解释》自2022年5月1日起施行，本次修改是为落实党中央关于"改革人身损害赔偿制度，统一城乡居民赔偿标准"的要求，聚焦赔偿标准城乡统一问题，值得大家关注，并对照学习。

详细解析

1　人身损害赔偿的范围有哪些？

《民法典》第一千一百七十九条规定：【人身损害赔偿范围】侵害他人造成人身损害的，应当赔偿医疗费、护理费、交通费、营养费、住院伙食补助费等为治疗和康复支出的合理费用，以及因误工减少的收入。造成残疾的，还应当赔偿辅助器具费和残疾赔偿金；造成死亡的，还应当赔偿丧葬费和死亡赔偿金。

人身损害赔偿的范围包括医疗费、护理费、交通费、营养费、住院伙食补助费等为治疗和康复支出的合理费用，以及因误工减少的收入、辅助器具费和残疾赔偿金、丧葬费和死亡赔偿金，要根据人身损害程度来确定具体赔偿内容。

实践中，在确定人身损害赔偿范围的时候需要严格根据法律及相关司法解释的规定，确保赔偿范围有法律依据，如下是一个典型案例。

2021年5月22日，王某民叫肖某明到海盐县通元镇许某峰家中为辅房砌筑。当日下午，肖某明未佩戴安全帽，在辅房屋顶的平台上砌筑时从平台处坠落到外侧水泥地上，造成肖某明受伤后死亡。后肖某明配偶王某芬、儿子肖某向海盐法院提起王某民、许某峰提供劳务者受害责任纠纷一案，诉请二被告共同赔偿原告医疗费、死亡赔偿金、丧葬费以及办理丧葬人员的交通费、住宿费和误工损失等各项损失共计 1 138 623 元。海盐法院审理认为，肖某明因自身存在过错，酌定由被告王某民承担60%的赔偿责任，肖某明自负40%的责任，同时根据现行法律、司法解释规定，对二原告主张的办理丧葬事宜支出的交通费、住宿费和误工损失不予支持，因王某民已支付部分赔偿款，故判决王某民支付原告肖某、王某芬赔偿款共计 559 114.28 元，驳回其余诉讼请求。

（改编自浙江省海盐县人民法院）

上述案件中，法院没有支持受害人亲属办理丧葬事宜支出的交通费、住宿费和误工损失。最新的《最高人民法院关于审理人身损害赔偿案件适用法律若干问题的解释》也已将确认受害人亲属办理丧葬事宜支出的交通费、住宿费和误工损失等其他合理费用属于赔偿范围的原第十七条删除。本案对二原告主张的办理丧葬事宜支出的交通费、住宿费和误工损失不予支持既是对《民法典》及相应司法解释的正确适用，进一步明确了该类案件的赔偿范围，又体现了《民法典》对人身权保护的专属性、专有性，同时保护了当事人双方享有的合法权益。

2 **人身损害赔偿的数额如何计算和确定？**

根据法律及相关司法解释的规定，人身损害赔偿的数额计算有如下规范。

（1）医疗费：医疗费是损害赔偿的主要内容，要根据医疗机构出具的医药费、住院费等收款凭证，结合病历和诊断证明等相关证据确定。赔偿义务人对治疗的必要性和合理性有异议的，应当承担相应的举证责任。医疗费的赔偿数额，按照一审法庭辩论终结前实际发生的数额确定。器官功能恢复训练所必要的康复费、适当的整容费以及其他后续治疗费，赔偿权利人可以待实际发生后另行起诉。但根据医疗证明或者鉴定结论确定必然发生的费用，可以与已经发生的医疗费一并予以赔偿。

（2）误工费：根据受害人的误工时间和收入状况确定。误工时间可根据受害人接受治疗的医疗机构出具的证明确定。受害人因伤致残持续误工的，误工时间可以计算至定残日前一天。受害人有固定收入的，误工费按照实际减少的收入计算。受害人无固定收入的，按照其最近三年的平均收入计算；受害人不能举证证明其最近三年的平均收入状况的，可以参照受诉法院所在地相同或者相近行业上一年度职工的平均工资计算。

（3）护理费：根据护理人员的收入状况和护理人数、护理期限确定。护理人员有收入的，参照误工费的规定计算；护理人员没有收入或者雇佣护工的，参照当地护工从事同等级别护理的劳务报酬标准计算。护理人员原则上为一人，但医疗机构或者鉴定机构有明确意见的，可以参照确定护理人员人数。护理期限应计算至受害人恢复生活自理能力时止。受害人因残疾不能恢复生活自理能力的，可以根据其年龄、健康状况等因素确定合理的护理期限，但最长不超过二十年。受害人定残后的护理，应当根据其护理依赖程度并结合配制残疾辅助器具的情况确定护理级别。

（4）交通费：根据受害人及其必要的陪护人员因就医或者转院治疗实际发生的费用计算。交通费应当以正式票据为凭；有关凭据应当与就医地点、时间、人数、次数相符合。

（5）住院伙食补助费：可以参照当地国家机关一般工作人员的出差伙食补助标准予以确定。受害人确有必要到外地治疗，因客观原因不能住院，受害人本人及其陪护人员实际发生的住宿费和伙食费，其合理部分应予赔偿。

（6）营养费：根据受害人伤残情况参照医疗机构的意见确定。

（7）残疾赔偿金：根据受害人丧失劳动能力程度或者伤残等级，按照受诉法院所在地上一年度城镇居民人均可支配收入标准，自定残之日起按二十年计算。但六十周岁以上的，年龄每增加一岁减少一年；七十五周岁以上的，按五年计算。受害人因伤致残但实际收入没有减少，或者伤残等级较轻但造成职业妨害严重影响其劳动就业的，可以对残疾赔偿金作相应调整。

（8）残疾辅助器具费：按照普通适用器具的合理费用标准计算。伤情有特殊需要的，可以参照辅助器具配制机构的意见确定相应的合理费用标准。辅助器具的更换周期和赔偿期限参照配制机构的意见确定。

（9）丧葬费：按照受诉法院所在地上一年度职工月平均工资标准，以六个月总额计算。

（10）死亡赔偿金：按照受诉法院所在地上一年度城镇居民人均可支配收入标准，按二十年计算。但六十周岁以上的，年龄每增加一岁减少一年；七十五周岁以上的，按五年计算。被扶养人生活费计入残疾赔偿金或者死亡赔偿金。因同一侵权行为造成多人死亡的，可以以相同数额确定死亡赔偿金。

3 财产损失的赔偿如何确定和计算？

财产损失包括因被侵害人身权益造成的各种财产损失和财产被直接侵害的损失。

如果是侵害他人人身权益造成财产损失的，按照被侵权人因此受到的损失或者侵权人因此获得的利益赔偿；被侵权人因此受到的损失以及侵权人因此获得的利益难以确定，被侵权人和侵权人就赔偿数额协商不一致，向人民法院提起诉讼的，由人民法院根据实际情况确定赔偿数额。针对为制止侵权行为所支付的合理开支能否列入上述财产损失的，《最高人民法院关于审理利用信息网络侵害人身权益民事纠纷案件适用法律若干问题的规定》第十二条规定，被侵权人为制止侵权行为所支付的合理开支，可以认定为《民法典》第一千一百八十二条规定的财产损失。合理开支包括被侵权人或者委托代理人对侵权行为进行调查、取证的合理费用。人民法院根据当事人的请求和具体案情，可以将符合国家有关部门规定的律师费用计算在赔偿范围内。被侵权人因人身权益受侵害造成的财产损失以及侵权人因此获得的利益难以确定的，人民法院可以根据具体案情在 50 万元以下的范围内确定赔偿数额。

如果是侵害他人财产的，财产损失可按照损失发生时的市场价格或者其他合理方式计算。常见的就是侵害他人物权、知识产权以及虚拟财产等所造成的财产损失。如果该物品已经使用过一点时间，那还要考虑到折旧。如果该物品没有流通或价值不明，那就需要评估物品价值。

4 什么时候可获得精神损害赔偿？

《民法典》第一千一百八十三条：【精神损害赔偿】侵害自然人人身权益造成严重精神损害的，被侵权人有权请求精神损害赔偿。

因故意或者重大过失侵害自然人具有人身意义的特定物造成严重精神损害的，被侵权人有权请求精神损害赔偿。

精神损害赔偿是实践中经常提起的事项，但能够被支持的还是要依据上述法律及司法解释的规范，精神损害赔偿在交通事故、网络侵权、妇女权益保护等场景中经常发生。请求精神损害赔偿的条件是，给受害人造成了严重精神损害，或者具有人身意义的特定物造成严重精神损害。如侵害妇女人身权益造成流产、交通事故造成面部遗留伤残、侵害肖像权等人格权益、侵害去世亲人遗留的特定纪念遗物等，这些情况都可以请求精神损害赔偿。

5 双方对损害都没过错的，适用公平原则

《民法典》第一千一百八十六条：【公平责任原则】受害人和行为人对损害的发生都没有过错的，依照法律的规定由双方分担损失。

上述规定由"可以根据实际情况，由双方分担损失"改为"依照法律的规定由双方分担损失"。这一修改旨在从法律的原则和精神出发，限定公平责任的适用范围，合理确定当事人的权利和义务。如帮别人搬家，顺带免费开车送同事回

家等场景中，如果一方受到侵害，而双方都没有侵权没有过错的，则会适用公平原则，由双方分担损失。如下是一个典型案例。

  2021年7月初，启东市某村的低保户赵某需要到医院检查身体，经介绍，村委会雇请同村村民李某为赵某提供陪护服务。7月15日，李某陪同赵某在医院肠镜室外等待检查时突然心脏骤停倒地，医护人员立即对其实施急诊抢救，1个小时后其心跳仍未恢复，于当日宣布临床死亡。后医院和公安部门共同出具居民死亡医学证明书，确认李某死亡原因为心源性猝死。法院对这起特殊的提供劳务者受害责任纠纷案做出维持一审判决的终审判决，被告启东市某村委会按照原告损失的25%补偿原告共计23万余元。

（改编自江苏省南通市中级人民法院）

  启东市某村委会安排李某陪同赵某到医院检查身体，体现了基层群众自治组织对群众的关怀与照顾。李某在陪同过程中突发疾病死亡，其自身与村委会对此均无过错，应适用公平责任原则处理本案。村委会作为其劳务活动的受益者，给予其家属一定的经济补偿符合公平责任原则，也体现了基层群众组织稳定社会秩序、化解社会矛盾的基本职能。

❓ 问题思考

（1）被侵权人死亡的，谁可以代替其主张侵权人承担责任？
（2）故意侵害他人知识产权的，可以主张惩罚性赔偿吗？
（3）对侵权损害赔偿费用支付困难的，能分期支付吗？

第二十四章 侵权责任的特殊规定及典型场景

第一节 侵权责任主体的特殊规定

关键词索引： 侵权责任　责任主体

基础导入

前面论述的是一般侵权主体的侵权责任与损害赔偿，对于一些特殊主体的侵权责任需要特别关注。特殊主体包括无民事行为能力人和限制民事行为能力人、完全民事行为能力人暂时没有意识或者失去控制、用人单位的工作人员、个人之间的劳务关系、承揽人、网络用户和网络服务提供者以及宾馆、商场、银行、车站、机场、体育场馆、娱乐场所等经营场所、公共场所的经营者、管理者或者群众性活动的组织者。

详细解析

1　无民事行为能力人、限制民事行为能力人造成他人损害的，由谁担责？

近年来，精神病人致害案件屡有发生，精神病人就是属于无民事行为能力人或限制民事行为能力人，还有如12岁未成年人、痴呆老年人等，此类人员造成他人损害的，由监护人承担侵权责任。监护人尽到监护职责的，可以减轻其侵权责任。有财产的无民事行为能力人、限制民事行为能力人造成他人损害的，从本人财产中支付赔偿费用；不足部分，由监护人赔偿。

如果监护人将监护职责委托给他人的，监护人应当承担侵权责任；受托人有过错的，承担相应的责任。如把孩子送到幼儿园，那孩子在校期间造成他人损害的，幼儿园作为受托人有过错的，也要承担相应责任。

2 醉酒状态下致人伤害的，如何承担侵权责任？

完全民事行为能力人侵害他人造成损害的，要承担侵权责任，实践中完全民事行为能力人可能以其当时没有意识或者失去控制为由，主张不承担责任。针对此问题，需要看该完全民事行为能力人对自己的行为暂时没有意识或者失去控制造成他人损害有无过错，有过错的应当承担侵权责任；没有过错的，根据行为人的经济状况对受害人适当补偿。

对于那些放任自己无意识的行为，即完全民事行为能力人因醉酒、滥用麻醉药品或者精神药品对自己的行为暂时没有意识或者失去控制造成他人损害的，应当承担侵权责任。

3 用人单位的工作人员造成他人损害的，由谁担责？

当用人单位的工作人员是因执行工作任务造成他人损害的，则由用人单位承担侵权责任。用人单位承担侵权责任后，可以向有故意或者重大过失的工作人员追偿。对于工作人员没有故意或者重大过失的，是不能向工作人员追偿的。

当用人单位的工作人员不是因执行工作任务造成他人损害的，则由该工作人员自行承担侵权责任。

劳务派遣期间，被派遣的工作人员因执行工作任务造成他人损害的，由接受劳务派遣的用工单位承担侵权责任；劳务派遣单位有过错的，承担相应的责任。常见的如劳务派遣公司将保安派遣到用工单位，该保安在工作期间因执行工作任务造成他人损害的，由用工单位承担侵权责任，除非劳务派遣单位对派遣该保安有过错，否则不用承担责任。

4 雇请的工人造成他人损害的，由谁担责？

个人之间形成劳务关系，提供劳务一方因劳务造成他人损害的，由接受劳务一方承担侵权责任。接受劳务一方承担侵权责任后，可以向有故意或者重大过失的提供劳务一方追偿。提供劳务一方因劳务受到损害的，根据双方各自的过错承担相应的责任。

提供劳务期间，因第三人的行为造成提供劳务一方损害的，提供劳务一方有权请求第三人承担侵权责任，也有权请求接受劳务一方给予补偿。接受劳务一方补偿后，可以向第三人追偿。

5 承揽人造成第三人损害或者自己损害的，定作人要担责吗？

承揽人在完成工作过程中造成第三人损害或者自己损害的，定作人不承担侵权责任。但是，定作人对定作、指示或者选任有过错的，应当承担相应的责任。如定作人让广告公司制作宣传广告，该广告侵害他人权益的，定作人一般是不用担责的，除非这个广告中的错误内容是定作人要求的，常见的就是定作人提供的宣传文案或素材就有问题。

6 网络用户、网络服务提供者造成损害的，要承担责任吗？

网络不是法外之地，近年来网络相关侵权案件逐步增多。网络用户、网络服务提供者利用网络侵害他人民事权益的，应当承担侵权责任。

当然，也不能加重网络服务提供者的责任，毕竟网络环境下存在复杂性和体量庞大等特征，因此就规定了"网络侵权避风港原则"，即网络服务提供者接到权利人通知后，应当及时将该通知转送相关网络用户，并根据构成侵权的初步证据和服务类型采取删除、屏蔽、断开链接等必要措施，如网络服务提供者提交相应证据，能证明已采取相关措施，可援引避风港原则抗辩不承担责任。

网络用户接到转送的通知后，可以向网络服务提供者提交不存在侵权行为的声明。声明应当包括不存在侵权行为的初步证据及网络用户的真实身份信息。网络服务提供者接到声明后，应当将该声明转送发出通知的权利人，并告知其可以向有关部门投诉或者向人民法院提起诉讼。网络服务提供者在转送声明到达权利人后的合理期限内，未收到权利人已经投诉或者提起诉讼通知的，应当及时终止所采取的措施。

网络服务提供者知道或者应当知道网络用户利用其网络服务侵害他人民事权益，未采取必要措施的，与该网络用户承担连带责任。

7 经营场所、公共场所的安全保障义务

宾馆、商场、银行、车站、机场、体育场馆、娱乐场所等经营场所、公共场所的经营者、管理者或者群众性活动的组织者，未尽到安全保障义务，造成他人损害的，应当承担侵权责任。对于这些经营场所和公共场所的经营者、管理者或者群众性活动的组织者，应当尽到更多的安全保障义务，避免存在安全隐患。

因第三人的行为造成他人损害的，由第三人承担侵权责任；经营者、管理者

或者组织者未尽到安全保障义务的，承担相应的补充责任。经营者、管理者或者组织者承担补充责任后，可以向第三人追偿。

8 教育机构在什么时候需承担侵权责任？

对于无民事行为能力人、限制民事行为能力人在教育机构受到人身损害的，教育机构如何承担侵权责任的规定如下。

（1）无民事行为能力人在幼儿园、学校或者其他教育机构学习、生活期间受到人身损害的，幼儿园、学校或者其他教育机构应当承担侵权责任；但是，能够证明尽到教育、管理职责的，不承担侵权责任。

（2）限制民事行为能力人在学校或者其他教育机构学习、生活期间受到人身损害，学校或者其他教育机构未尽到教育、管理职责的，应当承担侵权责任。

（3）无民事行为能力人或者限制民事行为能力人在幼儿园、学校或者其他教育机构学习、生活期间，受到幼儿园、学校或者其他教育机构以外的第三人造成的人身损害的，由第三人承担侵权责任；幼儿园、学校或者其他教育机构未尽到管理职责的，承担相应的补充责任。幼儿园、学校或者其他教育机构承担补充责任后，可以向第三人追偿。

如上都有一个共同的要点，就是如果教育机构尽到管理职责的，那就不用承担责任。如此前重庆市第三中级人民法院审理的典型案件中：初三学生安某在校期间翻越围墙逃课，意外触碰到变压器触电身亡。其父母将学校和电力公司诉至法院，一审法院判决安某自担70%的责任，电力公司担责30%，学校不担责。学校之所以不担责，是因为安某所在中学已经对其旷课、逃学、翻墙等行为进行过教育，学校的围墙设置也符合相关标准，学校已经尽到教育、管理职责，对安某死亡的损害不承担责任。

? 问题思考

（1）如何确定用人单位的工作人员是在执行工作任务？
（2）经营场所、公共场所的管理人如何具体落实安全保障义务？
（3）为什么教育机构对未成年人的侵权适用过错推定原则？

第二节　电动车室内充电引发火灾的责任承担

关键词索引： 侵权责任　产品责任

案例导入

原告一家从被告经销商北京某公司处购买了一款电动自行车。某天，原告将电动自行车的电池拿到家中充电，没想到电池突然起火爆炸，发生严重火灾，造成经济损失。后原告一家将电动自行车的经销商北京某公司与电动自行车的生产商江苏某公司诉至法院，要求被告生产商江苏某公司赔偿原告一家医疗费、电池费用损失及各项财产损失等共计11万余元。

（改编自北京市石景山区人民法院）

法条链接

《民法典》第一千二百零二条规定：【产品生产者责任】因产品存在缺陷造成他人损害的，生产者应当承担侵权责任。

《民法典》第一千二百零三条规定：【被侵权人请求损害赔偿的途径和先行赔偿人追偿权】因产品存在缺陷造成他人损害的，被侵权人可以向产品的生产者请求赔偿，也可以向产品的销售者请求赔偿。

产品缺陷由生产者造成的，销售者赔偿后，有权向生产者追偿。因销售者的过错使产品存在缺陷的，生产者赔偿后，有权向销售者追偿。

详细解析

本案是产品责任纠纷案，经消防部门认定，此次火灾的起火原因系电动自行车电池故障热失控所致。

根据上述法条规定，原告虽然同时起诉销售者、生产者，但最终选择仅向被告生产商江苏某公司主张权利。因生产商江苏某公司无法举证证明所生产的案涉电动自行车不存在缺陷或缺陷与损害后果之间不存在因果联系，故生产商江苏某公司理应承担相应的赔偿责任。但原告在明知室内充电所蕴含的火灾风险，仍然将电动自行车电池带入室内充电,对火灾事故的发生及损失的扩大亦应承担一定的过错,故应适当减轻生产商江苏某公司的责任。

最终,法院判决被告江苏某公司于判决生效后七日内赔偿原告各项损失共计9万元。

知识延伸

1. 因产品缺陷导致损害的,由谁承担侵权责任?

因产品缺陷导致损害的,生产者承担侵权责任。但实践中,被侵权者往往很难直接找到生产者,所以对于被侵权人来说,其可以向产品的生产者请求赔偿,也可以向产品的销售者请求赔偿。到底谁最终承担责任,要看究竟是谁的责任导致产品缺陷的。如果产品缺陷由生产者造成的,销售者赔偿后,有权向生产者追偿。如果是因销售者的过错使产品存在缺陷的,生产者赔偿后,有权向销售者追偿。

产品责任属于一种特殊的侵权责任,不论生产者、销售者是否有过错,只要符合产品责任的构成要件,就应向受害人承担侵权责任。在举证责任分配方面,生产者、销售者应就产品是否存在缺陷以及缺陷与损害结果之间是否存在因果关系承担举证责任。

还存在一种特殊情况,就是因运输者、仓储者等第三人的过错使产品存在缺陷,造成他人损害的,产品的生产者、销售者赔偿后,有权向第三人追偿。

2. 产品流通后发现有缺陷,如何采取补救措施?

产品投入流通后发现存在缺陷的,生产者、销售者应当及时采取停止销售、警示、召回等补救措施;未及时采取补救措施或者补救措施不力造成损害扩大的,对扩大的损害也应当承担侵权责任。

此次《民法典》也明确了召回产生的必要费用由谁承担的问题,即采取召回措施的,生产者、销售者应当负担被侵权人因此支出的必要费用。

3. 产品有缺陷的,可以请求惩罚性赔偿吗?

明知产品存在缺陷仍然生产、销售,或者没有依据前条规定采取有效补救措施,造成他人死亡或者健康严重损害的,被侵权人有权请求相应的惩罚性赔偿。

如何惩罚性赔偿,可以参照《中华人民共和国消费者权益保护法》(以下简称《消费者权益保护法》)第五十五条规定,经营者提供商品或者服务有欺诈行为的,应当按照消费者的要求增加赔偿其受到的损失,增加赔偿的金额为消费者购买商品的价款或者接受服务的费用的三倍;增加赔偿的金额不足五百元的,为五百元。法律另有规定的,依照其规定。

风险提示

对于消费者来说,当遇到因产品缺陷造成损害的时候,可以向销售者(超市、商场等)主张基于买卖合同承担违约责任,也可以向生产者和销售者主张承担侵权责任。具体选择哪一个,需要综合实际情况,选择对于消费者最有利的进行主张损害赔偿。

问题思考

(1)什么是产品缺陷?
(2)消费者主张侵权损害赔偿和违约责任,哪个赔偿更多?

第三节 好意同乘期间致同乘人损害的侵权责任承担

关键词索引: 侵权责任 好意同乘 交通事故侵权责任

案例导入

2019年3月29日,徐某驾驶非营运的小型汽车在某县建设西路与某大道交叉路口,与蒋某某驾驶的小型汽车发生碰撞,致两车损坏,沈某某受伤。事故发生时,沈某某无偿搭乘徐某驾驶的车辆。该事故经公安局交警部门认定:蒋某某、徐某负事故的同等责任,沈某某无责任。事故发生后,沈某某住院治疗18天,后经鉴定构成九级伤残。蒋某某驾驶的小型汽车在某保险公司投保了交强险和商业三者险100万元,事故发生在保险期限内。沈某某起诉请求判令徐某、蒋某某和某保险公司赔偿医疗费等各项费用369 477.34元。

(改编自江苏省金湖县人民法院)

法条链接

《民法典》第一千二百一十七条规定:【好意同乘的责任承担】非营运机动车

发生交通事故造成无偿搭乘人损害，属于该机动车一方责任的，应当减轻其赔偿责任，但是机动车使用人有故意或者重大过失的除外。

详细解析

本案是机动车之间发生的交通事故纠纷，蒋某某、徐某负事故的同等责任，沈某某无责任，蒋某某、徐某应向沈某某承担相应赔偿责任。因蒋某某驾驶的机动车在某保险公司投保了交强险及商业三者险100万元，故沈某某的损失由某保险公司首先在交强险保险合同约定的范围内予以赔偿。超出交强险部分根据蒋某某在交通事故中的责任由某保险公司在商业三者险合同约定的范围内按50%比例予以赔偿；徐某驾驶非营运机动车允许沈某某无偿搭乘同行，发生交通事故并造成沈某某受伤，徐某在事故中虽有责任，但与沈某某系好意搭乘关系，依法应当减轻其赔偿责任，故对不属于保险范围内的损失部分酌定由徐某按70%比例予以赔偿。

这就是好意同乘的新规定，即行为人出于助人的善意允许他人免费搭乘自己车辆的行为。好意同乘作为一种善意施惠、助人为乐的行为，是互帮互助的中华民族传统美德的生动体现。如果在好意同乘过程中车辆发生交通事故造成搭乘人损害，让驾驶人承担全部责任，有失公平，也不利于鼓励人民群众善意助人。

知识延伸

1.租赁、借用别人的机动车发生事故的，谁承担责任？

因租赁、借用等情形导致机动车所有人、管理人与使用人不是同一人时，发生交通事故造成损害，属于该机动车一方责任的，由机动车使用人承担赔偿责任。

当机动车所有人、管理人对损害的发生有过错的，承担相应的赔偿责任。有过错的情形主要有：①知道或者应当知道机动车存在缺陷，且该缺陷是交通事故发生原因之一的；②知道或者应当知道驾驶人无驾驶资格或者未取得相应驾驶资格的；③知道或者应当知道驾驶人因饮酒、服用国家管制的精神药品或者麻醉药品，或者患有妨碍安全驾驶机动车的疾病等依法不能驾驶机动车的等情形。

2.挂靠从事道路运输经营发生交通事故的，由谁承担责任？

以挂靠形式从事道路运输经营活动的机动车，发生交通事故造成损害，属于该机动车一方责任的，由挂靠人和被挂靠人承担连带责任。

是否是机动车一方责任，需要以公安机关交通管理部门根据《中华人民共和国道路交通安全法》(以下简称《道路交通安全法》)出具的事故认定书为准。

3. 交通事故中责任承担的赔偿顺序是什么？

机动车发生交通事故造成损害，属于该机动车一方责任的，按照如下顺序赔偿。

（1）先由承保机动车强制保险的保险人在强制保险责任限额范围内予以赔偿。

（2）不足部分由承保机动车商业保险的保险人按照保险合同的约定予以赔偿。

（3）仍然不足或者没有投保机动车商业保险的，由侵权人赔偿。

因此，大多数车辆是通过保险来分散风险的，当机动车同时投保第三者责任强制保险和第三者责任商业保险，发生交通事故造成损害，当事人同时起诉侵权人和保险公司的，法院会按照上述顺序确定赔偿责任。

被侵权人或者其近亲属可以请求承保交强险的保险公司优先赔偿精神损害。

4. 机动车驾驶人发生交通事故后逃逸的，受害人如何索赔？

机动车驾驶人在发生交通事故后逃逸，受害人的索赔路径如下。

（1）该机动车参加强制保险的，由保险人在机动车强制保险责任限额范围内予以赔偿。

（2）机动车不明、该机动车未参加强制保险或者抢救费用超过机动车强制保险责任限额，需要支付被侵权人人身伤亡的抢救、丧葬等费用的，由道路交通事故社会救助基金垫付。

（3）道路交通事故在社会救助基金垫付后，其管理机构有权向交通事故责任人追偿。

风险提示

机动车上路行驶需要遵守《道路交通安全法》的规定，避免发生交通事故。同时，机动车所有权人也应当谨慎借车给别人，需要审核借车人的驾驶资格等信息。发生交通事故后，积极救治伤员并报告公安交警部门和保险公司，确保风险降到最低。

问题思考

（1）机动车被盗后发生交通事故，车主需要担责吗？

（2）机动车已买卖并交付，但未办理转让登记的，发生交通事故，由谁承担责任？

（3）买卖已报废的车辆，发生交通事故的，由谁承担责任？

第四节　医疗损害责任的相关要点分析

关键词索引： 侵权责任　医疗损害责任

基础导入

本章主要规定了医疗损害责任的归责原则、医疗机构的主要义务以及医疗机构和义务人员违反义务应承担的侵权责任等内容。患者享有知情同意权、获得完整真实病历资料的权利、个人隐私和个人信息保密的权利等。同样，医疗机构及其医务人员的合法权益受法律保护。干扰医疗秩序，妨碍医务人员工作、生活，侵害医务人员合法权益的行为人，应当依法承担法律责任。

详细解析

1. 医疗机构或者其医务人员承担损害赔偿责任的情形有哪些？

《民法典》第一千二百一十八条规定：【医疗损害责任归责原则和责任承担主体】患者在诊疗活动中受到损害，医疗机构或者其医务人员有过错的，由医疗机构承担赔偿责任。

本条相比之前的规定，由"医疗机构及其医务人员"的表述调整为"医疗机构或者其医务人员"，即无论是医疗机构的过错还是医务人员的过错造成患者损害的，都由医疗机构依法承担相应的侵权赔偿责任，这将更好地平衡受害患者、医疗机构和全体患者三者之间的利益关系，有利于医学科学的进步以及医药卫生事业的发展。

医疗机构承担医疗损害责任须满足如下要件：①医疗机构或其医务人员在诊疗活动中存在违反相关法律法规或诊疗规范的行为；②患者受到了实质性损害；③医疗机构或其医务人员的违规行为与患者的损害后果之间存在因果关系；④医疗机构或其医务人员存在过错。

有关过错的认定，需要结合当时的医疗水平综合评定，医务人员在诊疗活动中未尽到与当时的医疗水平相应的诊疗义务，造成患者损害的，医疗机构应当承担赔偿责任。还有，当患者在诊疗活动中受到损害，有下列情形之一的，推定医疗机构有过错：①违反法律、行政法规、规章以及其他有关诊疗规范的规定；②隐匿或者拒绝提供与纠纷有关的病历资料；③遗失、伪造、篡改或者违法销毁病历资料。

2 患者知情同意权如何保障？

医务人员对于患者的说明义务在《民法典》中有细微的调整，更加突出保护患者的知情同意权。

医务人员在诊疗活动中应当向患者说明病情和医疗措施。需要实施手术、特殊检查、特殊治疗的，医务人员应当及时向患者具体说明医疗风险、替代医疗方案等情况，并取得其明确同意。医务人员应当具体说明，而不能笼统简单地说明。

不能或者不宜向患者说明的，应当向患者的近亲属说明，并取得其明确同意。有些疾病是不能说或者不宜说明的，因此此次增加了不能说明的情形。

当医务人员没有尽到上述说明义务，造成患者损害的，医疗机构应当承担赔偿责任。

此外，也有特殊情况，如因抢救生命垂危的患者等紧急情况，不能取得患者或者其近亲属意见的，经医疗机构负责人或者授权的负责人批准，可以立即实施相应的医疗措施。

3 医疗机构免责的情形有哪些？

患者在诊疗活动中受到损害，有下列情形之一的，医疗机构不承担赔偿责任。

（1）患者或者其近亲属不配合医疗机构进行符合诊疗规范的诊疗。
（2）医务人员在抢救生命垂危的患者等紧急情况下已经尽到合理诊疗义务。
（3）限于当时的医疗水平难以诊疗。

如上情形中，医疗机构或者其医务人员也有过错的，应当承担相应的赔偿责任。

4 患者病历资料等隐私和个人信息如何保护？

首先，医疗机构及其医务人员应当按照规定填写并妥善保管住院志、医嘱单、检验报告、手术及麻醉记录、病理资料、护理记录等病历资料。

其次，患者要求查阅、复制前款规定的病历资料的，医疗机构应当及时提供。

此外，医疗机构及其医务人员应当对患者的隐私和个人信息保密。泄露患者的隐私和个人信息，或者未经患者同意公开其病历资料的，应当承担侵权责任。

近年来患者就医信息被泄露的事件时有发生，当前需要结合《个人信息保护法》等行业规范进行约束，还需要特别注意互联网医疗而产生的新情况。

5 遇到医闹，医疗机构如何处理？

医闹的问题严重扰乱了医院就医秩序，不利于医院的正常运营。《民法典》同样保护医务人员权益，明确规定了医疗纠纷的解决途径，即医疗机构及其医务人员的合法权益受法律保护。干扰医疗秩序，妨碍医务人员工作、生活，侵害医务人员合法权益的，应当依法承担法律责任。严重的构成"聚众扰乱社会秩序罪"，《中华人民共和国刑法》第二百九十条规定，聚众扰乱社会秩序，情节严重，致使工作、生产、营业和教学、科研无法进行，造成严重损失的，对首要分子，处三年以上七年以下有期徒刑；对其他积极参加的，处三年以下有期徒刑、拘役、管制或者剥夺政治权利。

❓ 问题思考

（1）发生医疗纠纷，如何确定医疗机构与患者的责任比例？
（2）重复检查患者，医疗机构要承担什么责任？
（3）医疗机构因抱错婴儿导致两家错养多年，两家父母该如何维权？

第五节 环境污染、生态破坏侵权的惩罚性赔偿

关键词索引：侵权责任 环境污染 生态破坏侵权

案例导入

2018年3月3日至同年7月31日，被告某化工集团有限公司（以下简称被告公司）生产部经理吴某民将公司生产的硫酸钠废液交由无危险废物处置资质的吴某良处理，吴某良又雇请李某贤将30车共计1124.1吨硫酸钠废液运输到浮梁县寿安镇八角井、浮梁县湘湖镇洞口村的山上倾倒，造成了浮梁县寿安镇八角井

周边约 8.08 亩范围内的环境和浮梁县湘湖镇洞口村洞口组、江村组地表水、地下水受到污染，影响了浮梁县湘湖镇洞口村约 6.6 平方千米流域的环境，妨碍了当地 1000 余名居民的饮用水安全。经鉴定，两处受污染地块的生态环境修复总费用为人民币 2 168 000 元，环境功能性损失费用共计人民币 57 135.45 元，并产生检测鉴定费 95 670 元。受污染地浮梁县湘湖镇洞口村采取合理预防、处置措施产生的应急处置费用共计人民币 528 160.11 元。其中，吴某良、吴某民、李某贤等因犯污染环境罪已被另案判处六年六个月至三年二个月不等的有期徒刑。公益诉讼起诉人起诉请求被告公司赔偿相关生态环境损害。

（改编自江西省浮梁县人民法院）

法条链接

《民法典》第一千二百三十二条：【环境污染、生态破坏侵权的惩罚性赔偿】侵权人违反法律规定故意污染环境、破坏生态造成严重后果的，被侵权人有权请求相应的惩罚性赔偿。

详细解析

本案是我国首例适用《民法典》惩罚性赔偿条款的环境污染民事公益诉讼案件。本案中，被告公司将生产废液交由无危险废物处置资质的个人处理，放任污染环境危害结果的发生，主观上存在故意，客观上违反了法律规定，损害了社会公共利益，造成了严重后果。且至本案审理期间，涉案倾倒废液行为所致的环境污染并未得到修复，损害后果仍在持续，符合《民法典》第一千二百三十二条规定的环境侵权惩罚性赔偿的适用条件。综合该公司的过错程度、赔偿态度、损害后果、承担责任的经济能力、受到行政处罚等因素，判令其赔偿环境修复费用 2 168 000 元、环境功能性损失费用 57 135.45 元、应急处置费用 532 860.11 元、检测鉴定费 95 670 元，并承担环境污染惩罚性赔偿 171 406.35 元，以上共计 3 025 071.91 元；对违法倾倒硫酸钠废液污染环境的行为在国家级新闻媒体上向社会公众赔礼道歉。

知识延伸

1. 环境污染案件中的惩罚性赔偿如何确定？

《民法典》侵权责任编新增了污染环境和破坏生态的惩罚性赔偿制度，贯彻了"绿水青山就是金山银山"的环保理念,增强了生态环境保护力度,是构建"天蓝地绿水净"的美好家园的法治保障。侵权人除了承担生态环境修复费用、环境功能性损失等补偿性费用,还要采取"基数+倍数"的计算方式,结合具体案情决定以环境功能性损失费用为计算基数,综合考虑侵权人主观过错程度、侵权后果的严重程度、侵权人的经济能力、赔偿态度、受到行政处罚的情况等调节因素确定倍数,实践中一般会参照《消费者权益保护法》《中华人民共和国食品安全法》等法律以所受损失的一至三倍确定惩罚性赔偿数额之规定,进而确定最终的惩罚性赔偿数额,为正确实施环境污染和生态破坏责任惩罚性赔偿制度提供了有益借鉴。

2. 污染环境、破坏生态的举证责任如何分配?

因污染环境、破坏生态造成他人损害的,侵权人应当承担侵权责任。举证责任的分配一般是"谁主张谁举证",但在污染环境、破坏生态案件中,让受害一方举证证明侵权人的污染行为与损害之间的因果关系是很困难的,这对于侵权人来说更为适当,因此,污染环境、破坏生态案件中适用"举证责任倒置"原则,因污染环境、破坏生态发生纠纷的,行为人应当就法律规定的不承担责任或者减轻责任的情形及其行为与损害之间不存在因果关系承担举证责任。

3. 生态环境修复责任如何确定?

污染环境损害赔偿的难点在于生态环境的修复,也是较大额的赔偿部分。

违反国家规定造成生态环境损害,生态环境能够修复的,国家规定的机关或者法律规定的组织有权请求侵权人在合理期限内承担修复责任。侵权人在期限内未修复的,国家规定的机关或者法律规定的组织可以自行或者委托他人进行修复,所需费用由侵权人负担。

4. 公益诉讼的赔偿范围有哪些?

违反国家规定造成生态环境损害的,国家规定的机关或者法律规定的组织有权请求侵权人赔偿下列损失和费用。

(1)生态环境受到损害至修复完成期间服务功能丧失导致的损失。

(2)生态环境功能永久性损害造成的损失。

(3)生态环境损害调查、鉴定评估等费用。

(4)清除污染、修复生态环境的费用。

(5)防止损害的发生和扩大所支出的合理费用。

有关有权提起公益诉讼的主体,主要分如下三种情形。

(1)在环境私益侵权诉讼中,有资格提起诉讼的原告主体为受到损害的自然人、法人或者非法人组织,依据《民事诉讼法》的规定,受"与案件有直接利害关系"这一必要条件限制。

（2）在环境民事公益诉讼中，有资格提起诉讼的原告为依照法律、法规的规定，在设区的市级以上人民政府民政部门登记的社会团体、基金会以及社会服务机构等社会组织和检察机关。

（3）对于生态环境损害赔偿诉讼，有权提起诉讼的主体是省级、市地级人民政府及其指定的相关部门、机构（如生态环境、自然资源、住房城乡建设、水利、农业农村、林业和草原等相关部门或机构）以及受国务院委托行使全民所有自然资源所有权的部门。

风险提示

在污染环境、破坏生态案件中，受损害一方需要及时维权，主张侵权方的损害赔偿，避免损失进一步扩大或时间长了难以取证、调查和鉴定评估。

问题思考

（1）多人污染环境的，侵权责任如何分担？
（2）与污染环境相关的罪名有哪些？

第六节　在高度危险活动区域发生事故的责任承担

关键词索引： 侵权责任　高度危险　管理人

案例导入

2018年某日，精神二级残疾人张大爷行至某高速路口收费站，试图进入高速公路。收费站管理人员立即通过言语劝阻，并在劝阻过程中发现张大爷"神情呆滞，手舞足蹈"。张大爷对言语劝阻没有做出回应但暂时停下了向前的脚步，其中一名管理人员到车道岗亭打电话报警，此时张大爷仍滞留在收费站道闸口。

6分钟后，张大爷在身旁无任何管理人员看护的情况下继续向前通过收费站，后跑上高速公路。监控中心通知养护站上路巡查。之后，案外人王先生驾驶机动车路过，当时正在下雨，天气恶劣，王先生未能及时发现在高速公路上行走的张大爷,发生碰撞,造成张大爷死亡和车辆损坏的道路交通事故。

请问:本案中高速公路的管理人要承担赔偿责任吗?

(改编自浙江省宁波市鄞州区人民法院)

📖 法条链接

《民法典》第一千二百四十三条规定:【高度危险场所安全保障责任】未经许可进入高度危险活动区域或者高度危险物存放区域受到损害,管理人能够证明已经采取足够安全措施并尽到充分警示义务的,可以减轻或者不承担责任。

📝 详细解析

本案中,张大爷试图通过收费站闸道进入高速公路,高速公路的管理人员王先生在发现张大爷时,虽采取了呼叫的方式进行劝离,但在劝离过程中已发现张大爷表现为"神情呆滞,手舞足蹈",对几人的言语劝离毫无反应,处于精神异常状态。管理人员应该意识到张大爷极有可能缺乏判断能力和自我保护能力,无法预见进入高速公路系极端行为且具有巨大风险,理应对精神异常的张大爷负有更高的注意义务,不能仅仅使用单一的对张大爷来说难以产生实际效果的言语劝阻方式,应进一步采取有效措施以避免其进入高速公路。

之后,张大爷在无人看管的状态下进入高危险场所并发生交通事故,高速公路管理方存在放任事故发生的情形,没有预判到可能发生的危险,未采取足够安全措施并尽到充分警示义务,所以管理方需要对张大爷的事故承担一定责任,最终法院判定高速公路运营方应对张大爷的死亡后果承担相应侵权责任并承担认定损失的20%。

📚 知识延伸

在高度危险活动区域发生事故,管理人的侵权责任有变化。

根据《民法典》的相关规定,高度危险活动区域的管理人可以减轻或者不承担责任的构成要素是:①未经许可进入高度危险活动区域或者高度危险物存放区域;②被侵权人受到损害;③管理人能够证明已经采取足够安全措施并尽到充分警示义务的。

此次《民法典》在之前《中华人民共和国侵权责任法》的基础上,新增了管理人的举证证明责任和"足够"的安全措施、"充分"的警示义务等内容,对实务中如何判定管理人的侵权责任有进一步的规范作用。

风险提示

针对高度危险区域管理人的责任承担内容的新变化,对管理人的安全保障义务建议如下:①完善安全保障制度;②安全保障措施要全面、足够,聘请外部专家全面论证,给出建议;③记录日常管理中的管理措施,留有证据,如巡查记录、上报记录等;④对高度危险区域的警示、提示要充分,增设警示牌,对不同人群区别警示等。

问题思考

(1) 本案中,交通事故中的王先生需要对张大爷的死亡承担多少责任?
(2) 对高度危险区域的管理人,还可以采取什么措施以规避自身责任?

第七节 养犬致人伤害的侵权责任

关键词索引: 侵权责任 饲养动物损害责任

案例导入

2020年3月23日,原告田某在济宁市汽车南站广场遛狗期间将拴狗绳解开,与张某所牵的狗相遇后发生争斗,后原告在抱狗的过程中被张某所牵的狗咬伤腿部。法院查明原告田某饲养的狗未办理养犬登记,也未牵引狗绳,而被告张某办理了养犬登记且牵了狗绳。

(改编自山东省济宁市任城区人民法院)

法条链接

《民法典》第一千二百四十五条:【饲养致害责任的一般规定】饲养的动物造

成他人损害的，动物饲养人或者管理人应当承担侵权责任；但是，能够证明损害是因被侵权人故意或者重大过失造成的，可以不承担或者减轻责任。

详细解析

本案从双方提供的证据无法看出原告存在故意挑逗被告的狗故而被狗咬的行为，起因系两狗之争，故无法认定为原告存在故意。原告在遛狗时未牵狗绳，违反了相关管理办法的规定并已受到了行政处罚，而正是由于原告的该种行为导致两狗争斗在一起，原告在前去抱狗的过程中发生了被张某所牵的狗咬伤的事件，原告对于事故的发生存有一定的过失，法院判决由被告张某赔偿原告合理损失的80%，其余20%的损失由原告田某自负。

知识延伸

1. 饲养动物致害责任的一般构成要件是什么？

饲养动物损害责任属于特殊侵权责任，在责任构成上不以行为人存在过错为要件，只要存在饲养动物致人损害的事实，动物的饲养人或管理人就要承担侵权责任，对于免除或减轻责任的事由，如果能够证明损害是因被侵权人故意或者重大过失造成的，动物的饲养人或者管理人才可以不承担或者减轻责任。

如果还存在第三人的情形，因第三人的过错致使动物造成他人损害的，被侵权人可以向动物饲养人或者管理人请求赔偿，也可以向第三人请求赔偿。动物饲养人或者管理人赔偿后，有权向第三人追偿。

2. 未对动物采取安全措施的，致害责任如何承担？

动物饲养人或者管理人需要严格遵守相关饲养管理规定，如果违反管理规定，未对动物采取安全措施造成他人损害的，应当承担侵权责任。例外情况是，能够证明损害是因被侵权人故意造成的，则可以减轻责任。如某人挑逗宠物狗而受伤，可以减轻宠物狗饲养人的责任。

如此前有个案例，宠物饲养人松开了狗绳，宠物狗冲入马路与驾驶摩托车的驾驶人发生碰撞，造成驾驶人受伤及车辆受损的交通事故，最后被认定为由宠物饲养人承担全部赔偿责任。

3. 动物园的动物致人损害的，谁承担责任？

近年来媒体曝出了一些动物园的动物致人损害的案例，此类案例引发了大家的热议。针对动物园的动物致人损害的，只要有损害事实，就推定动物园有过错，应当承担侵权责任。除非，动物园能够证明尽到管理职责的，可不承担侵权责任。如动物园针对其危险性采取了不同等级的防范措施和预案等，此类举证也较难证明，需要综合具体案例进行判断。

4. 遗弃、逃逸的动物致人损害的，谁承担责任？

流浪动物带来的危害性也较强，社会各界都在呼吁对于流浪动物的管理。从侵权责任的角度来看，遗弃、逃逸的动物在遗弃、逃逸期间造成他人损害的，由动物原饲养人或者管理人承担侵权责任。

当流浪动物致人伤害，饲养人或者管理人依然需要承担侵权责任，除非流浪动物有了新的饲养人或管理人，或者完全脱离了饲养人或管理人成为野生动物。

风险提示

养犬要合法合规，遛狗要文明。当违反管理规定而饲养动物且不采取安全措施，造成侵权的赔偿责任很重。同样，饲养人需要了解清楚所饲养动物的危害性，采取合理正当的安全措施，特别是烈性犬等危险动物是不能饲养的。

问题思考

（1）撸猫店里的动物抓伤顾客，由谁承担责任？
（2）饲养动物的相关管理规范有哪些？

第八节　高空抛物的侵权责任

关键词索引：高空抛物　侵权赔偿

案例导入

年近七旬的甲在自家小区花园内散步，经过乙楼下时，乙家小孩从自家35楼房屋阳台抛下一瓶矿泉水，水瓶掉落到甲身旁，导致其受到惊吓并摔倒。报警后，甲被送入医院治疗。次日，甲亲属与乙一起查看监控，确认了侵权事实后双方签订了一份确认书，确认矿泉水系乙家小孩从阳台扔下。经法医鉴定中心鉴定，甲的伤情构成十级伤残。

甲向广州市越秀区人民法院提起诉讼，要求乙赔偿医疗费、护理费、残疾赔偿金、交通费、鉴定费、住院伙食补助费、精神损害抚慰金等，扣除乙已支付的10 000元，合计100 344.12元。

（改编自广东省广州市越秀区人民法院）

法条链接

《民法典》第一千二百五十四条规定：【不明抛掷物、坠落物致害责任】禁止从建筑物中抛掷物品。从建筑物中抛掷物品或者从建筑物上坠落的物品造成他人损害的，由侵权人依法承担侵权责任；经调查难以确定具体侵权人的，除能够证明自己不是侵权人的外，由可能加害的建筑物使用人给予补偿。可能加害的建筑物使用人补偿后，有权向侵权人追偿。

物业服务企业等建筑物管理人应当采取必要的安全保障措施防止前款规定情形的发生；未采取必要的安全保障措施的，应当依法承担未履行安全保障义务的侵权责任。

发生本条第一款规定的情形的，公安等机关应当依法及时调查，查清责任人。

详细解析

本案相对简单，原因就在于能够找到楼上到底是谁扔下来的矿泉水瓶，本案中通过监控等都可以看到是乙家小孩从自家35楼房屋阳台抛下一瓶矿泉水，所以这就明确了高空抛物的侵权人。本案难在甲的受伤跟乙抛下水瓶行为之间的关系，以我们的常识理解，高空突然掉下来一瓶矿泉水并掉在你旁边，具有极强的危险性，你肯定会受到惊吓，本案中的年近七旬的老人倒地受伤也在情理之中，跟楼上乙的行为具有直接的因果关系，因此这就满足上面法条中高空抛物的侵权构成要件了。

因此，甲受伤造成的医疗费、护理费、交通费、住院伙食补助费、残疾赔偿金损失、鉴定费，应当由乙来赔偿。原告因受伤造成残疾，确对其造成精神损害，其要求被告赔偿精神损害抚慰金符合法律规定，法院应予以支持。

知识延伸

1. 如果找不到到高空抛物的侵权人，那找谁赔偿呢？

根据《民法典》的规定，经调查难以确定具体侵权人的，除能够证明自己不是侵权人的外，由可能加害的建筑物使用人给予补偿。可能加害的建筑物使用人补偿后，有权向侵权人追偿。

因此，不能确定是谁扔下的，那就由整栋建筑上的住户全部来分摊补偿，除非住户能够证明自己当时不在家等不可能实施侵权行为的，否则都是要给予补偿的。比如之后经过各种手段找到高空抛物的人，那最终负赔偿责任的肯定是这个侵权人，之前大家补偿的部分可以找最终这个侵权人偿还。

2. 物业在高空抛物中的责任有哪些？

根据《民法典》的规定，物业服务企业等建筑物管理人应当采取必要的安全保障措施防止前款规定情形的发生，未采取必要的安全保障措施的，应当依法承担未履行安全保障义务的侵权责任。

因此，物业应当加强高空抛物等安全保障措施，避免小区内发生高空抛物等事件，如果物业在安全保障措施方面做得不到位的，那物业是要承担相应的侵权责任的，也是要赔偿的。其实物业的安全保障义务体现在方方面面，这里的高空抛物仅仅是一部分。

针对物业的安全保障措施，给出如下几点建议。

（1）在物业管理区域中增设高空视频监控。

（2）社区加强宣传，包括负面宣传，尤其是针对儿童等易发群体。

（3）加强巡查并记录完整，尤其是针对易发部位。

（4）物业跟社区、公安部门等共建共治，加强协作。

3. 高空抛物造成严重后果的要入刑，构成犯罪

2019年11月，最高人民法院印发《关于依法妥善审理高空抛物、坠物案件的意见》规定，对于故意高空抛物的，根据具体情形以危险方法危害公共安全罪、故意伤害罪或故意杀人罪论处，特定情形要从重处罚。

具体构成什么罪名，要根据犯罪动机和情节来确定。需要指出的是，比如"以危险方法危害公共安全罪"，这个罪名是行为犯罪，也就是只要有这个犯罪行为就构成犯罪，不需要有结果，且这个罪名起刑点就是三年（以危险方法危害公共安全，尚未造成严重后果的，处三年以上十年以下有期徒刑；犯本罪致人重伤、死亡或者使公私财产遭受重大损失的，处十年以上有期徒刑、无期徒刑或者死刑）。

这里延伸一个案例，以便大家更好地理解。

家住某小区的甲因孩子考试成绩不理想，为发泄不满情绪，醉酒后将数个花盆和木椅，从六楼扔向楼下的小区道路，并在阳台上辱骂过往行人，其高空抛物的行为虽未伤及行人，但危险性极大，案发现场的道路上，行人、车辆来往频

繁，其行为已涉嫌以危险方法危害公共安全罪。

风险提示

近年来，全国各地陆续发生高空抛物、坠物伤人事件，成为"城市上空之痛"。对于我们个人来说，要跟高空抛物说"不"，营造良好的社区环境，管好自家可能抛掷物品的人，坚决制止看到的高空抛物行为。

对于物业公司来说，在管理的区域中要加强风险防范，时刻紧绷安全保障这根弦，擅用技术工具的力量科学管控，营造文明、和谐的社区。同时，还应该积极配合公安等部门进行调查，查清责任人。

问题思考

（1）找不到抛物的人，那底楼的住户需要均摊补偿吗？

（2）楼下的人也有过错，比如抄小道，那被砸伤后自己需承担一定的责任吗？

（3）物业在小区安装高空摄像头，侵犯住户隐私怎么办？

（4）高空抛物造成损害，赔偿的范围有哪些？